Brian Tracy • Nikolaus B. Enkelmann

Der Erfolgs-Navigator

Brian Tracy · Nikolaus B. Enkelmann

Der Erfolgs-Navigator

Ohne Stress und Burnout private und berufliche Ziele verwirklichen

Linde
international

Bibliografische Information Der Deutschen Bibliothek

Die Deutsche Bibliothek verzeichnet diese Publikation in der Deutschen Nationalbibliografie; detaillierte bibliografische Daten sind im Internet über http://dnb.ddb.de abrufbar.

ISBN 978-3-7093-0198-2

Umschlag: AG MEDIA GmbH
Satz: Hannes Strobl, Satz·Grafik·Design, 2620 Neunkirchen

1210 Wien, Scheydgasse 24, Tel. 43/1/24630
www.lindeverlag.at

Druck: Hans Jentzsch & Co. Ges.m.b.H., 1210 Wien, Scheydgasse 31
1

Inhalt

Teil II: Wie Sie Ihre persönlichen Stärken entwickeln

Teil IV: Wie Sie sich auf Erfolgskurs halten

Vorwort von Brian Tracy

Danke, dass Sie dieses Buch lesen. Es bereitete mir große Freude, mit meinem Freund und Mentor Nikolaus Enkelmann, dem renommiertesten Führungs-, Persönlichkeits- und Motivationstrainer Deutschlands, zusammenzuarbeiten.

Nikolaus Enkelmann und ich haben uns ganz der Aufgabe verschrieben, Menschen dabei zu helfen, ihr angeborenes Potenzial optimal zu nutzen. Unsere Bücher, Audio- und Video-Lernprogramme sowie unsere Vorträge und Seminare vor vielen hunderttausend Menschen haben alle ein einziges Thema: Sie haben die Fähigkeit, ein erfolgreiches, spannendes Leben zu führen, ganz gleich in welchem Bereich Sie beruflich engagiert sind. Sie müssen nur lernen, wie Sie das Beste aus sich selbst machen.

In diesem Buch bringen wir die weltweit besten Ideen für persönliche Gesundheit, Glück und Erfolg zusammen. Jede einzelne Idee kann Ihrem Leben eine neue Richtung geben, vorausgesetzt, es ist die richtige Idee zum richtigen Zeitpunkt.

Wir haben festgestellt, dass jeder Mensch vier Ziele hat:

1. Jeder möchte gesund sein, viel Energie haben und lange leben.
2. Jeder möchte positive, glückliche und liebevolle Beziehungen zu anderen Menschen haben.
3. Jeder möchte einer bedeutungsvollen und herausfordernden Arbeit nachgehen, die gut bezahlt ist und Spaß macht.
4. Jeder möchte eines Tages genügend Geld haben, damit er sich keine finanziellen Sorgen machen muss.

Fast alles, was Sie jeden Tag, jede Woche und jeden Monat tun, zielt darauf ab, Ihr Leben in einem oder mehreren der genannten Bereiche zu verbessern.

In diesem Buch haben Nikolaus Enkelmann und ich die besten Erfolgsprinzipien zusammengetragen, die Ihnen Schritt für Schritt zeigen, wie Sie sich in jedem der Bereiche steigern können. Sie lernen praktische und erprobte Strategien und Techniken, die von erfolgreichen und glücklichen Menschen angewandt werden.

Auf den folgenden Seiten werden Sie lernen, wie Sie das Beste aus sich selbst machen. Dies wird Ihnen Wochen, Monate und Jahre harter Arbeit ersparen. Indem Sie das Gelernte anwenden, werden Sie sich auf die Überholspur begeben und niemals auf der Kriechspur fahren.

Eine Besonderheit von erfolgreichen Menschen ist, dass sie stark handlungsorientiert sind. Wenn sie eine neue Idee aufnehmen, dann probieren sie diese sofort aus. Sie tun den ersten Schritt in Richtung Verbesserung – ohne Garantie auf Erfolg.

Das erfordert Mut. Möchten Sie eine Speise nach einem bestimmten Rezept zubereiten, so müssen Sie das Rezept mehrere Male nachkochen, bis es Ihnen perfekt gelingt.

Bei den Erfolgstechniken ist es genauso: Wenn Sie zum ersten Mal eine neue Methode ausprobieren, wird diese vermutlich nicht auf Anhieb funktionieren. Sie werden nicht sofort das erwartete Resultat erzielen. Erfolgreiche Menschen jedoch lassen sich nicht entmutigen und üben immer wieder, bis sie die neue Methode beherrschen und sie zu einem Teil ihres Lebens machen.

Wenn Sie in diesem Buch eine Idee finden, die Sie inspiriert, versuchen Sie, diese sofort umzusetzen. Und lassen Sie dann nicht locker, bis sie zum festen Bestandteil Ihres Verhaltens und Ihrer Persönlichkeit wird.

Ich wünsche Ihnen viel Erfolg und eine angenehme Lektüre. Wenden Sie unsere Erfolgsstrategien an und Ihr Leben bekommt eine neue, positive Richtung.

Brian Tracy
www.briantracy.com

Vorwort von Prof. Dr. Lothar Seiwert

Die ersten Seefahrer orientierten sich an markanten Punkten. Nomaden finden seit Jahrtausenden mithilfe der Sterne ihren Weg durch die Wüste. Und wir lassen uns heute von elektronischen Navigationssystemen sicher durch fremde Städte lotsen.

Wo bin ich? Wo will ich hin? Und wie komme ich am besten zum Ziel? Wer diese Fragen beantworten kann, findet sich zurecht – auf hoher See, im Straßen-Wirrwarr und auch im Leben.

Globalisierung, rasanter technischer Fortschritt, zunehmender Leistungs- und Zeitdruck: Es ist nicht immer einfach, in unserer modernen Welt zurechtzukommen. Nikolaus B. Enkelmann und Brian Tracy bieten mit ihrem Buch „Der Erfolgs-Navigator" eine wertvolle Orientierungshilfe und einen zuverlässigen Leitfaden zu privatem Glück und beruflichem Erfolg.

Die beiden herausragenden Trainerpersönlichkeiten haben erstmals amerikanisches und europäisches Erfolgswissen punktgenau aufeinander abgestimmt. Sie schaffen mit ihrem „Erfolgs-Navigator" einen innovativen globalen Brückenschlag.

Die Arbeit von Nikolaus B. Enkelmann und Brian Tracy zeugt von hoher Kompetenz, großer Seriosität und enormer Leidenschaft. Beide haben in der „Hall of Fame" ihrer jeweiligen nationalen „Speakers Association" einen ganz besonderen Platz. Deshalb ist es mir eine Freude und Ehre, dieses Vorwort für meine langjährigen und geschätzten Trainerkollegen und -freunde zu verfassen.

Schöpfen auch Sie, liebe Leserinnen und Leser, aus dem reichen Erfahrungsschatz von Nikolaus B. Enkelmann und Brian Tracy. Finden Sie Ihren ganz persönlichen Erfolgskurs und nutzen Sie die unendlich vielen Entfaltungsmöglichkeiten, die Ihnen das Leben bietet!

Prof. Dr. Lothar Seiwert
Bestsellerautor, Keynote-Speaker, www.seiwert.de

Einleitung

Wer erfolgreich und glücklich sein möchte, der hat in der heutigen Zeit die besten Chancen. Niemals zuvor war es möglich, so viel zu erreichen, so ausgeprägt seine persönlichen Stärken zu entfalten und so konsequent seine Ziele zu verfolgen. In unserem Zeitalter, das vom permanenten Wandel bestimmt ist, tun sich täglich neue Möglichkeiten auf, die jeder für sich und seine beruflichen wie privaten Ziele nutzen kann.

Die ständigen Veränderungen in sämtlichen Lebensbereichen haben auch eine Kehrseite: Wir werden von der Informationsflut überschwemmt, die Welt wird immer hektischer, ein Termin jagt den nächsten, persönliche und berufliche Belange sind immer schwieriger unter einen Hut zu bekommen. Stress und Burnout drohen beinahe jedem Menschen und vereiteln nicht selten, dass man sein Ziel aus den Augen verliert und nur noch ums „Überleben" kämpft.

Um Ihnen den Weg zu Ihrem Ziel anschaulich aufzuzeigen, bedienen wir uns eines Instruments, das aus dem Alltag kaum mehr wegzudenken ist: des Navigationsgeräts im Auto. Für viele Menschen ist es zur Selbstverständlichkeit geworden, ihr Fahrtziel in das Navigationsgerät einzugeben und den Weg dorthin auf dem Display anzeigen zu lassen, bevor sie den Zündschlüssel umdrehen und losfahren. Wird das Ziel klar und eindeutig eingegeben, dann berechnet das Gerät zuverlässig den besten Weg dorthin. Sämtliche Etappen und Stationen werden dem Benutzer angezeigt. Der Fahrer wird Kilometer für Kilometer geleitet, das System weist ihn auf Abzweigungen, Umleitungen, Baustellen und Staus hin. Fährt er falsch, schlägt das Navigationsgerät sofort Alarm und erklärt ihm, wie er zurück auf die richtige Straße findet.

Genau wie ein Navigationsgerät soll Sie dieses Buch zu Ihrem Ziel führen – mit hundertprozentiger Treffsicherheit! Es gibt Ihnen Antwort auf die Frage: „Wie schaffe ich es, meine Ziele zu verwirklichen, obwohl der Alltag stressig ist, mir oft das Äußerste abverlangt wird und nie ausreichend Zeit ist, mich auf das Wesentliche zu konzentrieren?"

Was Sie für den Start brauchen und worüber Sie sich klar sein müssen, bevor Sie sich ans Steuer setzen, finden Sie in Teil I. Zunächst nehmen Sie eine Standortbestimmung vor: Fragen Sie sich, was Sie als Person ausmacht und welchen Stellenwert Erfolg in Ihrem Leben hat. Hier erfahren Sie, warum sich der Erfolg automatisch einstellt, sobald Sie etwas anpacken, etwas bewegen und für andere Menschen einen Nutzen schaffen (Kapitel 1).

Wie Sie Ihre Ziele formulieren und welche Rolle Selbstdisziplin spielt, zeigen wir in Kapitel 2. In zwölf Schritten erklären wir Ihnen eine verlässliche Methode zum Setzen von Zielen.

In Kapitel 3 geht es darum, sich über die eigene Lebensaufgabe klar zu werden. Wir helfen Ihnen, Antworten auf folgende Fragen zu finden: Wofür möchte ich mich in meinem Leben einsetzen? Welche Art von Arbeit ist die passende für mich? Welche Werte sind für mich im Berufs- und Privatleben maßgeblich?

Im Teil II machen wir deutlich, wie Sie Ihre persönlichen Stärken entwickeln. Ihr Selbstwertgefühl hat einen großen Einfluss auf Ihr Leben und entscheidet darüber, ob Sie Ihre Ziele erreichen. Grund genug, Ihr Selbstvertrauen kontinuierlich aufzubauen. Wir betrachten die sechs Bestandteile, die dazu notwendig sind (Kapitel 4).

Kapitel 5 stellt Ihnen Ihre persönliche Strategieplanung vor. Es geht darum, dass Sie Ihre Stärken richtig nutzen, dass Sie alle Energie in ein oder zwei Schlüsselbereiche stecken, um dort Überdurchschnittliches zu leisten. Dazu müssen Sie sich zunächst in einer Situationsanalyse zahlreiche Fragen stellen und beantworten.

Bei der Entwicklung Ihrer Stärken spielen Vorbilder eine entscheidende Rolle (Kapitel 6). Wir zeigen Ihnen, dass es kein besseres Studium gibt, als von Menschen zu lernen, die etwas besser können als Sie. Umgekehrt haben Sie selbst eine Vorbildfunktion in Ihrem beruflichen und persönlichen Umfeld. Möchten Sie Ihre Mitmenschen zu einem bestimmten Handeln anregen, dann tun Sie am besten selbst, was Sie von anderen fordern!

Unabhängig von Ihrem Ziel werden immer andere Menschen beteiligt oder betroffen sein. Sich so zu verhalten, dass andere Menschen gut mit Ihnen auskommen, gern mit Ihnen zusammenarbeiten und Ihnen den Weg zum Ziel ebnen, ist enorm wichtig. Wie Sie zum Beziehungsexperten werden, lernen Sie in Kapitel 7.

Ein ganz spezielles Instrument, das Sie zur positiven Beeinflussung von anderen und sich selbst einsetzen können, stellen wir Ihnen im folgenden Kapitel vor:

die Suggestion und die Autosuggestion. Wir erklären Ihnen Schritt für Schritt, wie Sie in den Alpha-Zustand gelangen, der das Unterbewusstsein für positive Inhalte öffnet. Dank Autosuggestion können Sie Ihre Ziele leichter erreichen, Ihr Leben selbstbestimmt leben und besser mit Krisen und Problemen umgehen (Kapitel 8).

Ein Bereich, in dem Sie sich unbedingt weiterentwickeln sollten, ist die Rhetorik (Kapitel 9). Das gesprochene Wort hat eine enorme Wirkung auf Ihre Zuhörer, ganz gleich ob in Besprechungen, Verhandlungen, Telefonaten oder persönlichen Gesprächen. Mithilfe Ihrer Stimme, Sprache und Körpersprache können Sie Kompetenz demonstrieren, andere motivieren und überzeugen. Anhand zahlreicher Übungen trainieren Sie Ihre Stimme, Aussprache, Artikulation und Atmung.

Schwierigkeiten auf dem Weg nach oben gibt es immer. Stress, Burnout und Ängste sind ganz besondere Behinderungen auf Ihrem Erfolgskurs. Wie Sie damit umgehen, zeigt Teil III. Zunächst erläutern wir, was eigentlich hinter den Phänomenen Stress, Angstkrankheit und Burnout steckt (Kapitel 10). Nicht selten sind diese Phänomene der Grund, dass man berufliche und private Ziele aus den Augen verliert oder sogar vollständig aufgibt. Interessante wissenschaftliche Hintergründe, Zahlen und Daten sowie psychologische Zusammenhänge vermitteln Ihnen ein besseres Verständnis dieser regelrechten Erfolgskiller, die sich immer mehr ausbreiten.

In Kapitel 11 folgt dann konkrete Hilfe. Hier erfahren Sie, wie Sie mit Stress und Konsorten fertig werden: Erste Hilfe bei Überlastung, Übungen zum Stressabbau, mentales Training, verschiedene passende Autosuggestionen und viele Tipps, wie Sie mit Stressfaktoren positiv umgehen.

Ein gesondertes Kapitel widmen wir dem Thema Ängste, Enttäuschungen und Fehler. Diese sind normal und natürlich und gehören zum Leben. Sie werden große Ziele nicht erreichen, ohne dass Sie mit Schwierigkeiten konfrontiert werden. Lesen Sie, wie Sie diese überwinden und dadurch erst Ihr ganzes Potenzial entfalten (Kapitel 12).

Haben Sie an alles gedacht und bereits erste Erfolge verzeichnet, so möchten Sie sich auch in Zukunft auf Erfolgskurs halten (Teil IV). Dazu müssen Sie zuallererst die Verantwortung für Ihr Handeln übernehmen. Wer sich ständig beklagt und Missstände anprangert, gibt das Steuer aus der Hand. Wenn Sie sich selbst als aktiven Teilnehmer an der dynamischen Welt um Sie herum betrachten, dann nehmen Sie Ihr Schicksal in die Hand. Sie werden zum Architekten Ihrer eigenen Zukunft und zur eigentlich kreativen Kraft in Ihrem Leben (Kapitel 13).

Damit die Zukunft Sie nicht kalt erwischt, sondern Sie gut gewappnet sind für alle bevorstehenden Veränderungen und Herausforderungen, sollten Sie sich entsprechend vorbereiten und ein besonderes Augenmerk auf die Pflege Ihres Fachwissens legen. Wir zeigen Ihnen, wie Sie Exzellenz demonstrieren und auf sich aufmerksam machen (Kapitel 14).

Ständige Weiterentwicklung ist also gefragt und die erreichen Sie durch Lernen und Lesen. In Kapitel 15 erfahren Sie, wie Sie Ihre drei Performance-Bereiche bestimmen, ebenso wie Ihre blinden Flecke. Das sind die Bereiche, in denen Sie viel lesen und lernen müssen. Wenn Sie an die Spitze Ihres Fachbereichs wollen, dann bauen Sie sich eine Privatbibliothek auf.

Zum Schluss dieses Buches legen wir Ihnen Ausdauer, Wiederholung und Konzentration ganz besonders nahe. Dank dieser drei Tugenden können Sie sich dauerhaft auf Erfolgskurs halten. „Bleiben Sie dran und konzentrieren Sie sich auf das Wesentliche" – so lautet die Devise (Kapitel 16). Wie ein Sportler müssen Sie sich auch auf sich selbst konzentrieren, denn nur so bündeln Sie Ihre Energie und können aus dem Vollen schöpfen. Jetzt kann Sie nichts mehr aufhalten.

Sie sehen: Von Tipps für den Start über die Entwicklung Ihrer persönlichen Stärken und den Umgang mit Stress bis zur Sicherung von nachhaltigem Erfolg werden alle wichtigen Stationen thematisiert und Ihnen wie in einem Training mit vielen Beispielen „mundgerecht" präsentiert.

Und noch ein Hinweis: Hier erwartet Sie eine Besonderheit, die Sie kaum anderswo finden werden: Sämtliche Themen für Ihr Erfolgstraining werden gleich zweimal behandelt, und zwar aus amerikanischer und europäischer Perspektive. Viele Sichtweisen decken sich, andere betonen unterschiedliche Aspekte. Sie schöpfen also aus einem reichen Fundus.

Teil I

Was Sie für den Start brauchen

1. Standortbestimmung: Spitzenleistungen werden möglich

Nie gab es mehr Möglichkeiten und Chancen für Sie, Ihre Ziele zu erreichen sowie Ihr Potenzial zu entfalten und auszuschöpfen, als heute. Bevor Sie sich auf Ihren Erfolgskurs begeben, müssen Sie noch einiges klären. Zuallererst die Frage: Wer bin ich? Wer nicht weiß, wo er steht und was ihn ausmacht, kann sich kaum etwas vornehmen und Veränderung, Wachstum und Spitzenleistungen anstreben.

In diesem Kapitel stellen wir Ihnen die Grundgesetze der Lebensentfaltung vor. Sie enthalten viele Weisheiten und Leitsätze, die bereits vielen Tausend Menschen auf ihrem Weg an die Spitze geholfen haben.

Außerdem thematisieren wir in diesem Kapitel die Frage, was Erfolg überhaupt ist. Je konkreter Ihre Vorstellung davon ist, umso sicherer werden Sie Kurs auf Ihr Ziel nehmen und erkennen: Spitzenleistungen werden möglich!

Wer bin ich? – Selbsterkenntnis ist der erste Schritt zur Veränderung

Wer bin ich? Diese Frage sollten Sie sich stellen, wenn Sie sich ehrgeizige Ziele stecken und diese erreichen möchten. Stellen Sie Ihren inneren Navigator auf „Nummer eins werden", dann beginnt der Weg der Selbsterkenntnis. Sie müssen sich zunächst selbst kennen mit all Ihren Stärken und Schwächen. Nur dann haben Sie die Möglichkeit, Ihr Verhalten und Ihre Einstellungen in die gewünschte Richtung zu lenken.

Übung

Schreiben Sie jetzt einmal alles auf, was Ihnen zu Ihrer Person einfällt, was Ihre Persönlichkeit ausmacht. Kennen Sie sich wirklich – was Sie wollen, welche Ziele Sie lang- und mittelfristig anpeilen, wo Ihre Stärken und Ihre Schwächen liegen? Wie gehen Sie mit Ihrem Potenzial um, was machen Sie aus sich?

Navigations-Tipp

Bei dieser und allen weiteren Übungen fordern wir Sie auf, schriftlich zu arbeiten. Bitte erledigen Sie die Übung dann auch tatsächlich schriftlich. Es ist nämlich erwiesen, dass es einen großen Unterschied macht, ob man über etwas spricht beziehungsweise nachdenkt oder etwas aufschreibt. Durch Schreiben wird der Geist Materie. Zudem glaubt der Mensch, was er geschrieben sieht.

Zugegeben: Sich selbst den Spiegel vorzuhalten ist ungewohnt und fällt nicht unbedingt leicht. Viele Menschen haben sich nämlich ein mehr oder weniger realistisches Bild von sich geschaffen. Daran haben sie lange gearbeitet. Sie mussten sich selbst möglicherweise energisch zureden, das zu sehen, was sie gerne sehen möchten. Mit viel Fantasie bringt es dann sogar ein eher zurückhaltender und scheuer Abteilungsleiter so weit zu glauben, er sei ein schlagfertiger und durchsetzungsfähiger Typ. Er hat hart an diesem Bild gearbeitet und es hat lange gedauert, bis er sich mit diesem selbst geschaffenen Wunschbild identifizieren konnte. Konsequent musste er daher Fakten ignorieren, musste jede Situation entsprechend seiner Idealvorstellung auslegen, musste so manches überhören und übersehen.

Das Leben in einer selbst geschaffenen Wunschwelt kann uns vielleicht kurzfristig ein gutes Gefühl vermitteln. Auf lange Sicht schafft es uns aber nur Probleme, denn die Realität holt uns immer wieder ein.

Jeden Tag werden wir mit den Konsequenzen einer falschen Selbsteinschätzung konfrontiert. Aber nicht nur ein unrealistisches Bild von der eigenen Person macht uns zu schaffen. Auch wenn es darum geht, Mitarbeiter, Kollegen und Vorgesetzte einzuschätzen, werden Fehlbeurteilungen leicht zu einem Fallstrick für die Karriere. Wer sich nicht intensiv mit der Persönlichkeit des Partners auseinandersetzt, Bekannte und Freunde nicht richtig kennt, muss mit Spannungen im Privatleben, Trennung und Verlusten rechnen.

Meiden Sie daher nicht den Blick in den Spiegel, weil Sie vielleicht Züge an sich bemerken, die Ihnen nicht gefallen und die überhaupt nicht in das Bild passen, das Sie sich von sich gemacht haben. Beantworten Sie die Fragen zum Kern Ihrer Persönlichkeit:

- Ich weiß, dass ich ...
- Ich bin ein Mensch, der ...
- Ich bin bereit, Opfer zu bringen, weil ...
- Es ist nicht einfach, trotzdem werde ich ...
- Nur wenn ich will, dann kann ich ...
- Ich werde meine Zukunft planen, weil ich ...
- Ich bin glücklich, wenn ich ...
- Ich habe Erfolg, weil ich ...
- Ich bin zufrieden, weil ich ...
- Ich werde mein Selbstbewusstsein steigern, weil ich ...
- Ich bin innerlich reich, weil ich ...
- Ich habe einen starken Willen, weil ich ...
- Es war ein Fehler, dass ich ...
- Ich bin bereit, Verantwortung zu tragen, weil ich ...
- Ich bin ein guter Organisator, weil ich ...
- Wenn ich frei und sicher sprechen könnte, würde ich ...
- Wenn ich keine Hemmungen hätte, würde ich ...

Haben Sie mehr Durchblick? Selbsterkenntnis – also die Kenntnis von sich selbst – ist der erste Schritt zu einer Veränderung. In der Medizin verhält es sich genauso: Zunächst erfolgt die Diagnose und daraus ergibt sich die Therapie.

Für den einen oder anderen ist dies möglicherweise ein schmerzhafter Prozess. Er muss sich lösen von lieb gewordenen Vorstellungen von sich selbst, das bedeutet den Verlust von (eingebildeten) Stärken, aber auch von scheinbaren Schwächen. Das „Erwachen" ist umso schwieriger, je mehr es sich der Betroffene in seiner eigenen Realität bequem gemacht hat. Gleichwohl: Je früher ein Mensch feststellt, dass zwischen dem echten Leben und seiner Vorstellung eine riesige Kluft herrscht, desto besser für ihn. Je eher er das Ruder herumreißt, desto mehr (Lebens-)Zeit bleibt ihm, in der er die Folgen seiner Selbsterkenntnis genießen kann. Und das ist ein wichtiger Aspekt. Denn wir alle wollen doch nur eines: Erfolgreich und zufrieden sein, dass wir etwas erreicht und dabei uns selbst weiterentwickelt haben. Das gilt für den Angestellten im gleichen Maße wie für den Vorstandsvorsitzenden eines großen Konzerns, den Freiberufler, den Künstler, aber auch für den Sportler, den kleinen Betrieb oder das international agierende Großunternehmen.

Menschen haben eine geradezu panische Angst vor Veränderungen, ganz gleich, in welchem Bereich. Das Wort Veränderung ruft bei ihnen viele negative Assoziationen hervor: Unsicherheit, Angst, sich neu behaupten zu müssen oder auf Ablehnung zu stoßen etc. Dabei vergessen sie, dass durch Veränderungen Stärken wachsen können und viel Positives ausgelöst werden kann. Wir führen in diesem Zusammenhang gern die Eichel als Beispiel an: Eine kleine Eichel wird zu einer großen Eiche – und nicht etwa zu einer Pappel, einer Linde oder einem Ahornbaum. Die Eichel wird nicht vollkommen anders, sondern wächst zu einer Eiche heran und bewahrt dabei ihren ureigenen Kern. So können auch wir Menschen wachsen und uns entfalten. Verändern heißt also nicht, anders zu werden. Vielmehr können wir durch ständiges Wachsen unsere Persönlichkeit und unser Potenzial entfalten.

Erfolg haben – das möchten Sie doch sicher nicht nur im beruflichen Bereich. Erfolg im Privatleben – stabile Beziehungen, ausgeglichene Kinder, Freunde, auf die Sie sich verlassen können: All das ist wichtig und entscheidet darüber, ob Sie glücklich und zufrieden und – als Folge davon – gesund sind und bleiben.

Sie möchten sich entwickeln, möchten hervortreten aus der grauen Masse Ihrer Kollegen. Sie möchten mehr – Sie möchten an die Spitze, die Nummer eins werden. Sie möchten, dass Ihr mittelständischer Betrieb nicht mehr unter „ferner liefen" erscheint – Sie möchten Ihre Firma zur Topadresse machen!

Das können Sie, wenn Sie wirklich wollen. Dabei helfen wir Ihnen.

Sagen Sie einmal ganz laut und mit Überzeugung: „Ich möchte erfolgreich sein, ich möchte die Nummer eins sein!"

Können Sie das, wollen Sie das wirklich? Oder bereitet Ihnen das Schwierigkeiten? Gibt es etwas, das Sie hemmt? Wenn Sie diesen Satz zu Ihrem Motto machen, dann haben Sie ein großes Ziel gewählt, zu dem wir Ihnen gratulieren und Ihnen bei der Erreichung mit Rat und Tat zur Seite stehen.

Mit Können und mit Wollen schöpft man aus den Vollen
Mit Vielleicht und Irgendwie schafft man's selten oder nie!

Unbekannt

Entfaltung – ganz bildhaft

Mit der geistig-seelischen Entfaltung eines Menschen verändert sich einiges in seinem Leben. Nicht nur seine Ziele ändern sich möglicherweise, sondern der Mensch entfaltet seine Fähigkeiten, entwickelt seine Persönlichkeit weiter. Stellen Sie sich einmal bildhaft vor, was „entfalten" wirklich bedeutet. Nehmen Sie dazu einen zusammengefalteten Anzug aus dem Koffer, breiten Sie ihn aus, entfalten Sie ihn. Sehen Sie, wie aus einem Stück Stoff ein perfektes Kleidungsstück wird. Alles war schon vorhanden, es kam aber im zusammengefalteten Zustand nicht zur Geltung. Genauso geschieht das auch mit dem Menschen: In jedem ist ein enormes Potenzial vorhanden – doch es will entdeckt und gefördert werden. Machen Sie eine kleine Übung zur Entfaltung:

Übung

Atmen Sie einmal ganz tief ein. Dabei wird Ihr Brustkorb weit, Ihr Bauch wölbt sich. Atmen Sie durch, nehmen Sie dabei beide Arme in einem weiten Bogen nach hinten, als wollten Sie einen Kreis in die Luft zeichnen. Spüren Sie, wie sich Ihr ganzer Brustbereich entfaltet, wie Sie sich aus der gedrungenen Haltung, die Sie vermutlich am Schreibtisch einnehmen, plötzlich befreien, wie Luft und Energie in Ihren Körper strömen. Fühlen Sie sich nicht gleich wohler, freier und stärker?

So wie Sie Ihren Körper entfalten, also aufrichten, damit er weit und durchlässig wird, können Sie auch Ihre Fähigkeiten entwickeln und Ihre Persönlichkeit entfalten. Vielleicht kennen Sie ja noch gar nicht all Ihre Stärken? Vielleicht wissen Sie gar nicht, welche Schätze in Ihrem Inneren verborgen sind?

Andauernder Erfolg benötigt kontinuierliche Arbeit und Anstrengung. Alles andere ist nicht wirklich Erfolg, sondern bestenfalls ein Zufallstreffer. Wir kennen ja genügend Beispiele aus Wirtschaft und Politik, zum Beispiel die kometenhaften Aufstiege und die spektakulären Bruchlandungen von Überfliegern.

Die 14 Grundgesetze der Lebensentfaltung leiten Sie zu Ihren beruflichen und privaten Zielen. Lesen Sie die Grundgesetze der Lebensentfaltung laut und konzentriert und lassen Sie den Inhalt auf sich wirken.

Die 14 Grundgesetze der Lebensentfaltung

1. Nur der Mensch hat die Kraft, bewusst zu denken, zu planen und zu gestalten. Nur er kann sich selbst und damit sein Schicksal und seine Zukunft gezielt beeinflussen.
2. Am Anfang jeder Tat steht die Idee. Nur was gedacht wurde, existiert.
3. Gedanken entwickeln sich im Unterbewusstsein, aus den Menschen selbst oder durch äußere Einflüsse.
4. Das Unterbewusstsein – die Baustelle des Lebens und der Arbeitsraum der Seele – hat die Tendenz, jeden Gedanken zu realisieren.
5. Aus dem kleinsten Gedankenfunken kann ein leuchtendes Feuer werden.
6. Wer wachsen soll, braucht Nahrung. Die Nahrung der Gedanken ist die Konzentration.
7. Bewusste oder unbewusste Konzentration ist Verdichtung von Lebensenergie.
8. Im Streit zwischen Gefühl und Intellekt siegt immer das Gefühl.
9. Gefühle lenken und verstärken die Konzentration unbewusst, aber nachdrücklich.
10. Durch gezielte Entscheidung kann die Aufmerksamkeit auf jeden ausgewählten Punkt gelenkt werden.
11. Beachtung bringt Verstärkung. Nichtbeachtung bringt Befreiung.
12. Zustimmung aktiviert Kräfte. Ablehnung vernichtet Lebenskraft.
13. Die ständige Wiederholung einer Idee wird erst zum Glauben, dann zur Überzeugung – auch in negativer Hinsicht.
14. Glaube führt zur Tat. Konzentration führt zum Erfolg. Wiederholung führt zur Meisterschaft.

Welchen Stellenwert hat Erfolg in Ihrem Leben?

Was bedeutet Erfolg für Sie persönlich? Welche Vorstellung verbinden Sie mit dem Wort Erfolg? Darüber sollten Sie sich am Start im Klaren sein.

Übung

Nehmen Sie ein Blatt Papier und schreiben Sie Ihre zehn größten Erfolge in der Vergangenheit auf. Was lief optimal in den Bereichen Karriere, Beruf, Familie und für Sie ganz persönlich?

Meine zehn größten Erfolge:

1. ______________________________
2. ______________________________
3. ______________________________
4. ______________________________
5. ______________________________
6. ______________________________
7. ______________________________
8. ______________________________
9. ______________________________
10. ______________________________

Viele Menschen haben ein negatives Verhältnis zu dem Wort „Erfolg“. Für sie ist Erfolg gleichbedeutend mit Geldmacherei, Rücksichtslosigkeit, Ausbeutung, Ellenbogenmentalität, Egoismus und Herzinfarkt. Mit all dem hat es aber nichts zu tun.

Erfolg, das ist ein großes Wort und deshalb wird vieles übersehen, was klein und unwichtig beziehungsweise normal erscheint, aber dennoch in die Rubrik „Erfolg“ gehört. Beispielsweise ist es ein großer Erfolg, Kinder gut zu erziehen, ein Instrument spielen zu lernen, eine glückliche Beziehung zu führen oder sich das Rauchen abzugewöhnen. Erfolg kann auch – muss aber nicht unbedingt – sein, viel Geld zu verdienen, was aber oft mit dem Verlust an Lebensqualität verbunden ist.

Wirklicher Erfolg ist etwas anderes, etwas ganz Simples: Lösung von Problemen durch entsprechende Lebensgrundsätze, Zielformulierungen und deren Umsetzung – und als Folge eine hohe Lebensqualität.

Wenn wir in diesem Buch von Erfolg sprechen, so meinen wir nicht „Karriere per Ellenbogen", „Erfolg um jeden Preis" und ohne jede Rücksicht. Erfolg, das ist nicht allein materieller oder äußerer Erfolg. Erfolg muss in unseren Augen immer mit persönlicher Weiterentwicklung, Fortschritt und Verbesserung zu tun haben. Das betrifft sowohl das Berufs- als auch das Privatleben. Wer am Ende seines Lebens nicht sagen kann: Ich habe dazu beigetragen, dass die Welt ein wenig besser und schöner geworden ist – und sei es nur geringfügig –, der hat eigentlich den Sinn des Lebens verfehlt. Erfolgreich sein heißt:

- Wertvolle Ziele zu haben und die Initiative zu ergreifen
- Etwas bewirken zu können
- Leistung zu bringen und Verantwortung zu übernehmen
- Zum Fortschritt beizutragen
- Veränderungen zum Positiven einzuleiten
- Bereit zu sein für neue Aufgaben
- Richtig mit seiner Zeit umgehen zu können
- Strategien für Problemlösungen zu entwickeln
- Sich weiterzuentwickeln
- Menschen zu motivieren
- Anderen einen Weg zu zeigen
- Vorbildfunktion zu übernehmen
- Eine vitale Gesundheit zu besitzen und zu erhalten
- Freunde zu finden und das Leben zu genießen
- Eine positive Einstellung zum Leben zu haben
- Soziales Engagement zu zeigen

Erfolg fällt Ihnen nicht in den Schoß, sondern ist vielmehr das Ergebnis von konstruktiven Gedanken und Taten, die auf ein Ziel konzentriert sind. Sie können so viel arbeiten, wie Sie wollen: Wenn Sie im Grunde Ihres Herzens ein Pessimist sind, dann bleiben Sie immer einer und versinken in der großen Masse der Mittelmäßigkeit. Andererseits können Sie noch so positiv denken: Wenn Sie nicht entsprechend handeln, bleiben Sie auch auf der Strecke! Wenn Sie nämlich Ihr Leben nicht gestalten, dann machen das andere. Dann werden Sie irgendwann einmal feststellen, dass andere Menschen Ihr Leben bestimmt haben. Eine Erkenntnis, die nicht gerade glücklich und zufrieden macht! Doch noch können Sie eingreifen, können das Steuerrad selbst übernehmen und den Lebenskurs festlegen.

Erfolg – das ist die Fähigkeit, Probleme zu lösen!

Erfolg ist also nichts anderes als eine Folge von Lebensgrundsätzen, Zielformulierungen und deren Umsetzung. Erfolg ist eine Konsequenz aus Denken und Tun. Wenn Sie anstreben, hier auf Erden wie im Paradies zu leben, verfallen Sie einer großen Illusion. Unser Schicksal ist, Probleme zu lösen. Und jedes gelöste Problem stellt einen Erfolg dar. Fragen Sie sich:

- Bin ich ein Mensch, der Probleme macht, oder einer, der Probleme löst?
- Zu welcher Kategorie will ich künftig gehören?
- Auf welchem Gebiet will ich Probleme lösen oder habe Probleme bereits erfolgreich gelöst?

Sicher kennen Sie eine Reihe von Menschen, die Probleme nicht bei sich, sondern grundsätzlich bei anderen suchen: Der Lieferant macht Schwierigkeiten, der Partner macht Probleme, die Kinder sind schuld ... Wer so seine Probleme angeht, ist in zehn Jahren noch keinen Schritt weiter. Wer seine Probleme nicht kennt, kann auch keine Lösungen entwickeln. In dem Moment, in dem Sie beginnen, Ihre Probleme als solche zu erkennen und sie sich bewusst zu machen, beginnt Ihr Unterbewusstsein an einer Lösung zu arbeiten.

Wir möchten Ihnen helfen, ein positiver Realist zu werden. Erkennen Sie die Realität, dann können Sie sie nach Ihren Vorstellungen beeinflussen oder gar verändern. Schweben Sie hingegen über den Dingen, dann haben Sie keinen Einfluss. Sind Sie ohne Bodenhaftung, können Sie nichts bewirken und natürlich auch nicht gewinnen.

Ein Arzt, der keine Diagnose stellt, kann auch keine Medikamente verordnen. So verhält es sich auch mit unseren Problemen. Wenn wir sie nicht kennen, können wir sie nicht lösen. Wir sind ihnen ausgeliefert. Auch die verbreitete Methode, Probleme zu ignorieren, zu vertuschen oder zu beschönigen, bringt uns nicht weiter. Das ist bloß eine Flucht, die weitere Probleme aufwirft.

Die folgende Formel liefert eine anschauliche Definition von Erfolg aus einem etwas anderen Blickwinkel.

$$E = \frac{Zi + K + t}{Wi + Wa}$$

E: Erfolg
Zi: Zielklarheit
K: Kraft

t: Zeit
Wi: innere Widerstände
Wa: äußere Widerstände

Diese Erfolgsformel berücksichtigt die inneren und äußeren Widerstände, durch die der Erfolg bedroht wird. Sehen wir sie uns genauer an:

- *Zielklarheit (Z)* = „Ich weiß, was ich will."
  Am Anfang jedes Erfolgs steht eine Idee. Die Verwirklichung dieser Idee in der Zukunft ist das Ziel. Zielklarheit ist die Ausgangsposition für jede Entwicklung. Zielklarheit entwickeln wir aus unseren unbewussten Wünschen und Träumen. Der selbstbewusste und freie Mensch entwickelt aus seinen Wünschen realitätsbezogene Ziele.
- *Kraft (K)* = „Ich weiß, was ich kann."
  Kraft ist Energie, gleich welcher Art. Wer etwas ändern oder bewegen möchte, braucht Kraft. Unser Körper ist die Kraftquelle. Energie ist aber auch ein Vorrat an Kraft, die gebraucht wird, um Rückschläge und unerwarteten Widerstand zu überwinden. Ein Mensch mit ausreichenden Kraftreserven hat die Sicherheit, dass er genügend Energie in sich hat. Er weiß, was er kann.
- *Zeit (t)* = „Ich weiß, dass der Sieg erst am Ziel feststeht, und ich nähere mich diesem Ziel systematisch."
  Zeit spielt eine wichtige Rolle. Jeder Erfolg benötigt Zeit. Wer Zeit hat, besitzt die Souveränität, sich Schritt für Schritt seinem Ziel zu nähern. Misserfolge sind oft das Ergebnis unüberlegten, vorschnellen Handelns. Erfolgreich sein heißt deshalb auch, mit seiner Zeit systematisch umzugehen. Wer auf Biegen und Brechen Erfolge erzielen will, begeht viele Fehler. Wer schrittweise vorangeht, kann Fehler rechtzeitig erkennen und beseitigen, indem er einen Schritt zurückgeht.

- *Innere und äußere Widerstände (Wi und Wa)* = „Ich weiß, dass ich kann, was ich will."
  Die inneren Widerstände, wie Pessimismus, Bedenken und Zweifel, absorbieren die Energie eines Menschen, die er benötigt, um die äußeren Widerstände zu überwinden. Ein Mensch, der den größten Teil seiner Kräfte für die inneren Widerstände verbraucht, besitzt zu wenig Energie, um erfolgreich mit äußeren Widerständen umzugehen.

Die Erfolgsformel ist immer und überall anwendbar. Mit ihrer Hilfe bringen wir Ordnung in unser Leben. Bei der Anwendung aktivieren wir bewusste, vor allem aber unbewusste innere Kräfte. Wir erleben, dass Glück keine Glückssache ist. Wir überwinden in der Tiefe unserer Seele den Pessimismus und die Depression. Erfolg – die Fähigkeit, Widerstände zu überwinden – ist erlernbar.

Werden Sie zum Troubleshooter!

Stecken Sie nicht den Kopf in den Sand, sondern werden Sie zum Troubleshooter. Probleme hat es schon immer gegeben – und die haben sich im Lauf der Jahrhunderte nicht grundlegend geändert: Hunger, Zahnschmerzen, Überschwemmungen, Kriege. Verändert haben sich hingegen die Strategien der Problemlösung.

Übung

Welche Probleme können Sie am besten lösen, und zwar im Einklang mit Ihrem Naturell? Sind Sie Organisator, Planer, Vermittler, Motivator? In welchem Bereich können Sie zu einem Problemlöser werden? Notieren Sie sich bitte die Antworten und schreiben Sie außerdem auf, was Sie am besten können.

Und noch etwas: Die Erfolgschancen sind momentan so groß wie selten zuvor. Der Grund liegt einfach darin, dass es überall „brennt", dass es überall viele Probleme gibt – ganz gleich, wo Sie hinschauen. Ihre Chance!

Bringen Sie anderen Nutzen

Viele Menschen wollen erfolgreich werden durch Gier und Geiz. Das einzige Wort, das sie großschreiben, ist ICH. Darum wiederholen wir immer wieder: Der eitle Mensch glaubt an sich, der selbstbewusste Mensch an seine Aufgabe!

Da der Weg über die Eitelkeit nicht zum gewünschten Erfolg führt, werden zwangsläufig viele Menschen immer ehrgeiziger und verbissener. Die Konsequenz ist, dass die Menschen zwangsläufig ausbrennen und immer häufiger an psychosomatischen Krankheiten leiden.

Der leichtere und sicherere Weg zum Erfolg ist der Weg über den Nutzen, den Sie anderen bringen. Folgende Geschichte belegt diesen Gedanken:

In London steht ein Bettler mit einem verbeulten Hut an der Themsebrücke und bettelt. Ständig wiederholt er mit gebrochener Stimme: „Penny please, penny please." Ein vornehmer Engländer geht an ihm vorbei, wirft ein paar Pennys in den verbeulten Hut, tippt an seinen Bowler und sagt: „Haben Sie schon einmal Nutzen gebracht?" – und geht weiter.

„Nutzen gebracht, Nutzen gebracht", wiederholt der Bettler, „Geld will ich haben, viel Geld will ich haben." Da kommt eine alte Dame über die Brücke, sie zieht einen Bollerwagen voller Kisten. Da der Wagen überladen ist, fällt immer wieder eine Kiste herunter. „Nutzen bringen", denkt auf einmal der Bettler und hilft der alten Dame, dass die Kisten auf dem Wagen bleiben.

Er begleitet die Dame zu den englischen Hafenanlagen, wo man auf den Schiffen die Kästen benötigt, damit beim Sturm die Waren auf den Schiffen nicht hin- und herrutschen. Seit diesem Tag wiederholte der Bettler immer wieder: „Du kannst Nutzen bringen, du kannst Nutzen bringen." Heute ist er der Besitzer der größten englischen Hafenanlagen – durch das Prinzip „Nutzen bringen".

Diese Geschichte zeigt, dass sich der Erfolg automatisch einstellt, sobald jemand anpackt, etwas bewegt und für andere Menschen einen Nutzen schafft.

Ein Blick in das Geschichtsbuch zeigt, dass dieser Weg gangbar ist. Denken Sie an die wertvollen Menschen der Vergangenheit. Robert Koch wurde erfolgreich, weil er den Tuberkel-Bazillus fand. Albert Schweitzer wurde bekannt durch das Urwaldspital Lambaréné. Madame Curie wurde bekannt durch die Entdeckung der Röntgenstrahlen. Columbus wurde bekannt durch die Entdeckung Amerikas.

Wie groß ist der Nutzen, den Sie bringen? Jeder wird erfolgreich, wenn er nach dem Prinzip „Nutzen bringen“ lebt. Dieser Weg setzt natürlich die Erkenntnis voraus, auf welchem Gebiet Sie aufgrund Ihrer Stärken, Talente und Persönlichkeit den größten Nutzen bringen können (siehe Kapitel 5 „Persönliche Strategieplanung: Pflegen Sie Ihre Stärken“).

Erfolgreich werden Sie nicht, wenn Sie andere ausnutzen, sondern nur durch den Nutzen, den Sie anderen bringen. Deshalb denken selbstbewusste Menschen immer wieder darüber nach, wie sie anderen Nutzen bringen, was sie Gutes tun und wie sie andere glücklich machen könnten. Sie entwickeln Produkte und Angebote, die gebraucht und gewünscht werden, sie begeistern und motivieren ihre Mitarbeiter und führen sie zum Erfolg, sie fördern und unterstützen die Fähigkeiten und Talente anderer Menschen.

Ihr Leben hat nur dann einen Wert, wenn Sie ihm einen Wert geben. Wer mit offenen Augen und Ohren durchs Leben geht, wird dafür genügend Möglichkeiten finden. Im Kleinen, Alltäglichen und bei der eigenen Zukunftsplanung. Das Wichtigste auf der Welt sind die Menschen, nicht Maschinen, nicht Forschungsergebnisse, nicht politisches Geschehen, sondern nur die Menschen, die dahinterstehen und die Ihnen begegnen.

Umgekehrt gilt: Nur wenn Sie anderen Nutzen bringen (früher gebrauchte man das Wort „dienen“), werden auch andere Ihnen Nutzen bringen. Ein Geschäftsmann, der nur an seinen Vorteil denkt, macht das Geschäft nur einmal. Eine Frau, die einen Mann nur aus Berechnung heiratet, wird unglücklich sein. Der Mann, der einem Verein nur beitritt, um geschäftliche Kontakte zu knüpfen, wird ein Außenseiter bleiben. Der Freund, den Sie immer nur um etwas bitten, wird Sie bald nicht mehr anrufen. Das Prinzip „Nutzen bringen“ spielt in alle Bereiche des Lebens hinein. Ihr Leben soll nicht Betteln oder Stehlen sein, sondern Arbeiten, um zu nutzen.

Den erfolgreichen Menschen zeichnen Initiative, Mut und Lebensfreude aus:

Die Philosophie der Erfolgreichen

Den erfolgreichen Menschen erkennt man auf den ersten Blick.
Man sieht, dass etwas in ihm steckt, und man spürt, dass er eine schöpferische Kraft in sich trägt.
Er hat einen offenen Blick; schon nach den ersten Worten bemerkt man, dass man ihm eine gute Leistung zutrauen kann.
Der erfolgreiche Mensch gehört zu den Menschen, die früher oder später mit beständiger Sicherheit an die Spitze kommen.
Ein bestimmter Geist zeichnet ihn aus.
Es ist der Geist der Initiative, des Mutes und der Arbeitsfreude.
Der erfolgreiche Mensch glaubt nicht an Intrigen und Lügen.
Er glaubt nicht an den Zufall.
Er wartet nicht auf bessere Zeiten.
Er weiß, das alles sind nur Ausreden.
Dagegen glaubt er an die Wirksamkeit seiner Leistung.
Er glaubt daran, dass er sich selbst anstrengen muss.
Er vertraut seiner Fähigkeit, auch Durststrecken durchzustehen.
Er glaubt vor allem an die treibende Kraft, die von großen Zielen ausgeht.

2. Die Königsdisziplin des Erfolgs: So setzen Sie sich Ziele

Erfolgreiche Menschen haben die entscheidende Fähigkeit, sich Ziele zu setzen und Pläne zu entwerfen, wie sie diese Ziele erreichen. Wenn Sie diese Fähigkeit entwickeln und sie zur lebenslangen Gewohnheit werden lassen, bringt Sie das weiter als jede andere Fähigkeit, die Sie sich aneignen könnten.

Die Gewohnheit, sich Ziele zu setzen, wird Ihnen nur dann in Fleisch und Blut übergehen, wenn Sie sie so lange einüben, bis der Vorgang automatisch abläuft, so automatisch wie das Ein- und Ausatmen. Ihr erstes Ziel muss sein, sich fortlaufend Ziele zu setzen. Sie müssen sich darüber klar werden, was Sie wollen, und Sie müssen sich ganz und gar darauf konzentrieren, immer das zu tun, was Sie Ihren Zielen näherbringt – Tag für Tag, Minute für Minute.

Erfolgreiche Menschen handeln intelligent

Vor einiger Zeit wurden die erfolgreichsten Männer und Frauen Amerikas gefragt, wodurch es ihnen gelungen sei, weiterzukommen als 99 Prozent der amerikanischen Gesellschaft. Unter anderem nannten sie „Intelligenz". Wurden sie jedoch gedrängt, Intelligenz zu definieren, antworteten die meisten, Intelligenz sei eher eine „Art zu handeln" als der IQ oder der Notendurchschnitt im Abschlusszeugnis.

Erfolgreiche Menschen, so die Schlussfolgerung, handeln intelligent, nicht erfolgreiche Menschen handeln nicht intelligent. Viele Absolventen der besten Colleges legen ein nicht intelligentes Verhalten an den Tag. Und umgekehrt beweisen viele Menschen mit mäßiger Begabung und schlechten Startbedingungen intelligentes Verhalten.

Und so stellt sich die Frage: „Wie lässt sich intelligentes Verhalten definieren?"

Die Antwort ist einfach. Jedes Verhalten, das Sie Ihrem Ziel näher bringt, ist intelligent. Nicht intelligent oder „dumm" ist jedes Verhalten, das Sie von dem entfernt, was Sie für sich erreichen wollen.

Wenn Sie beispielsweise gesund und fit sein wollen, ist alles intelligent, was Sie diesem Ziel näher bringt. Wann immer Sie ungesund essen oder Ihr Training schleifen lassen, begehen Sie *Ihrer eigenen Definition nach* eine Dummheit.

Wollen Sie viel Geld verdienen und finanziell unabhängig werden, zeugt es von Intelligenz, wenn Sie Ihren „Marktwert" verbessern oder sich ein finanzielles Polster aufbauen. Alles, was Ihre finanzielle Unabhängigkeit gefährdet, ja sogar alles, was Sie der finanziellen Unabhängigkeit nicht näher bringt, verrät einen Mangel an Intelligenz.

Es gibt eine bemerkenswerte Entdeckung. Der Intelligenzquotient ist nicht starr, er lässt sich um ungefähr 25 Punkte steigern (oder senken). Anders ausgedrückt: Sie können klüger werden, indem Sie Ihren Verstand besser nutzen. Intelligenz lässt sich – nicht anders als der Körper – trainieren, indem man regelmäßig übt. Wenn Sie täglich auf klar definierte Ziele hinarbeiten, werden Sie merken, dass Sie in Ihrem gesamten Tun immer intelligenter vorgehen.

Auch Sie haben einen Zielerreichungsmechanismus!

Es gehört zu den wohl wichtigsten Entdeckungen der letzten 100 Jahre, dass unser Gehirn einen angeborenen, automatischen, kybernetischen Zielerreichungsmechanismus besitzt. Menschen sind die einzigen Geschöpfe auf der Erde mit dieser speziellen Fähigkeit, dank deren sie ihre Ziele automatisch erreichen, und zwar unabhängig davon, um welche Ziele es sich handelt.

Dieser „Erfolgsmechanismus" arbeitet Tag und Nacht, bewusst und unbewusst. Er treibt an und motiviert gleichzeitig. Es ist fast wie bei einem Lichtschalter. Haben Sie das Licht einmal eingeschaltet, brennt es, bis Sie etwas unternehmen, um es wieder auszuschalten. Das wird weiter unten noch detailliert erklärt.

Die meisten Menschen haben ein großes Problem: Ihr automatischer Zielerreichungsmechanismus ist entweder nicht eingeschaltet oder richtet sich auf wertlose Ziele. Kommen solche Menschen morgens zur Arbeit, denken sie vor allem daran, was sie mittags essen werden, und nachmittags überlegen sie, welche Fernsehsendung sie sich abends anschauen könnten. Auch das Wochenende ist für sie ausschließlich zum Vergnügen da. Greifen sie zur Zeitung, interessieren sie nur der Sportteil und die Fußballergebnisse der zurückliegenden 24 Stunden. Gehen sie einkaufen, geben sie ihr ganzes Geld aus. Solche Menschen sind mehr mit *Spannungsabbau* als mit *Zielerreichung* beschäftigt.

Hier ist eins der wichtigsten Erfolgsprinzipien überhaupt: „Alles zählt!"

Alles zählt! – Denken Sie an die langfristigen Konsequenzen

Alles, was Sie tun, summiert sich oder nagt an der Substanz. Jede Tat, jedes Unterlassen bringt Sie entweder Ihrem Ziel näher oder davon ab. Es gibt keine neutralen Handlungen. Alles zählt.

Das „Spiel des Lebens" gewinnen Sie entweder durch bewusste Entscheidung und entschlossenes Handeln oder Sie verlieren es durch Saumseligkeit und mangelnde Konzentration. Sie werden das „Spiel des Lebens" verlieren, wenn Sie Ihren Erfolgsmechanismus nicht einschalten und so lange eingeschaltet lassen, bis Sie Ihre Ziele erreicht haben.

Jeder Mensch hat auch einen Versagensmechanismus im Unterbewusstsein. Er zeigt sich, wenn sich Menschen für den schnellsten, bequemsten Weg entscheiden. Die meisten gehen den Weg des geringsten Widerstands. Sie wollen Spaß haben und mögen sich nicht anstrengen, sie scheuen die harten Notwendigkeiten, die langfristig Erfolg versprechen.

Navigations-Tipp

Jeden Morgen, wenn Sie aufstehen, haben Sie die Wahl. Entscheiden Sie sich für Spaßhaben und Easy-Going oder tun Sie, was unbequem, aber notwendig ist? Stehen Sie auf und krempeln die Ärmel hoch – oder schleppen Sie sich nur bis zum Fernsehsessel?

Die Werthaltigkeit Ihres Verhaltens können Sie am besten einschätzen, wenn Sie sich die langfristigen Konsequenzen vergegenwärtigen. Wert hat nur, was sich nachhaltig positiv auf Ihr Leben auswirkt. Wertloses, unwichtiges Tun hingegen hat keine positiven Auswirkungen.

Wenn Sie beispielsweise eine Tasse Kaffee trinken, die Zeitung lesen und fernsehen, beeinflusst das weder Ihre Gesundheit noch Ihr Glück oder Ihren Wohlstand positiv. Sie können stundenlang Kaffee trinken, fernsehen und Zeitung lesen. Sie können der geschickteste Zeitungsleser, der allerbeste Fernsehgucker oder ein rekordverdächtiger Kaffeetrinker werden, ohne das Geringste für Ihre Zukunft getan zu haben. Deswegen sind solche Verhaltensweisen per definitionem unwichtig und wenig wert: Sie helfen nicht weiter.

Umgekehrt hat es wahrscheinlich höchst bedeutsame Folgen für Ihre Zukunft, wenn Sie aufstehen und jeden Morgen 30 bis 60 Minuten lesen, drei- bis viermal pro Woche Sport treiben und sich stets darauf konzentrieren, das jeweils Beste aus Ihrer Zeit zu machen. Wenn Sie sich diese Verhaltensweisen zur Gewohnheit machen, haben Sie fast schon eine Garantie dafür, dass Sie wesentlich mehr als ein Durchschnittsbürger erreichen werden. Jeden Morgen, wenn der Wecker schellt, stehen Sie stets aufs Neue an dieser Wegscheide. Alles zählt.

Selbstdisziplin – die kritische Erfolgsdeterminante

Es gibt eine Eigenschaft, die seit Jahrhunderten über Erfolg oder Misserfolg, Glück oder Unglück, Achtung oder Verachtung entscheidet. Diese Eigenschaft heißt „Selbstdisziplin". Sehr erfolgreiche, glückliche Menschen konnten sich schon immer besser selbst disziplinieren als nicht erfolgreiche, unglückliche Zeitgenossen. Selbstdisziplin bedeutet, zum richtigen Zeitpunkt etwas Notwendiges zu tun, auch wenn es unbequem und beschwerlich ist.

Es ist leicht, etwas zu tun, wenn man Lust dazu hat und es sich bequem machen lässt. Aber wenn es schwerfällt und man gegen den berühmten „inneren Schweinehund" ankämpfen muss, dann ist Selbstdisziplin gefragt.

Navigations-Tipp

Das Wunderbare ist: Je mehr Sie sich dieser Disziplin unterwerfen, desto größer wird Ihre Selbstachtung. Sie werden ein stärkerer Mensch. Je disziplinierter Sie werden, desto mehr erreichen Sie und desto besser fühlen Sie sich.

Selbstdisziplin zahlt sich nicht nur in konkreten Erfolgen aus, auch das Selbstwertgefühl profitiert davon. Es gibt wahrscheinlich keinen Lebensbereich, in dem Selbstdisziplin wichtiger wäre als für das Setzen und Erreichen von Zielen – Tag für Tag.

In einer New Yorker Studie, die Dr. Karen Horney vor einigen Jahren durchgeführt hat, erhielten die Probanden Unterricht im Zielesetzen und ihre Ergebnisse wurden über die folgenden Monate und Jahre hinweg protokolliert. Der Lernerfolg war durchschlagend! Die Teilnehmer an der Studie erreichten 95 Prozent der Ziele, die sie sich während des Programms gesetzt hatten. Unglaublich, nicht? Eine Erfolgsrate von 95 Prozent für Zielesetzer ist einfach überwältigend, obwohl diese Erkenntnis durchgängig bestätigt wird und im Grunde nur *wissenschaftlich* dingfest macht, was wir seit Jahrhunderten wissen. Alles menschliche Handeln ist zielgerichtet. Menschen setzen und erreichen Ziele automatisch und leicht, wenn sie Ziele anstreben.

Navigations-Tipp

Sobald Sie sich vollkommen darüber im Klaren sind, was Sie wollen, und sich zwingen, vorrangig die Dinge zu tun, die Sie Ihrem Ziel näher bringen, ist Ihnen der Erfolg praktisch garantiert.

Das Problem der Selbstdisziplin stellt sich für Sie unter Umständen überhaupt nicht, wenn Sie Ihr Ziel lieben und es mit jeder Faser Ihres Herzens wünschen. So verzichtet beispielsweise ein Jugendlicher, der unbedingt das Abitur nachmachen möchte, gern auf Diskothekenbesuche und nutzt die Zeit zum Lernen. Oder ein Sportler, der eine Olympiamedaille gewinnen möchte, lässt kein Training ausfallen und meidet Lebensmittel, die er sehr gern mag, die aber seine körperliche Fitness beeinträchtigen könnten. Für Menschen mit Siegermentalität stellt jeder Verzicht eine Investition in die Zukunft, in ihre Ziele dar.

Nun stellt sich die Frage, warum so wenige Menschen Ziele haben, wenn Ziele setzen und erreichen automatisierte Vorgänge sind. Studien belegen, dass nur rund 3 Prozent aller Erwachsenen klare, schriftlich fixierte Ziele und die entsprechenden Pläne haben, wie sie diese Ziele in ihrem Alltag erreichen. Am Ende ihrer Laufbahn verdienen die 3 Prozent mit schriftlich fixierten Zielen mehr als die anderen 97 Prozent zusammengenommen.

Wie Sie Ihre Ziele setzen und erreichen

Nur wer das Ziel kennt, kann es treffen.
Unbekannt

Sie benötigen eine Methode, wie Sie Ihre Ziele setzen und erreichen. Diese Methode sollten Sie lebenslang auf jedes beliebige Ziel anwenden können.

Im Folgenden erklären wir Ihnen – wie zuvor schon mehr als einer Million Menschen – eine Methode zum Setzen von Zielen in zwölf Schritten. Sie hat Ähnlichkeit mit einem Kochrezept, in dem zwölf Zutaten verarbeitet werden. Je nach Situation und Bedürfnissen variieren die Zutaten, die für die jeweiligen Ziele in einer bestimmten Lebenslage notwendig sind. Erfolgreiche, glückliche Menschen nutzen diese Prinzipien ständig, ob sie sich dessen bewusst sind oder nicht. Menschen, die hinter ihren Möglichkeiten zurückbleiben, fehlt eine der Zutaten ganz oder teilweise.

Der erste Schritt im Zielesetzen ist der Wunsch, das intensive, brennende Verlangen nach einem bestimmten Ziel. Der Wunsch muss sehr persönlich sein, das heißt, Sie müssen es für sich selbst wollen. Sie können sich nicht Ziele für andere setzen, so wenig wie ein anderer ein Ziel für Sie erreichen kann.

Die große Frage, die Sie sich irgendwann stellen und beantworten sollten, lautet: Was will ich eigentlich mit meinem Leben anfangen? Hand aufs Herz: Was wünschen Sie sich für sich selbst, ganz tief in Ihrem Innern? Für welches Ziel können Sie sich richtig begeistern? Wenn Sie nur eine Sache in der ganzen Welt erreichen könnten und diese ganz sicher erreichen würden, welche Sache wäre das? Die Stärke Ihres persönlichen Verlangens bestimmt die Energie und Entschlossenheit, mit der Sie Ihr Ziel anstreben. Was wollen Sie wirklich, wie dringend wollen Sie es? Lesen Sie dazu auch das Kapitel 3 „Beruf, Berufung und Werte: Finden Sie Ihre wahre Bestimmung im Leben".

Der zweite Schritt, die zweite Zutat, ist der Glaube oder die Überzeugung. Sie müssen vollkommen davon überzeugt sein, dass Sie dieses Ziel verdient haben und auch in der Lage sind, es zu erreichen. Glaube ist ein Katalysator, der Ihre geistigen und körperlichen Kräfte freisetzt. Glaube ist nicht zufällig auch ein religiöses Phänomen. Und alle, die viel erreicht haben, gleichgültig, auf welchem Gebiet, sind Menschen mit unerschütterlichem Glauben und fester Überzeugung. Sie glauben an ihre Fähigkeit, die Ziele zu erreichen, die sie sich gesetzt haben.

Das Fantastische ist, dass sich Ihr Glaube und Ihr Wunsch mit jedem Tag, den Sie auf etwas hinarbeiten, das Sie wirklich wollen, vertiefen und verstärken. Jeder gelungene Schritt festigt Ihre Überzeugung, dass Sie es schaffen können. Das ist der tiefere Sinn der Aussage: „Jede noch so weite Reise beginnt mit dem ersten Schritt."

Der Grad Ihres Glaubens an Ihre Fähigkeit, es zu schaffen, ist der Schlüssel zu Ihrer Entschlossenheit und Hartnäckigkeit. Ihre Ziele müssen also glaubwürdig und erreichbar sein, besonders am Anfang.

Sie sollten sich beispielsweise nicht vornehmen, innerhalb eines Jahres aus tiefster Armut zur finanziellen Unabhängigkeit vorzustoßen. Dieser Schuss würde nach hinten losgehen, weil das Ziel Ihre Möglichkeiten weit übersteigt.

Navigations-Tipp

Sie müssen sich etwas vornehmen, das Sie schaffen können, und dann ein neues, ehrgeizigeres Ziel setzen, es erreichen – und so fort. Kleine Siege bauen Ihr Selbstbewusstsein auf. Sie entwickeln einen Drive und kommen schließlich an den Punkt, an dem Sie sich alles vornehmen können, solange es nur klar und ansprechend genug ist, dass Sie die nötige Energie und Ausdauer dafür aufbringen.

Der dritte Schritt verlangt, dass Sie Ihr Ziel aufschreiben. Ein Ziel, das nicht schriftlich fixiert wird, ist kein Ziel. Erfolgreiche Menschen arbeiten mit klaren, schriftlich fixierten, spezifischen und detailliert ausgearbeiteten Plänen und ziehen sie regelmäßig – manchmal täglich – zu Rate. Wir empfehlen Ihnen, Ihre Ziele Tag für Tag neu aufzuschreiben, Woche für Woche, Monat für Monat. Diese Übung wird Ihre Ziele in Ihr Unterbewusstsein einpflanzen und dort werden diese Ziele dann ein Eigenleben führen und eine Eigendynamik entwickeln. Fragen Sie sich immer wieder: „Wie kann ich messen, ob ich meinem Ziel näher komme? Welche Standards verwende ich dafür? Welche Maßstäbe, welche Messlatten lasse ich gelten?"

Der vierte Schritt ist die Bestandsaufnahme. Wo stehen Sie derzeit? Wenn Sie abnehmen wollen, dann sollten Sie als Erstes Ihr aktuelles Gewicht wissen. Wenn Sie ein dickes Finanzpolster anstreben, rechnen Sie Ihren aktuellen Vermögensstand aus.

Wenn Sie Ihre Lage erfassen und Ihren Ausgangspunkt bestimmen, zwingt Sie das dazu, ehrlich mit sich selbst zu sein. Nur diese Ehrlichkeit ermöglicht Ihnen, sich glaubwürdige, erreichbare Ziele zu setzen, statt eine Niederlage durch unrealistische Wünsche zu programmieren.

Der fünfte Schritt verlangt eine Entscheidung: Warum haben Sie sich für dieses bestimmte Ziel entschieden? Das schafft die Rückkopplung an den Wunsch, an das Verlangen. Notieren Sie sich alle Vorteile, die Sie mit diesem Ziel erreichen. Gründe sind der Brennstoff im Ofen des Erfolgs.

Navigations-Tipp

Wenn ein oder zwei Gründe für ein bestimmtes Ziel sprechen, werden Sie kaum motiviert sein. Aber mit 40 oder 50 Gründen werden Sie durchstarten und keiner kann Sie aufhalten.

Schritt Nummer sechs ist die Terminierung. Der geschätzte Zeitpunkt, wann das Ziel erreicht sein wird, wird niemals eingehalten – die Hälfte Ihrer Ziele werden Sie schon vorher erreichen, für die andere Hälfte werden Sie länger als geschätzt benötigen, aber Sie brauchen auf jeden Fall eine Deadline, so wie eine Airline einen Flugplan braucht – und ob das Flugzeug dann genau in der Minute abhebt, die auf der Boarding Card steht, ist zweitrangig.

Große Ziele sollten Sie mit Zwischenetappen ansteuern. Das hilft sehr. So hatte beispielsweise ein junger MBA-Absolvent in der Business School Kurse für Finanzanalyse und -planung besucht und dort gelernt, seine Ziele Jahr für Jahr, Monat für Monat, Woche für Woche und sogar Tag für Tag aufzuschreiben. Er analysierte sein Tun und glich es täglich mit seinen Zielen ab, manchmal sogar zweimal täglich. Sechs Monate nach dem Einstellungstermin war er der erfolgreichste Vertriebsmitarbeiter des Unternehmens. Sein Umsatz wuchs Monat für Monat kontinuierlich und vorhersagbar.

Navigations-Tipp

Wenn Sie Ihre Ziele auf tägliche und stündliche Teilziele herunterbrechen, werden Sie erstaunt feststellen, wie viel Sie erledigen können.

Der siebte Schritt auf dem Weg zum Ziel liegt in der Analyse von Hindernissen. Warum haben Sie Ihr Ziel nicht längst erreicht? Was blockiert Sie? Was hält Sie ab? Und wo liegt der größte Stolperstein?

Sie können hier die 80/20-Regel anwenden, nach der 80 Prozent der Gründe, warum Sie ein Ziel nicht erreichen, in Ihnen liegen und nur 20 Prozent außerhalb. Nur 20 Prozent der Hindernisse gehen auf äußere Umstände oder andere Menschen zurück.

Durchschnittliche, mittelmäßige Menschen schieben die Schuld für ihre Fehlschläge immer auf die Situation und andere Leute. Überlegene Menschen kehren vor der eigenen Haustür und fragen: „Was ist das in mir, das mich hindert?"

Im *Schritt Nummer acht* sollten Sie herausfinden, welches Wissen, welche Informationen und welche Fähigkeiten Ihnen auf Ihrem Weg zum Ziel fehlen. Im Informationszeitalter ist Wissen das Rohmaterial jedes Erfolgs. Um zu neuen Ufern aufzubrechen, müssen Sie Dinge tun, die Sie noch nie gemacht haben. Sie müssen sich verändern, ein anderer werden, über sich hinauswachsen, neue Fähigkeiten und Kenntnisse erwerben.

Jedes neue Ziel sollte mit einem Lernziel kombiniert werden. Abhängig von Ihrem Ziel müssen Sie herausfinden, was Sie lernen müssen. Fragen Sie sich: „Welche Fähigkeit würde mir am meisten helfen, um dieses Ziel zu erreichen?" Sie sollten Ihre Antwort aufschreiben, einen Plan entwerfen und täglich daran arbeiten, bis Sie diese Fähigkeit beherrschen. Diese Entscheidung kann Ihr Leben verändern.

Im *neunten Schritt* sollten Sie herausfinden, wessen Unterstützung Sie auf Ihrem Weg zum Ziel benötigen und mit wem Sie kooperieren könnten. Beginnen Sie mit Ihrer Familie, dem Chef und den Kollegen. Denken Sie über Kunden, Lieferanten und Ihren Kontakt bei der Bank nach. Wessen Hilfe wollen Sie in Anspruch nehmen und was müssen Sie tun, damit man Ihnen hilft? Wie können Sie den anderen helfen, um sich deren Hilfe zu verdienen?

Beziehungen sind alles. Wer Großes erreichen will, braucht die Unterstützung vieler Menschen. Je mehr und je bessere Beziehungen Sie pflegen, desto schneller gelangen Sie ans Ziel und desto schöner wird Ihr Leben. Welche Personen sind in Ihrem Privat- und Berufsleben die wichtigsten Menschen? Wer könnte für Sie wichtig werden? Was können Sie tun, damit diese Menschen Ihnen helfen und mit Ihnen zusammenarbeiten wollen? Lesen Sie dazu auch Kapitel 7 „Exzellenz im Umgang mit anderen: So gewinnen Sie Ihre Mitmenschen für sich".

Schritt Nummer zehn: Entwerfen Sie einen Plan. Ein Plan ist eine geordnete Liste mit Aufgaben, die Sie erledigen müssen. Ein solcher Plan sieht dem ähnlich, mit dem Sie eine Reise planen. Sie legen eine Liste mit allem an, was Sie bis zu Ihrer Abfahrt und nach Ihrer Ankunft erledigen müssen.

Beim Zielerreichen entscheiden Sie detailliert, was Sie wollen, und schreiben das auf. Sie ermitteln Ihren Ausgangspunkt und die Gründe, warum Sie ein bestimmtes Ziel erreichen wollen. Sie setzen sich einen Termin, bis zu dem Sie es erreichen wollen. Sie schreiben sich die Hindernisse auf, die Sie überwinden, und die Probleme, die Sie lösen müssen. Sie bestimmen die Fähigkeiten und Kenntnisse und Humanressourcen, die Sie für Ihr Ziel brauchen. Sie überlegen, welche Menschen Ihnen helfen können und was Sie tun müssen, damit diese Ihnen helfen. Und dann nehmen Sie all diese Puzzleteile und legen sich zurecht, wie Sie am sinnvollsten vorgehen.

Ein Plan ist eine Liste von Handlungen, geordnet nach Zeit, Reihenfolge und Wichtigkeit. Was müssen Sie zuerst machen, was als Zweites? Was ist wichtig, was können Sie vernachlässigen? Was müssen Sie tun, bevor Sie irgendetwas anderes anstoßen? Welche Tätigkeit ist vorrangig und bringt Sie Ihrem Ziel näher als irgendetwas anderes?

Der elfte Schritt heißt Visualisierung. Malen Sie sich täglich bildlich aus, Sie hätten Ihr Ziel schon erreicht. Stellen Sie sich das so lebhaft wie möglich vor. Überlegen Sie: Wie wäre das, wenn Sie es schon erreicht hätten? Spüren Sie hinein in dieses Gefühl, es geschafft zu haben. Stellen Sie sich vor, wie stolz Sie sein werden, wie zufrieden und glücklich.

Navigations-Tipp

Wiederholen Sie die Visualisierung und die Gefühle, die damit einhergehen, im Lauf des Tages immer wieder. Mit jeder Visualisierung und Emotionalisierung programmieren Sie Ihr Ziel tiefer und tiefer in Ihr Unterbewusstsein und in Ihr Über-Ich. Ihr Ziel wird so zu einem mächtigen unbewussten Antrieb, der Sie Tag und Nacht motiviert und inspiriert.

Der zwölfte Schritt schließlich bedeutet, dass Sie alles, was Sie tun, entschlossen und hartnäckig verfolgen. Schwören Sie sich, dass Sie niemals aufgeben werden. Treffen Sie diese Entscheidung lange bevor die ersten Hindernisse oder Schwierigkeiten auftauchen: Sie halten durch, gleichgültig, was geschieht, Sie werden erst ruhen, wenn Sie Ihr Ziel erreicht haben. Versprechen Sie sich das.

Diese Form geistiger Vorbereitung – der im Vorfeld getroffene Beschluss, nie aufzugeben – kann mehr ausrichten als jeder andere Faktor. Sie werden viele Rückschläge und Enttäuschungen einstecken müssen auf dem Weg zu Ihrem Ziel. Das gehört dazu. Sie müssen vorher beschließen, dass nichts Sie aufhalten kann. Wenn Sie dann auf die unvermeidlichen Hindernisse treffen, sind Sie innerlich darauf vorbereitet. Dann können Rückschläge Sie nicht mehr entmutigen. (Siehe auch Kapitel 16 „Ausdauer, Wiederholung und Konzentration: So bleiben Sie erfolgreich").

Formulieren Sie Ihre persönlichen Ziele

Und hier kommt die Übung, die alles zusammenfasst, was wir in diesem Kapitel besprochen haben:

Übung

Holen Sie sich ein leeres Blatt Papier und schreiben Sie oben „Ziele" und das heutige Datum hin. Und dann listen Sie mindestens zehn Ziele auf, die Sie in den nächsten zwölf Monaten erreichen wollen. Benutzen Sie das Präsens, als wäre das Jahr schon um und das Ziel erreicht. Wenn Sie abnehmen wollen, schreiben Sie zum Beispiel: „Ich wiege x Kilo." Wenn Sie einen bestimmten Geldbetrag zurücklegen wollen, schreiben Sie: „Ich spare [Jahr] x Euro."

Ziele: **Datum:** __________

1. ______________________________
2. ______________________________
3. ______________________________
4. ______________________________
5. ______________________________
6. ______________________________
7. ______________________________
8. ______________________________
9. ______________________________
10. ______________________________

Wenn Sie zehn Ziele aufgeschrieben haben, sehen Sie sich die Liste genauer an. Fragen Sie sich: „Welches der Ziele auf dieser Liste hätte den größten positiven Effekt auf mein Leben?"

Wählen Sie ein bestimmtes Ziel auf Ihrer Liste aus. Dieses Ziel wird für die nächste Zukunft Ihr definierter Hauptzweck. Es ist das Ziel, das Sie in dem beschriebenen Zwölf-Schritt-Vorgehen durchdeklinieren.

Nehmen Sie einen neuen Bogen Papier und notieren Sie einen Termin. Analysieren Sie Ihren aktuellen Stand und benennen Sie all die Gründe, warum dieses Ziel für Sie so wichtig ist. Benennen Sie auch die Schwierigkeiten auf dem Weg dahin, schreiben Sie auf, was Sie noch lernen müssen und wessen Hilfe Sie benötigen. Entwerfen Sie einen Plan, der Sie zum Ziel führt. Und dann werden Sie aktiv und arbeiten daran, Ihr Ziel zu erreichen.

Wenn Sie diese Prinzipien beherzigen, werden Sie erstaunt sein, wie viel Sie erreichen. Ihre Ausstrahlung wird positiver, Sie arbeiten effizienter und bekommen mehr Macht. Ihr Selbstbewusstsein und Ihr Selbstvertrauen wachsen. Sie fühlen sich als Sieger. Sie spüren, dass Sie die Fäden in der Hand halten, dass Sie die Richtung vorgeben. Sie haben mehr Energie, begeistern sich mehr. Im Ergebnis erreichen Sie in einigen Wochen oder Monaten mehr als durchschnittliche Menschen in Jahren.

Wenn Sie sich angewöhnen, sich lebenslang Ziele zu setzen, werden Sie mit wachsender Übung diese Kardinaltugend für den Erfolg in Ihr Unterbewusstsein einprogrammieren. Sie werden zu den 3 Prozent gehören, die alles erreichen können, und Sie werden ein glücklicher und erfolgreicher Mensch sein.

3. Beruf, Berufung und Werte: Finden Sie Ihre wahre Bestimmung im Leben

Die wichtigste Frage, die Sie sich für Ihren Weg stellen können, lautet: „Was will ich aus meinem Leben machen?“ Oder: „Wenn ich alle meine Ziele erreichen würde, wie würde mein Leben dann aussehen?“

Die bereits erwähnte 80/20-Regel besagt, dass Sie mit 20 Prozent Ihrer Handlungen 80 Prozent des Werts schaffen. Es gibt auch eine 80/20-Regel für Ihr Leben. Sie besagt, dass die ersten 20 Prozent der Zeit, die Sie dem Nachdenken über die Ihnen wirklich wichtigen Dinge widmen, über 80 Prozent des Werts und der Ergebnisse bestimmen, die Sie in Ihrem Leben insgesamt erreichen werden.

Die erfolgreichsten, glücklichsten Menschen sind in der Regel die wenigen, welche die meiste Zeit darüber nachdenken, wer sie sind und was sie wirklich wollen. Sie bewerten und beurteilen kontinuierlich die Fortschritte anhand ihrer wahren Ziele und Wünsche. Sie stellen sicher, dass ihr Navigator auf das richtige Ziel eingestellt ist, während sie den Wagen lenken.

In diesem Kapitel machen wir Ihnen eine Reihe von Vorschlägen, wie Sie den Sinn Ihres Lebens finden können. Ihre Bereitschaft und Fähigkeit, die folgenden Fragen zu beantworten, kann mehr zu Ihrem künftigen Glück beitragen als irgendetwas anderes.

Sie sind einzigartig!

Ihr Ausgangspunkt: Sie müssen realisieren, dass Sie tatsächlich etwas ganz Besonderes sind! Im ganzen Universum hat es noch niemanden wie Sie gegeben. Sie haben bemerkenswerte Fähigkeiten, Einstellungen, Einsichten und Ideen und deswegen sind Sie anders als alle anderen Menschen, die je gelebt haben und leben werden. Sie sind als „Erfolgsorganismus“ geschaffen, instinktiv motiviert, alles dafür zu tun, Ihrem Erfolg und Glück näher zu kommen.

Leider gehen die meisten Menschen durchs Leben, ohne ihr tatsächliches Potenzial zu nutzen. Sie bleiben hinter den eigenen Möglichkeiten zurück, reagieren nur auf Zwänge und Außenreize, auf Eltern und Chefs, Rechnungen und Rechenschaftsforderungen, bis ihr Leben automatisiert abläuft. Sie hinterfragen es nicht. Sie nehmen sich nie die Zeit, darüber nachzudenken, was sie selbst eigentlich wollen.

Zu den hervorstechendsten Eigenschaften von Führungskräften gehört, dass sie sich selbst kennen. Führungsqualitäten haben die Männer und Frauen, die sich die Zeit genommen haben, sich darüber klar zu werden, wofür sie stehen und woran sie glauben. Sie wissen, wohin sie wollen und wie sie dahin kommen.

Zum Glück ist das keine Sache der Gene, sondern des Tuns. Führen setzt eine bestimmte Art zu denken und zu handeln voraus; es ist keine Frage der Position, sondern der Aktion. Führungsqualität erwirbt man nicht mit einem Titel oder einer Visitenkarte, sondern durch das, was man im Alltag sagt und tut. Sie nehmen Ihr Leben selbst in die Hand, werden zum Herrn Ihres Schicksals und der Architekt Ihrer Zukunft.

Sie sind auf der Welt, um etwas Wunderbares aus Ihrem Leben zu machen. Es liegt an Ihnen, dieses Wunderbare herauszufinden und sich dann leidenschaftlich dafür zu engagieren, es richtig gut zu machen. Ihr Leben kann einen einzigen Zweck haben wie bei Mutter Theresa von Kalkutta; Ihr Leben kann aber auch mehrere, aufeinander folgende Zwecke haben und Sie entwickeln sich, während Sie diesen Zielen nacheifern, zu einem immer besseren Menschen.

Eines der auffälligsten Merkmale erfolgreicher Männer und Frauen ist Klarheit. Erfolgsmenschen sind sich vollkommen klar über ihre Einstellungen und Überzeugungen und über ihren Weg. Diese Klarheit müssen Sie anstreben.

Machen Sie Ihr Herz zum Kompass Ihres Lebens

Wie lautet Ihr „Herzenswunsch"? Dieser Herzenswunsch ist das eine Wunderbare, weswegen Sie auf der Welt sind. Es ist das Wichtige, das Andere, das nur Sie in herausragender Weise vollbringen können.

Navigations-Tipp

In Ihrem Leben sollten Sie vor allem danach streben, Ihren Herzenswunsch herauszufinden. Nur dann werden Sie ein wahrhaft glückliches, erfolgreiches und vollkommen erfülltes Leben führen. Was wollen Sie von ganzem Herzen?

Die Suche nach Ihrem Herzenswunsch hat etwas von der Suche nach dem heiligen Gral – wie die Ritter der Tafelrunde. Fragen Sie sich: „Welche großartige Leistung würde ich gern erbringen, wenn ich wüsste, dass ich nicht scheitern kann?"

Träumen Sie ruhig, träumen Sie große Träume. Stellen Sie sich für die folgende Übung vor, Sie könnten alles erreichen, alles sein, alles haben in der Welt, so als gäbe es für Sie keine Barrieren.

Malen Sie sich aus: Sie haben alle Zeit der Welt und mehr Geld, als Sie je ausgeben können. Sie besitzen die Bildung und die Erfahrung, um alles meistern zu können, was Sie auch angehen. Sie haben Freunde und Kontakte, die alle Türen öffnen. Sie haben alle Möglichkeiten und Ressourcen, um aus jeder Chance das Beste für sich herauszuholen. Sie haben alles, was Sie sich wünschen könnten, Sie können alles erreichen, was Sie sich vorgenommen haben. Nichts engt Sie ein.

Wenn nichts Sie einschränkt oder aufhält, welche Ziele würden Sie sich setzen? Wenn Sie garantiert erfolgreich zu Ende brächten, was auch immer Sie im Großen wie im Kleinen kurz- oder langfristig anfangen, welches übergeordnete Ziel würden Sie sich vornehmen? Die Antwort auf diese Frage wird mehr über Ihre eigentliche Persönlichkeit und Ihren Charakter sagen, als jeder psychologische Test herausfinden könnte.

Leider verfangen wir Menschen uns zu schnell im engen, engstirnigen Alltagsdenken. Sollten wir einmal zu den Sternen hochschauen und ein Zipfelchen von dem erhaschen, was wir wirklich sein könnten oder tun wollten, zählen wir sofort all die Gründe auf, warum das nicht geht. Wir verhageln uns unsere Höhenflüge selbst. Und wenn unsere Freunde und Familienmitglieder träumen, holen wir sie lieber wieder schnell auf den Boden der Tatsachen zurück.

Beantworten Sie die folgenden Fragen, um sich von diesem Denken zu befreien. Diese Fragen werden Ihnen die Augen öffnen für die überwältigenden Möglichkeiten, die in Ihnen stecken.

Frage Nummer eins: Was würden Sie an Ihrem Leben ändern, wenn Sie eine Million Euro steuerfrei gewonnen hätten? Malen Sie sich den Telefonanruf aus, Sie haben den Preis gewonnen und nun will der Anrufer wissen, was Sie mit dem vielen Geld auf der Bank machen wollen. Was antworten Sie ihm?

Diese Frage hat etwas Befreiendes. Die meisten Menschen trauen sich nicht an eine Antwort, weil sie sich von Rechnungen und dem mühsamen Alltag in die Enge getrieben fühlen. Aber wenn Sie sich vorstellen, eine Million Euro zu besitzen, können Sie sich die Wahlfreiheit vorstellen, die der Reichtum bringt.

Wenn wir diese Frage stellen, sagen viele Leute spontan, sie würden ihren Job kündigen. Selbst Menschen, die sich in ihrem Beruf wohlfühlen, sagen das. Aber wer seinen Job kündigen würde, wenn er auf die monatlichen Gehaltseingänge verzichten könnte, der hat den falschen Job. Vielleicht sind sie eher durch Zufall an diesen Beruf geraten und jetzt halten sie daran fest, weil er ihre Lebensgrundlage ist. Wer den richtigen Beruf hat, würde nie seine Stelle kündigen, nur weil er viel Geld gewonnen hat. Er würde nur darüber nachdenken, wie er seinen Beruf noch besser ausfüllen könnte, in einer anderen Position oder Firma.

Frage Nummer zwei: Wenn Sie im Fall eines Lottogewinns Ihren Job kündigen würden, was würden Sie stattdessen tun? Würden Sie aufhören zu arbeiten oder den Beruf wechseln? Welchen Beruf würden Sie wählen?

Denken Sie für den Moment nicht darüber nach, dass Ihnen womöglich Kenntnisse und Diplome fehlen, denken Sie nur darüber nach, was Sie wirklich gern tun würden. Sie werden immer dann am meisten verdienen und am glücklichsten sein, wenn Sie in einem Beruf arbeiten, den Sie sehr gern ausüben. Denn das ist die Formel für beruflichen Erfolg: Wissen, was Sie tun, an das glauben, was Sie tun, lieben, was Sie tun.

Navigations-Tipp

Wenn Sie intensiv über sich selbst nachdenken, bedeutet dies nicht, dass Sie ein egozentrischer Typ sind. Im Gegenteil: Über sich nachdenken ist der Beginn von menschlicher Reife.

Zu den besten Übungen, um Ihren Herzenswunsch, Ihren Lebenszweck und Ihre wahre Bestimmung herauszufinden, ist die Idealvision Ihrer Zukunft. Denken Sie fünf Jahre voraus. Stellen Sie sich vor, wie Ihr Leben wäre, wenn es perfekt wäre. Stellen Sie sich vor, Sie hätten in fünf Jahren alle Probleme gelöst und jedes Ziel erreicht. Wie würde Ihr Leben dann aussehen?

Frage Nummer drei: Wenn Sie einen Zauberstab hätten, welchen Beruf würden Sie ausüben? Wie viel würden Sie verdienen? Auf welcher Hierarchieebene würden Sie arbeiten? Mit welchen Menschen würden Sie zusammenarbeiten?

Berühren Sie auch Ihr Privatleben mit dem Zauberstab. Was würden Sie tun, mit wem würden Sie Ihr Leben teilen, wenn es in jeder Hinsicht perfekt wäre? Was würden Sie nicht mehr tun? Wen würden Sie nicht mehr treffen? Welchen Lebensstil würden Sie führen? Wie verbringen Sie Ihre Tagen, Wochen und Monate? Wie gesund wären Sie? Wie viel würden Sie wiegen? Wie fit wären Sie? Welches Auto würden Sie fahren? Wie sähe das Haus aus, in dem Sie wohnen? Wie viel Geld hätten Sie auf der Bank und wie würden Sie Ihre Freizeit, wo Ihre Ferien verbringen?

Wenn Sie sich ein ideales Leben erträumen, schaffen Sie eine künftige Vision. Mit einem klaren Bild der gewünschten Zukunft aktivieren Sie das Gesetz der Anziehungskraft und die wird für Sie wie ein Magnet arbeiten. Sie ziehen Menschen, Ideen und Ressourcen an, je nach dem geistigen Bild, das Sie in sich tragen. Ihre Zukunftsvision bringt Sie dieser Zukunft näher.

Wenn Sie glasklar vor Augen haben, was Sie wollen, steigen Ihre Chancen dramatisch, es zu bekommen. Es werden alle möglichen Dinge geschehen und dazu beitragen, dass Ihr Wunsch Wirklichkeit wird.

William James schrieb, die größte Entdeckung seiner Generation sei, dass man die äußeren Dinge des Lebens verändern könne, wenn man nur seine Einstellung verändere. Ralph Waldo Emerson formulierte es in etwa so: Aus Menschen würde das, was sie dächten. Earl Nightingale hat das sinngemäß paraphrasiert: Das Komischste am Erfolg sei, dass man werde, woran man die meiste Zeit denke.

Denken ist schöpferisch. Sie prägen Ihr Leben und Ihre Zukunft mit dem, was Sie gewohnheitsmäßig denken. Je mehr Gefühl mit diesen Gedanken verbunden ist, desto stärker wirken sie sich auf Ihr Leben aus. Das Wunderbare am Setzen von Zielen ist, dass ein klares, spezifisches Ziel und eine aufregende Zukunftsvision positive Emotionen freisetzen, die Sie dazu motivieren, genau das zu tun, was zur Realisierung der Ziele beiträgt. Sie haben Ihre Zukunft selbst in der Hand – wenn Sie daran arbeiten, wird sie so, wie Sie es sich vorstellen.

Wer sind Sie und wer werden Sie sein? – Selbstideal, Selbstbild, Selbstwertgefühl

Drei Anteile Ihrer Persönlichkeit bestimmen, wer Sie sind und wer Sie sein werden: Ihr Selbstideal, Ihr Selbstbild und Ihr Selbstwertgefühl.

Ihr Selbstideal ist eine Kombination oder Mischung der Eigenschaften, Werte, Merkmale und Fähigkeiten, die Sie an sich selbst und anderen am meisten bewundern (siehe Kapitel 6 „Die Macht der Vorbilds: Von Vorbildern lernen und selbst

Vorbild sein"). Es ist Ihre Vision, welche Art von Mensch Sie sein wollen und welche Art von Leben Sie führen würden, wenn alles in jeder Hinsicht perfekt wäre.

Sehr erfolgreiche Menschen haben klare Selbstideale. Sie wissen, wofür sie stehen und woran sie glauben. Sie haben eindeutige Werte und Maßstäbe, an denen sie ihr Alltagsverhalten ausrichten. Sie wissen, was sie in ihrem Leben erreichen wollen, und arbeiten täglich darauf hin. Nicht erfolgreiche Menschen sind sich über ihre Werte und Ideale nicht klar und haben oft genug überhaupt keine Vorstellung davon, woran sie glauben.

Für welche Werte plädieren Sie? Woran glauben Sie? Wofür stehen Sie? Und wofür stehen Sie nicht? Ihre Persönlichkeit wird stark von der Klarheit und Intensität Ihrer Werte geprägt. Ihre Werte beeinflussen Ihre Motivation, Ihren Glauben, Ihre Einstellung und Ihre Gefühle. Ihre innersten Überzeugungen bezüglich anderer Menschen, Politik, Religion und der Welt um Sie herum bestimmen, wer Sie sind, was Sie tun und mit wem Sie zusammen sind.

Navigations-Tipp

Denken Sie einmal nach: Wenn ein Meinungsforschungsinstitut Ihre Freunde und Kollegen nach Ihren Werten befragen würde, was würden jene antworten, die Sie am besten kennen? Wie würden sie Ihre Werte und Ideale beschreiben anhand der Erfahrungen, die sie mit Ihnen gemacht haben, ihrer Beobachtungen, wie Sie sich verhalten?

Wie ermittelt man die Werte und Überzeugungen eines Menschen? Ergeben sich diese aus seinen Worten? Oder aus dem, was er tut? Drücken sie sich in dem aus, was einer schreibt oder sagt, wenn er sich um ein öffentliches Amt bewirbt? Nein, Werte drücken sich nur in Taten und Verhaltensweisen aus. Nicht Worte, sondern Taten zählen. Und zwar vor allem Taten in Zwangslagen.

Der Philosoph Epiktet, ein Vertreter der Stoa, lehrte einst, dass widrige Umstände einem Mann lediglich zeigen, wie er wirklich ist.

Wenn jemand unter Druck gerät und sich zwischen zwei Werten entscheiden muss, wird er sich immer für den ihm wichtigeren Wert entscheiden, gleichgültig, was er vorher oder nachher sagt.

Es gibt eine Hierarchie der Werte und die höheren werden in Zwangslagen immer die niederen ausstechen. Auch wenn Sie viele Werte haben, auf die Sie im Lauf der Zeit zurückgreifen, unter Druck werden die Werte herauskommen, die Ihnen wirklich wichtig sind und in Ihrer inneren Hierarchie ganz oben stehen. Für welche Werte stehen Sie wirklich ein? Schreiben Sie diese auf. Fertigen Sie eine Liste mit drei bis fünf Werten an, die Sie für die wichtigsten in Ihrem Leben halten. Erstellen Sie auch zusammen mit Ihrer Partnerin beziehungsweise Ihrem Partner und Ihren Mitarbeitern eine solche Liste.

Wenn wir mit Unternehmen die strategische Planung in Angriff nehmen, beginnen wir stets mit Wertübungen und klären zunächst die Werte. Diese werden dann zum Fundament der Strategieplanung. Jeder Plan, jede Entscheidung muss den Werten standhalten, damit die Harmonie mit der Philosophie des Unternehmens gewährleistet ist.

Übung

Haben Sie Ihre Werte notiert, sollten Sie diese hierarchisieren. Welcher Wert ist der wichtigste, welche folgen an zweiter und dritte Stelle? Denn nicht nur die Werte an sich, auch ihre Reihenfolge ist wichtig. Sie bestimmt Ihre Persönlichkeit entscheidend mit.

Meine Werte:

1. ______________________________
2. ______________________________
3. ______________________________
4. ______________________________
5. ______________________________

Stellen Sie sich zwei Menschen vor, die identische Werte haben: Familie, Gesundheit und Karriere, diese aber unterschiedlich gewichten. Person A sagt: „Mir ist die Familie am wichtigsten, die Gesundheit folgt an zweiter und die Karriere an dritter Stelle.“ Und das bedeutet, dass Person A, wenn es hart auf hart kommt, die Familie über ihre Gesundheit und die Gesundheit über die Karriere stellen wird. Wenn Sie sich über solche Reihenfolgen klar sind, können Sie viel leichter zwischen verschiedenen Handlungsoptionen entscheiden.

Person B mit denselben drei Werten stellt die Karriere über alles, dann erst kommt die Familie und zuletzt die Gesundheit. Ist Person B gezwungen, Prioritäten zu setzen, wird sie die Familie der Karriere opfern und die Gesundheit notfalls für die Familie ruinieren. Gibt es einen Unterschied zwischen Person A und Person B? Ist er groß oder klein? Mit wem wären Sie lieber befreundet? Die Antwort dürfte klar sein.

Es wurde viel über die Relativierung von Werten geredet und viele Menschen meinen, es käme eigentlich nicht auf die Werte an, das sei lediglich eine Frage der Einstellung. Ob man Integrität und Mitleid favorisiert, sei lediglich eine Sache der persönlichen Vorlieben. Wer Unehrlichkeit und Diebstahl bevorzugt, habe eben andere Vorstellungen. Werte seien weder gut noch schlecht, sondern einfach relativ.

Aber das ist natürlich falsch. Werte sind weder gleichgültig noch gleichwertig. Nur mit den richtigen Werten kann das Zusammenleben von Menschen in einer Gesellschaft funktionieren.

Navigations-Tipp

Es gibt einen einfachen Weg, wie Sie herausfinden, ob Ihre Werte und deren Reihenfolge korrekt sind. Fragen Sie sich einfach, ob es die Lebensqualität verbessern und das Glück mehren würde, wenn alle nach Ihren Werten leben.

Wenn Sie positive, förderliche Werte haben, werden Sie ein glücklicher, angesehener, erfolgreicher Mensch sein und ein erfülltes Leben führen. Wenn Sie die falschen Werte haben, werden Sie überwiegend unglücklich, erfolglos und frustriert sein. Die Bestimmung Ihrer Werte und deren Reihenfolge ist der wichtigste Schritt bei der Definition und Klärung Ihres Selbstideals.

Der zweite Teil Ihrer Persönlichkeit ist das *Selbstbild*. Es ist die Art, wie Sie sich selbst sehen und was Sie von sich selbst denken. Ihr Selbstbild bestimmt Ihr Verhalten und Ihre Leistungsfähigkeit. Psychologen wissen, dass Sie Ihre Leistungen steigern können, wenn Sie sich ein anderes Selbstbild aneignen. Deswegen beginnt jede äußere Verbesserung mit der Arbeit am inneren Selbstbild.

Der dritte Teil Ihrer Persönlichkeit ist Ihr *Selbstwertgefühl*, also das Maß, in dem Sie sich selbst leiden mögen. Ihr Selbstwertgefühl oder Ihre Selbstachtung hängt davon ab, wie Sie sich einschätzen und ob Sie sich selbst positiv bewerten, ob Sie sich für einen wertvollen Menschen halten. Je größer Ihre Selbstachtung, desto größere Dinge nehmen Sie sich vor, desto hartnäckiger betreiben Sie die Verwirklichung Ihrer Ziele. Menschen mit hohem Selbstwertgefühl sind zuverlässig und beliebt, sie sind voller Selbstvertrauen und Stolz. Je höher Ihr Selbstwertgefühl, desto glücklicher und gesünder werden Sie sein.

Interessant ist die Entdeckung, dass Ihr Selbstwertgefühl umso höher ist, je besser Ihr Selbstbild und Ihre derzeitigen Leistungen mit Ihrem Selbstideal zusammenpassen, also mit Ihrer Vorstellung, wie perfekte Leistungen aussehen.

Wenn Ihr Selbstideal beispielsweise das einer Person ist, die ausgezeichnete Arbeit im Beruf leistet und von den Kollegen ausnahmslos respektiert wird, und Sie tatsächlich auch ausgezeichnete Arbeit leisten, dann stimmen Ihr derzeitiges und Ihr ideales Verhalten überein. Und dann steigt Ihr Selbstwertgefühl. Sie mögen sich besser leiden, Sie respektieren sich selbst eher. Sie fühlen sich großartig, fühlen sich als Sieger.

Wenn Ihr Idealbild besagt, dass Sie erfolgreich sind und viel verdienen, wenn Sie Ihre Arbeit gut machen, dann fühlen Sie sich wohl in Ihrer Haut. Wann immer Sie eine Etappe auf dem Weg zu Ihrem Ziel geschafft haben, löst das in Ihnen Gefühle wie Wertschätzung, Respekt für und Stolz auf sich selbst aus. Deswegen sagte Earl Nightingale, Glück sei die progressive Realisierung eines wertvollen Zieles oder Ideals.

Die Grundlage einer positiven Persönlichkeit und eines erfüllten Lebens ist ein starkes Bild von sich selbst in Verbindung mit einem hohen Selbstwertgefühl. Je klarer Sie sich über Ihre höchsten Werte und Überzeugungen sind, je besser Ihr Leben zu diesen Werten und Überzeugungen passt, desto besser fühlen Sie sich und desto leistungsfähiger und mächtiger werden Sie sein.

Welche Arbeit ist für Sie die ideale?

Wie können Sie herausfinden, welche Arbeit für Sie die ideale ist? Vier Worte weisen Ihnen den Weg: Interesse, Aufmerksamkeit, Versenkung und Faszination.

Sie werden sich immer am meisten für die Art von Arbeit *interessieren*, die für Sie am besten geeignet ist. Sie haben Spaß daran und wollen von sich aus mehr in diesem Gebiet lernen, Sie lesen und reden gern darüber. Sie fühlen sich magnetisch angezogen von der Arbeit, die für Sie ideal geeignet ist.

Navigations-Tipp

Ein guter Test für Ihren Idealberuf ist, sich an Ihre Lieblingsbeschäftigung im Alter zwischen sieben und 14 Jahren zu erinnern. Dort finden sich oft Hinweise auf das, was man als Erwachsener tun sollte.

Wenn Sie sich nicht daran erinnern, womit Sie damals Stunden um Stunden verbracht haben, fragen Sie Ihre Mutter, Ihren Vater oder ältere Geschwister. In der Vergangenheit finden sich oft klare Indizien für einen Herzenswunsch. Vielleicht ist Zimmerer Ihr Idealberuf, weil Sie früher begeistert Baumhäuser gebaut haben? Oder haben Sie Ihrer Mutter unermüdlich geholfen, das Haushaltsbuch zu führen, Summen zu bilden und alle Ausgaben bis auf den letzten Cent zu überprüfen? Dann dürfte die Finanzbranche das richtige Terrain für Sie sein.

Das zweite Wort ist *Aufmerksamkeit*. Was erregt Ihre Aufmerksamkeit, wenn Sie die Zeitung lesen oder fernsehen? Was fesselt Sie unversehens? Wenn Sie spazieren gehen, welche Gesprächsfetzen lassen Sie plötzlich zuhören? Menschen und Organisationen, die in „Ihrem" Gebiet tätig sind, werden Sie auf natürliche Weise anziehen.

Das dritte Wort, *Versenkung*, ist eine wunderbare Beschreibung dessen, was passiert, wenn Sie genau das tun, wofür Sie geschaffen sind. Die Zeit steht still und es kann passieren, dass Sie vergessen, zu essen, zu trinken, sich auszuruhen oder Pausen einzulegen. Es gibt viele Geschichten über Wissenschaftler, Forscher, Schriftsteller, Künstler und Geschäftsleute, die sich über Wochen und Monate 15 bis 20 Stunden täglich in die Arbeit stürzen, vollkommen vertieft in das, womit sie sich beschäftigen.

Das vierte Wort heißt *Faszination*. Es beschreibt Ihre Einstellung zu Menschen und Dingen, die genau zu Ihnen passen. Es fasziniert Sie, es packt Sie und lässt Sie nicht mehr los. Sie können endlos darüber reden, sich damit beschäftigen und Neues darüber lernen, ohne dass es Sie langweilt. Ihre Arbeit wird eine Art Spiel, das Ihnen unglaublich viel Glück und Erfüllung gewährt, wenn Sie sich damit befassen dürfen.

Wenn Sie Ihre Lebensaufgabe und den Lebenssinn bestimmen wollen, halten Sie Rückschau auf Ihr bisheriges Leben, auf Ihre Erfolge und Rückschläge. Welchen Eigenschaften, Fähigkeiten oder Merkmalen schreiben Sie diese Erfolge am ehesten zu? Was haben Sie als Highlights erlebt, als Momente des höchsten Triumphs? Was ist diesen Momenten gemeinsam? Worauf sind Sie besonders stolz?

Es könnte etwa sein, dass Sie die Momente größter Zufriedenheit immer dann erfahren haben, wenn Sie lang- und kurzfristige Ziele gesetzt und erreicht haben. Oder es war das Erlebnis, gemeinsam mit anderen eine Herausforderung bewältigt zu haben. Sie könnten als herausragend erlebt haben, dass Sie andere motivieren konnten, ein Projekt abzuschließen. Oder vielleicht empfinden Sie die intensivste Freude, wenn Sie ganz allein etwas geschafft haben.

Welche von all den Aufgaben, die Sie in Ihrem bisherigen Leben bewältigt haben, vermittelte Ihnen das meiste Selbstbewusstsein und den größten Stolz? Wenn Sie etwas in Zukunft aus Ihrem Leben machen sollten, welches Ziel würde Sie persönlich am meisten befriedigen? Wie könnten Sie Ihr Leben so organisieren, dass Sie immer häufiger die Dinge tun, die Ihnen sehr viel und vor allem echte Zufriedenheit bringen?

Welche Eigenschaften bewundern Sie an anderen am meisten? Das sind die Eigenschaften, die Sie sich für sich selbst wünschen.

Übung

Notieren Sie sich anhand einer Skala von 1 bis 10, welche Eigenschaften Sie am meisten bewundern, und entwickeln Sie dann einen Plan, wie Sie sich in jedem dieser Gebiete verbessern können. Bewerten Sie dann Ihre derzeitigen Leistungen auf den entsprechenden Gebieten auf einer Skala von 1 bis 10 und arbeiten Sie ab jetzt daran, diese Fähigkeiten durch Lernen und Üben zu verbessern.

Welche Fähigkeit hätte, wenn Sie sie herausragend beherrschen würden, den besten Effekt auf Ihr Leben und Ihre Karriere? Wenn Sie in einem Gebiet absolut herausragend wären, welches Gebiet würde Ihnen am meisten bringen? Wenn Sie sich darüber vollkommen klar werden, können Sie sich das als Ziel vornehmen, einen Plan entwickeln und daran arbeiten, auf diesem Gebiet herausragend zu werden. Manchmal reicht die Entwicklung einer einzigen Fähigkeit, um Leben und Berufslaufbahn dramatisch zu verändern.

So finden Sie Ihre Werte und Ihr Potenzial heraus

Um Ihre wahren Werte und Überzeugungen herauszufinden, gibt es eine hilfreiche Frage. Stellen Sie sich vor, Sie gehen zur Vorsorgeuntersuchung und der Arzt sagt Ihnen: Sie haben noch sechs Monate, die immerhin bei bester Gesundheit. Was würden Sie tun, wie würden Sie diese letzte Galgenfrist auf Erden verbringen? Womit würden Sie sich beschäftigen? Wo und wie würden Sie diese sechs Monate verleben wollen?

Die Antwort auf diese Frage ist die Antwort auf die Frage nach Ihren wahren Werten. Jetzt wissen Sie, was Ihnen wirklich wichtig ist. Wenn Ihnen nur noch sechs Monate zu leben bleiben, werden viele Dinge, die Sie bisher für wichtig hielten, vollkommen irrelevant. Und viele Dinge, die Sie bisher ignoriert haben, werden wichtiger als alles andere. Wie würden Sie Ihre Zeit verbringen, wenn Ihnen nur noch sechs Monate blieben?

Welches ist Ihr persönliches Hochleistungsgebiet?

Es gibt zwei weitere Dinge, die Sie herausfinden sollten, wenn Sie Ihr ganzes Potenzial nutzen und Ihre Lebensaufgabe finden wollen. Es geht erstens um Ihr persönliches „Hochleistungsgebiet" und zweitens um Ihre „Diamantenfelder".

Im Wirtschaftsleben muss jedes Unternehmen ein Gebiet haben, auf dem es besonders gut ist und einen Wettbewerbsvorteil hat, sonst kann es in den hart umkämpften Märkten auf Dauer nicht überleben. Dieser Wettbewerbsvorteil ergibt sich aus einer Fähigkeit, die das Unternehmen in herausragender Weise beherrscht, besser als die meisten, wenn nicht besser als alle Konkurrenten. Diese Fähigkeit wird mitunter „Kernkompetenz" genannt und gilt als die Differenzierung, mit der man sich am Markt von der Konkurrenz abhebt. Auf jeden Fall unterscheidet diese Fähigkeit ein Unternehmen von den anderen und sorgt für Produkte beziehungsweise Dienstleistungen, die sich der Verbraucher merken kann.

Sie sollten sich persönlich in derselben Weise betrachten. Welche Fähigkeit beherrschen Sie besonders gut? Worin liegt Ihr Wettbewerbsvorteil? Wie lautet Ihr einzigartiges Verkaufsargument – welches spezielle Talent, welche Eigenschaft hat niemand sonst zu bieten?

Einer der wichtigsten Gründe für gescheiterte Karrieren liegt genau hier: Die Betroffenen haben versäumt, eine Kompetenz oder Fähigkeit so weit auszubauen, dass sie sich dadurch von anderen unterscheiden. Zu viele Menschen geben sich mit durchschnittlichen Leistungen zufrieden oder mit Leistungen, die nur wenig über dem Mittelmaß liegen. Diese Einstellung müssen Sie von sich weisen. Bekämpfen Sie diese Tendenz in sich. Stattdessen müssen Sie eine oder zwei Fähigkeiten ermitteln, die für den Erfolg in Ihrem Gebiet besonders wichtig sind, und dann daran arbeiten, in diesen Schlüsselbereichen zur Spitze aufzurücken. Das Streben nach Exzellenz war schon immer der Königsweg zum Erfolg und ein Garant für Höchstleistungen.

Haben Sie Ihr derzeitiges „Hochleistungsgebiet" ermittelt, sollten Sie sich fragen, in welchem Bereich Sie morgen und im nächsten Jahr Ihre besten Leistungen bringen werden. Haben Sie einen privaten und beruflichen Entwicklungsplan, an dem Sie täglich arbeiten? Wenn nicht, sollten Sie schleunigst die Fähigkeiten zusammenstellen, die Sie brauchen, damit Sie in den nächsten Jahren auf Ihrem Gebiet führend werden.

In welchem Gebiet streben Sie Exzellenz an? Worauf würden Sie sich konzentrieren, wenn Sie große Träume träumen dürften und die Messlatte für sich selbst extrem hoch legen? Sie wissen, dass der Markt nur herausragende Leistungen mit herausragenden Preisen belohnt und dass durchschnittliche Leistungen durchschnittlich, schlechte schlecht vergütet werden.

Nichts wird Ihren Ruf und Ihr Ansehen bei anderen Menschen mehr fördern, nichts sorgt für einen schnelleren Aufstieg als das Renommee, der Beste Ihres Fachs zu sein.

Das Diamantenfeld

Der zweite Teil auf der Suche nach der wahren Lebensaufgabe heißt „Diamentfelder"-Ansatz. Er geht auf das Buch des Baptistenpredigers Russell Conwell, *Acres of Diamonds*, zurück. Es erzählt von einem Bauern, der seinen Hof aufgab und nach Afrika fuhr, um nach Diamanten zu graben. Der neue Besitzer entdeckte kurze Zeit später, dass das gekaufte Land mit Diamanten buchstäblich übersät war ...

Der Bauer hatte den Reichtum weit weg von zu Hause gesucht, ohne je unter die eigenen Füße zu schauen. Rohdiamanten sehen eben nicht wie Diamanten aus. Sie wirken wie Felsbrocken, und erst wenn man sie aufschlägt, schleift und poliert, werden ihr Wert und ihre Schönheit sichtbar.

So ist es auch mit Ihren Diamanten, Ihren besten Anlagen: Sie liegen vermutlich ganz nah, Sie müssen nicht in die Ferne schweifen. Aber Sie müssen schwer arbeiten, um diesen Fähigkeiten den nötigen Glanz zu verleihen. Chancen entstehen nur aus mühevoller Anstrengung. Aber sie sind da.

Ihre Diamanten liegen womöglich exakt in Ihrem derzeitigen Berufsfeld, in dieser Branche, vielleicht sogar bei Ihrem aktuellen Arbeitgeber. Vielleicht liegen Ihre Diamantfelder in Ihren Interessen und Fähigkeiten, vielleicht in Ihrer Ausbildung und Erfahrung, vielleicht auch bei Ihren Freunden, Kollegen und Ansprechpartnern. Aber eins ist gewiss: Sobald Sie die Entscheidung treffen, mehr aus Ihrem Leben zu machen, ziehen Sie die Chancen, Menschen und Ideen magnetisch an, die Ihnen bei der Verwirklichung Ihrer Träume helfen werden. Und dafür müssen Sie nicht in der Ferne suchen.

Manchmal werden wir gefragt, ob man denn noch einmal die Schulbank drücken und Abschlüsse nachholen müsse, ob man den Job oder die Stadt wechseln solle. Und wir antworten immer, der Schlüssel zum Erfolg liege darin, erst herauszufinden, was man wirklich mag und was man gern tut, und dann alles daranzusetzen, genau das exzellent zu tun. Wenn Sie das beherzigen, werden sich Ihnen alle Türen öffnen.

Sehr erfolgreiche Menschen haben eins gemeinsam: Sie handeln. Sie nehmen sich Zeit zum Vorausdenken und Planen und dann handeln sie. Sie bewegen sich ständig vorwärts. Sie probieren etwas aus, dann versuchen sie etwas anderes und anschließend wieder etwas anderes und so weiter. Sie sind immer in Bewegung. Und je mehr sie ausprobieren, desto wahrscheinlicher wird der Erfolg. Wenn Sie sich in Bewegung setzen und nicht mehr stehen bleiben, werden Sie erstaunt sein, wie viel mehr Sie erledigen und wie viele Chancen und Möglichkeiten sich Ihnen plötzlich eröffnen.

Sich über die eigene Lebensaufgabe klar werden, das ist der zentrale Punkt, gleichgültig, was Sie unternehmen. Das Schlimmste in Ihrem Leben wäre, Ihre Jahre im falschen Job und in der falschen Branche mit den falschen Leuten zu verbringen. An die Spitze kommen jene, die sich die Zeit nehmen, in aller Ruhe zu überlegen, wer sie sind und was sie wollen. Sie betrachten ihr Leben als „Do-it-to-yourself-Projekt", eine Art Work in Progress, ein evolutionäres Sich-Verbessern, um ein immer besserer Mensch zu werden.

Teil II

Wie Sie Ihre persönlichen Stärken entwickeln

4. Selbstvertrauen und Selbstachtung: Denken Sie wie ein Sieger

Der eine träumt von einer Reise um die Welt, der andere davon, sich auf eine interne Ausschreibung für eine attraktive Stelle zu bewerben. Es gibt vieles, was wir gern wären, hätten oder täten, aber wir halten uns zurück. Wir zögern, weil uns das notwendige Vertrauen fehlt, um uns aufzuraffen und unsere Träume in die Tat umzusetzen.

Der amerikanische Psychologe Abraham Maslow sagte, die Geschichte der Menschheit sei die Geschichte von Männern und Frauen, die sich „unter Wert verkauft haben". Laut Alfred Adler, Arzt und Psychotherapeut, ist das Gefühl, minderwertig und unterlegen zu sein, sehr verbreitet. Wir haben nicht genug Vertrauen in uns selbst, wir sprechen uns selbst die Fähigkeit ab, Ziele zu erreichen, die andere erreicht haben. Und deswegen versuchen wir es nicht einmal.

Aber Sie sollten es versuchen! Wie sähe Ihr Leben aus, wenn Sie all das erreichen könnten, was Sie wollten? Welche Ziele würden Sie sich setzen? Was würden Sie zu träumen wagen, wenn Sie an sich selbst glauben würden, so sehr, dass Sie sich ein Scheitern überhaupt nicht vorstellen könnten?

Die gute Nachricht ist: Heute wissen wir, wie sich Selbstvertrauen so weit aufbauen lässt, dass man vor nichts mehr zurückschreckt. Und: Man kann Selbstvertrauen lernen.

Die meisten Menschen haben anfangs kaum oder gar kein Selbstvertrauen. Erst nach entsprechenden Erfolgen aufgrund eigener Anstrengungen werden sie mutig und selbstsicher. Wenn Sie tun, was selbstsichere Menschen tun, werden Sie die gleichen Gefühle erleben und die gleichen Ergebnisse erreichen.

Die Basis jedes Selbstvertrauens ist, sich selbst zu mögen und zu akzeptieren, und zwar bedingungslos. Je mehr Sie sich selbst akzeptieren, desto mehr Vertrauen in Ihr eigenes Tun und Lassen werden Sie entwickeln. Sie werden in Harmonie mit Ihren Werten und Überzeugungen leben. Und das wiederum fördert Ihre Selbstachtung.

Was ein gutes Selbstwertgefühl alles bewirkt

Ihr Selbstwertgefühl bestimmt alle anderen Gefühle. Das Gefühl, mit dem Sie an eine Aufgabe oder Tätigkeit herangehen, bestimmt Ihre Leistungen. Das Selbstwertgefühl ist die Energiequelle, die Brennstoffzelle der Persönlichkeit. Das Selbstwertgefühl bestimmt, wie begeisterungsfähig und anziehend Sie sind. Menschen mit hohem Selbstwertgefühl sind beliebter und leistungsfähiger als Zeitgenossen, die an sich zweifeln.

Nahezu alles, was wir tun, soll unser Selbstwertgefühl stärken oder zumindest vor Schaden bewahren. Alles, was wir sagen, tun und denken, wirkt sich auf unser Selbstwertgefühl aus, positiv oder negativ. Es ist absolut entscheidend, dass wir privat wie beruflich ein gut entwickeltes Selbstwertgefühl haben.

Das Selbstwertgefühl bestimmt Ihre geistige Fitness. Es legt fest, wie Sie mit den unvermeidlichen Höhen und Tiefen im Leben umgehen. Vom Selbstwertgefühl hängt ab, ob Sie mit Ihrem Tun und mit sich selbst einverstanden sind; Selbstachtung schenkt Ihnen innere Ruhe und Zufriedenheit.

Das Selbstwertgefühl beeinflusst direkt unsere Gesundheit und den Elan, mit dem wir Dinge angehen. Menschen mit hohem Selbstwertgefühl sind selten krank, sie schäumen vor Energie förmlich über und ihre Begeisterung treibt sie zu immer neuen Ufern.

Ihr Selbstwertgefühl bestimmt auch, wie gut Sie mit anderen Menschen auskommen. Je stärker es ist, desto eher mögen Sie andere Menschen und desto mehr werden Sie von ihnen geschätzt. Bekommt Ihr Selbstwertgefühl einen Knacks, leiden Ihre Beziehungen zu anderen als Erstes darunter.

Navigations-Tipp

Um das Beste aus sich herauszuholen, sollten Sie also kontinuierlich an Ihrem Selbstwertgefühl arbeiten und gut für sich sorgen. So, wie Sie Ihren Körper fit halten, auf Ihre Ernährung achten und regelmäßig trainieren, so sollten Sie auch die Verantwortung für Ihre geistige Fitness übernehmen und auf Ihre Gedanken und Gefühle achten.

Wie Sie Ihr Selbstwertgefühl aufbauen

Unzählige Bücher wurden geschrieben, damit Menschen leichter zu einem guten Selbstwertgefühl finden. Aber es ist ganz einfach und Sie können die Formel leicht lernen und anwenden. Sie vermittelt Ihnen alle wesentlichen Elemente, um Ihre Selbstachtung zu steigern. Wenn Sie täglich üben, sind mentale Spitzenleistungen garantiert. Der Aufbau des Selbstwertgefühls hat sechs Bestandteile:

- Ziele,
- Standards,
- Erfolgserlebnisse,
- der Vergleich mit sich selbst,
- Anerkennung und
- Belohnung.

Betrachten wir sie im Einzelnen.

Das Maß, in dem Sie sich selbst achten, wird unmittelbar von Ihren *Zielen* beeinflusst. Das bloße Setzen eines großen, anspruchsvollen Ziels und das (schriftliche) Planen, wie Sie es erreichen, heben und verbessern bereits Ihre Selbstachtung. Wer Ziele hat, fühlt sich wohler.

Selbstachtung beziehungsweise Glück wurde als „progressive Verwirklichung eines wertvollen Ideals oder Ziels" definiert. Nur wer sich selbst achtet, kann jeden Schritt genießen, der ihn dem Ziel näher bringt. Es ist wichtig, klare Ziele für jeden Lebensbereich zu haben und kontinuierlich auf diese Ziele hinzuarbeiten. Jeder Schritt vorwärts fördert Ihr Selbstwertgefühl und das gute Gefühl, positiv und energiegeladen zu sein.

Der zweite Teil des Selbstwertgefühl-Aufbaus besteht darin, klare *Standards* und Werte aufzustellen, denen man sich voll und ganz verschreibt. Männer und Frauen mit hoher Selbstachtung wissen genau, woran sie glauben. Die Grundlage von Selbstvertrauen und Selbstachtung ist das klare Bekenntnis zu dem, wofür man einsteht und wofür nicht.

Navigations-Tipp

Nachhaltige Selbstachtung ist nur möglich, wenn Ihre Ziele und Werte übereinstimmen und sich in keinem Punkt widersprechen. Es ist paradox, wenn Menschen an etwas glauben und gleichzeitig Dinge tun, die nicht zu dieser Überzeugung passen. Erst wenn Sie Ihre Ziele und Werte harmonisieren, gibt Ihnen das ein gutes Gefühl.

Viele Menschen sind mit ihrem Beruf unzufrieden, denn sie haben den Eindruck, sie könnten sich anstrengen, so viel sie wollten, und kämen doch nie voran. Wir fragen dann immer, ob sie ein echtes Interesse an ihrer Arbeit haben und ob sie ihren Beruf voller Überzeugung ausüben. Oft merken diese Menschen dann, dass sie mit ihrem Job unzufrieden sind, weil es nicht die richtige Tätigkeit für sie ist. Wenn sie den Beruf oder auch nur die Stelle wechseln und etwas finden, das ihnen richtig Spaß macht, weil es besser zu ihren Grundwerten passt, dann kommen sie plötzlich voran und ziehen große Zufriedenheit aus ihrer Arbeit.

Die dritte Zutat zum Selbstwertgefühl sind *Erfolgserlebnisse*. Nachdem Sie sich Ziele gesetzt haben, müssen Sie Maßstäbe finden, an denen Sie ablesen können, ob und wie weit Sie diesen Zielen näher gekommen sind. Sie müssen Ihre kleinen und großen Erfolge auf dem Weg zum Ziel registrieren. Das Setzen eines Ziels, es in kleinere Schritte herunterzubrechen und diese nacheinander zu gehen, vermittelt Ihnen das Gefühl, auf der Sonnenseite des Erfolgs zu stehen, und fördert Ihre Selbstachtung.

Doch denken Sie daran: Eine Zielscheibe, die Sie nicht sehen, können Sie nicht treffen. Als Sieger fühlen Sie sich nur, wenn Sie klare Standards entwickelt haben, anhand deren Sie ablesen können, wie erfolgreich Sie sind.

Wenn Sie sich vorgenommen haben, eine bestimmte Anzahl von einem bestimmten Produkt in einem bestimmten Zeitraum zu verkaufen oder ein bestimmtes Einkommen zu erzielen, können Sie die Gesamtziffer auf Monats- und Wochenziele, ja sogar auf Tages- und Stundenziele herunterbrechen. Wenn Sie das erste Etappenziel erreicht haben, werden Sie sich freuen. Sie stehen auf dem Siegertreppchen und jedes Mal, wenn Sie einen weiteren Meilenstein erreichen, wachsen Ihr Selbstvertrauen und Ihre Selbstachtung. Ihre Leistungsfähigkeit steigt. Sie verspüren eine angenehme Erregung und Begeisterung, wenn Sie die nächste Herausforderung ins Visier nehmen.

Navigations-Tipp

Der bloße Akt, sich Ziele zu setzen und Pläne einschließlich der Maßstäbe für den erreichten Fortschritt zu entwickeln, fördert bereits Ihre Selbstachtung und gibt Ihnen Selbstvertrauen und Energie.

Vierte Zutat zum Selbstwertgefühl ist der *Vergleich mit sich selbst*. Nicht andere Menschen, sondern Ihre eigenen Entwicklungsschritte sind Ihr Vergleichsmaßstab. Um uns wie Sieger zu fühlen, müssen wir sicher sein, dass wir immer besser werden. Wenn Sie Ihre eigene Entwicklung beobachten und feststellen, dass Sie im vergangenen Jahr Ihre Fähigkeiten verbessert und Ihre Leistungen gesteigert haben, werden Sie mehr Respekt vor sich selbst und Ihrem fachlichen Können empfinden.

Fünftens ist für den Aufbau eines guten Selbstwertgefühls erforderlich, dass andere unsere Erfolge *anerkennen*, vorzugsweise Menschen, denen wir große Achtung entgegenbringen. Damit wir uns richtig gut fühlen, sind wir auf das Lob und die Anerkennung von Menschen angewiesen, zu denen wir aufsehen und die wir bewundern, etwa unseren Chef, Kollegen, den Ehepartner oder wichtige Menschen in unserem sozialen Umfeld.

Wenn wir gelobt und anerkannt werden für etwas, das wir geschafft haben, wächst unser Selbstwertgefühl. Wir sind stolz und glücklich, vor allem aber auch motiviert und inspiriert, noch besser zu werden.

Sechstes Erfordernis für den Aufbau des Selbstwertgefühls: Wir wollen *belohnt werden*, wenn wir etwas geleistet haben. Das können finanzielle Anreize, Preise, Statussymbole, ein größeres Büro, ein größeres Auto, Orden und andere Auszeichnungen für besondere Leistungen sein. Ebenso eine Einladung zum Abendessen oder eine Belohnung immaterieller Art, zum Beispiel ein Lob vor versammelter Mannschaft. Solche Belohnungen wirken sich positiv auf das Selbstwertgefühl und die Leistungsbereitschaft aus.

Aber wenn Ihnen Ihre aktuelle Situation nicht die materiellen und immateriellen Belohnungen bietet, die für den Aufbau und Erhalt Ihres Selbstwertgefühls unentbehrlich sind, sollten Sie Ihr Leben so organisieren, dass Sie sich selbst belohnen. Am hilfreichsten ist ein Anreizsystem, mit dem Sie sich sowohl für kleine wie für große Errungenschaften belohnen. So bleiben Sie positiv gestimmt und energiegeladen, während Sie Ihren Zielen immer näher kommen.

Menschen, die in der Telefonwerbung arbeiten, belohnen sich oft nach 10 Anrufen mit einer Tasse Kaffee und gönnen sich alle 25 Anrufe einen kurzen Spaziergang an der frischen Luft. Nach 50 Anrufen gibt es was zu essen und nach einer bestimmten Anzahl von Verkäufen oder Terminvereinbarungen etwas Besonderes – ein gepflegtes Abendessen beispielsweise. Jedes dieser „Bonbons" ist ein Anreiz, mit der Leistung nicht nachzulassen; der kleine Flash motiviert, sich noch mehr anzustrengen. So wachsen Begeisterung und Selbstachtung.

Navigations-Tipp

Wenn Ihre aktuelle Lage Ihnen die sechs Zutaten für den Aufbau des Selbstwertgefühls (Ziele, Standards, Erfolgserlebnisse, Vergleich mit sich selbst, Anerkennung und Belohnung) verwehrt, sollten Sie sich Ihre eigene Motivationsstruktur schaffen. Übernehmen Sie selbst die volle Verantwortung für den Aufbau und den Erhalt Ihrer Selbstachtung. Erwarten Sie nicht, dass ein anderer vorbeikommt und Ihnen diese Aufgabe abnimmt.

Ihre Selbstachtung ist der wichtigste Teil Ihrer Persönlichkeit. Sie können Selbstachtung erwerben, wenn Sie systematisch daran arbeiten, Tag für Tag, und all die Dinge tun, die Ihnen das Gefühl vermitteln, gut und leistungsfähig zu sein.

Ehrlichkeit und ein Gefühl von Kontrolle

Der Schlüssel zur Selbstachtung und einem hohen Selbstwertgefühl ist Ehrlichkeit zu sich selbst, das unablässige Bemühen, das Beste aus sich herauszuholen und ein Leben zu führen, das im Einklang mit den eigenen höchsten Werten und Hoffnungen steht.

Nehmen Sie sich die Zeit, über sich selbst nachzudenken. Wer sind Sie? Woran glauben Sie? Was ist Ihnen wirklich wichtig? Schwören Sie sich, dass Sie niemals Ihre Integrität gefährden werden, indem Sie etwas sagen oder denken, das für Sie letztlich nicht stimmig ist. Schöpfen Sie den Mut, sich so zu akzeptieren, wie Sie sind, und jagen Sie keinem Wunschbild nach, ob es nun Ihr eigenes ist oder das der Menschen in Ihrer Umgebung.

Nachhaltiges Selbstvertrauen entwickelt sich aus der Selbstkontrolle. Wenn Sie sich und Ihr Tun unter Kontrolle haben, werden Sie im Sinn Ihrer höchsten Werte handeln.

Navigations-Tipp

In der Psychologie ist es inzwischen unstrittig, dass der Kontrollverlust die Hauptursache für Stress und negative Gefühle ist, für Minderwertigkeitsgefühle und niedriges Selbstvertrauen. Und der beste Weg zu dem Gefühl, Herr über das eigene Leben zu sein, sind klare Ziele.

Ehrlich zu sich selbst sein heißt, genau zu wissen, was man will, und einen Plan zu haben, um das Gewollte zu erreichen. Sie sitzen am Steuer. Sie sind der Architekt Ihres Schicksals.

Wir haben Glück weiter oben als progressive Realisierung eines wertvollen Ziels oder Ideals definiert. Dasselbe gilt für Selbstvertrauen. Wenn Sie sich ein Ziel setzen und einen Plan entwickeln und Schritt für Schritt an der Verwirklichung arbeiten, fühlen Sie sich stark und leistungsfähig. Sie sind der Sieger. Ihr Selbstvertrauen wächst – ebenso Ihre Bereitschaft, noch größere Chancen zu ergreifen und Herausforderungen anzunehmen. Je mehr Sie erreichen, desto fähiger fühlen Sie sich.

Statt sich wie die meisten Menschen mit der Angst vor Fehlschlägen zu quälen und zu lähmen, konzentrieren Sie sich auf die Gelegenheit, die sich Ihnen bietet, auf den möglichen Gewinn, der für Sie daraus erwächst. Mit klar definierten Zielen und einem Plan, nach dem Sie handeln, werden Sie erfolgsorientiert und bauen schrittweise Vertrauen auf, bis Sie fast nichts mehr erschüttern kann.

Sie steigern Ihr Selbstvertrauen, indem Sie sich selbst in die Pflicht nehmen, im gewählten Gebiet der oder die Beste zu werden. Wenn Sie die geistigen Brücken hinter sich abbrechen und bereit sind, so viel Zeit und Geld wie nötig zu investieren, heben Sie sich von den durchschnittlichen Existenzen ab, die sich durchs Leben treiben lassen und Mittelmäßigkeit billigend in Kauf nehmen.

Selbstvertrauen und der Umgang mit anderen

Das vielleicht schönste Ergebnis eines gut entwickelten Selbstvertrauens ist die Auswirkung auf die persönlichen Beziehungen. Menschen mit hohem Selbstvertrauen wirken anziehend und attraktiv.

Zwei Gesetze des Geistes wirken jederzeit und sie bestimmen, was in der Interaktion mit anderen Menschen geschieht.

- Das erste Gesetz ist das der *Anziehungskraft*: Jeder zieht die Menschen an, die ihm ähnlich sind.
- Das zweite Gesetz ist das der *Entsprechung*, nach dem die Beziehungen in der äußeren Welt ein Spiegel der inneren Welt sind, der Persönlichkeit und des Temperaments.

Diese Gesetze können Sie für sich nutzen. Wenn Sie sich innerlich zum Besseren verändern, werden Sie bald von Menschen umgeben sein, die zu Ihrem neuen, besseren Selbst passen. Sie treffen nettere, interessantere, angenehmere Menschen mit gut ausgeprägtem Selbstvertrauen. Sie verstehen sich besser mit Freunden und dem anderen Geschlecht. Sie werden im Beruf erfolgreicher, suchen sich vielleicht sogar eine neue Stelle und kommen besser mit dem Chef, den Kollegen und Mitarbeitern zurecht. Ihre ruhige Selbstsicherheit wirkt anziehend. Andere Menschen sind gern mit Ihnen zusammen, öffnen Ihnen Türen und damit Chancen, die Sie nie gehabt hätten, wenn Sie sich nicht so vortrefflich wie jetzt fühlen würden.

Fehlt Ihnen ab und zu das Selbstvertrauen im Umgang mit anderen Menschen, weil Sie sich für weniger gut halten? Sind Sie manchmal ängstlich, ob die anderen Sie akzeptieren? Sie können aber selbst etwas dafür tun, besser, entspannter und zuversichtlicher mit Ihren Mitmenschen zu kommunizieren.

Zunächst einmal sollten Sie sich über Ihre Ziele und Werte klar werden und sicher sein, dass Sie hart an sich arbeiten und Ihr Feld hervorragend beherrschen. Denn dann entwickeln Sie ganz von selbst mehr Selbstvertrauen. Sie werden nicht mehr ängstlich herausfinden wollen, was die anderen wohl von Ihnen halten, und entsprechend positiver und aufmerksamer mit ihnen umgehen. Menschen, die sich selbst mögen, haben in aller Regel sehr vertrauensvolle Beziehungen. Sie berücksichtigen die Meinungen und Einstellungen der anderen, ohne sich davon über Gebühr beeinflussen zu lassen.

Die meisten Menschen denken fast immer nur an sich selbst. Machen Sie es anders, indem Sie sich auf die anderen konzentrieren, sie befragen und ihnen aufmerksam zuhören.

Navigations-Tipp

Statt andere beeindrucken zu wollen, lassen Sie sich beeindrucken. Statt das Interesse der anderen wecken zu wollen, zeigen Sie Ihr Interesse an anderen. Werden Sie zum aktiven, Anteil nehmenden Zuhörer. Je mehr Sie auf andere eingehen, desto entspannter werden Sie sein. Wenn Sie nicht mehr auf sich selbst fixiert sind, wächst Ihr Selbstvertrauen und die Anspannung fällt von Ihnen ab.

Niemand kann Ihre Gedanken und Gefühle beeinflussen, es sei denn, Sie wollen etwas von dem oder der Betreffenden, wollen, dass die Person etwas tut oder unterlässt. Wenn Sie sich davon lösen, wenn Sie nichts von anderen erwarten, werden Sie merken, dass sie Ihnen längst nicht mehr so viel wie früher anhaben können. Die erfolgreichsten Beziehungen haben jene, die eine gesunde Distanz wahren, dabei im Gespräch freundlich und engagiert sind. Sie lassen sich ihr Selbstbild und ihre Gedanken nicht vom Verhalten der anderen vorschreiben.

Feinde des Glücks: Angst und Zweifel

Großes Selbstvertrauen hat große Vorteile, so große, dass man sich unwillkürlich fragt, warum nicht viel mehr Menschen die Art von Selbstvertrauen haben, die ein glückliches Leben ermöglicht.

Das liegt vor allem an zwei Dingen. Die Feinde des menschlichen Glücks sind immer dieselben: Angst und Zweifel. Beide bedingen einander und zerstören auf Schritt und Tritt das Glück der Menschen. Es sind unsere Ängste und Zweifel, die unsere Selbstachtung und unser Selbstvertrauen untergraben und uns dazu bringen, negativ über uns selbst zu denken.

Wir übertreiben die Probleme und unterschätzen die Chancen. Wir sind besessen von Verlusten, die wir erleiden könnten, erwarten wie behext eine Kritik, der wir nichts entgegensetzen könnten. Statt mutig zu handeln, lassen wir uns von Ängsten und Zweifeln paralysieren, sie nagen an unserem Selbstwertgefühl und vermitteln uns eine schlechte Meinung von uns selbst. Das trifft wahrscheinlich auf den allergrößten Teil der Menschheit zu. Die meisten Menschen sind so mit ihren Ängsten beschäftigt, dass sie für nichts anderes Zeit haben. Das drückt sich in ihrem gesamten Tun und Reden aus.

Es gibt nur ein Mittel gegen Zweifel, Angst und Sorgen und all die anderen negativen Gefühle, die unser Selbstvertrauen sabotieren: handeln. Bewusst können wir immer nur einen Gedanken zur selben Zeit denken und der ist entweder positiv oder negativ. Wenn Sie sich systematisch, zweckorientiert und in Übereinstimmung mit Ihren Werten auf Ihre Ziele hin bewegen, wenn Sie Ihre Fähigkeiten maximal nutzen und weiter ausbauen, verschwinden Ihre Ängste und Zweifel. Sie können gar nicht anders: Sie entwickeln eine positive Meinung von sich und gewinnen Vertrauen zu sich.

Wachsendes Selbstvertrauen eröffnet Ihnen unendliche Möglichkeiten. Denken Sie, wie der Mensch denken würde, der Sie sein wollen.

Navigations-Tipp

Handeln Sie, als könnten Sie niemals scheitern. Handeln Sie so, als hätten Sie dieses unerschütterliche Selbstvertrauen bereits. Fragen Sie sich immer wieder: „Welche großartige Leistung würde ich gern erbringen, wenn ich wüsste, dass ich nicht scheitern kann?“

5. Persönliche Strategieplanung: Pflegen Sie Ihre Stärken

Bestimmt haben auch Sie sich schon einmal gefragt, warum manche Menschen beruflich ungleich größere Erfolge feiern und viel mehr verdienen als andere. Nach der 80/20-Regel werden 80 Prozent aller Verkäufe von 20 Prozent der Verkäufer getätigt, was nebenbei gesagt auch bedeutet, dass diese 20 Prozent 80 Prozent der Provisionen einstreichen. In jeder Branche schöpfen 20 Prozent der Unternehmen 80 Prozent der Gewinne ab. In jeder Gesellschaft besitzen 20 Prozent der Menschen 80 Prozent des Eigentums. Alle haben ungefähr dieselben Startchancen, wie kommen also diese Diskrepanzen zustande? Warum erreichen einige wenige so viel mehr als die überwiegende Mehrheit?

Erfolgreich sein heißt, seine Stärken richtig zu nutzen

Nach jahrelangen Untersuchungen und Nachforschungen wissen wir die Antwort. Vereinfacht gesagt liegt es daran, dass erfolgreiche Menschen ihre Stärken richtig nutzen, indem sie entweder vorhandene Stärken weiterentwickeln oder sich Stärken aneignen, von denen sie erkannt haben, dass sie zu ihrem Fortkommen unentbehrlich sind. Erfolgreiche Menschen beherrschen die Kunst der Konzentration (siehe Kapitel 16 „Ausdauer, Wiederholung und Konzentration: So bleiben Sie erfolgreich"). Sie stecken alle Energie in ein oder zwei Schlüsselbereiche, um sich dort bis weit über den Durchschnitt zu steigern. Der Lohn, materiell wie immateriell, lässt nicht lange auf sich warten.

Übung

Schreiben Sie auf, welchen Eigenschaften und Fähigkeiten Sie die Erfolge Ihrer Vergangenheit verdanken!

____

____

____

____

____

____

Benjamin Franklin hat das Bonmot geprägt, wer das Leben schätze, solle keine Zeit verschwenden, denn das sei der Stoff, aus dem das Leben gemacht sei. Die Zeit ist das Maß, nach dem sich letztlich jeder Wert bemisst, denn Ihre Zeit ist immer Lebenszeit. Zeit ist der kritische Faktor, den Sie vor jedem Unterfangen bedenken sollten. Nur wenn Sie Ihre angeborenen Stärken kennen, können Sie Ihre Zeit optimal nutzen und den größten Gewinn, die größtmögliche Zufriedenheit aus all Ihrem Tun ziehen.

Navigations-Tipp

Erfolg ist Ihnen in den Bereichen beschieden, für die Sie ideale Voraussetzungen mitbringen. Erfolg verlangt, dass Sie etwas extrem gut können und sich darin lebenslang weiterentwickeln. Erfolg ist weiterhin der Schlüssel zu Gesundheit, Glück, Wohlstand und Selbstverwirklichung.

Zu den Eigenschaften erfolgreicher Männer und Frauen gehört, dass sie sich nur auf sich selbst verlassen. Sie suchen die Schuld nicht bei anderen, gleichgültig, was ihnen widerfährt. Sie suchen die Ursachen für Erfolg und Misserfolg einschließlich aller Schwierigkeiten und Probleme nur bei sich. Erfolgreiche Menschen handeln nach dem Motto: Wenn es gelingen soll, dann muss ich dafür sorgen.

Und wenn sich die Dinge nicht wie gewünscht entwickeln, fragen sie sich: Was mache ich falsch? Ausflüchte kommen für erfolgreiche Menschen nicht infrage. Sie suchen lieber nach Mitteln und Wegen, um die Hindernisse zu überwinden.

Strategisch denken

Menschen, die für sich die volle Verantwortung übernehmen, handeln auch als Angestellte wie Selbstständige. Sie sehen sich als Vorsitzende ihrer eigenen Firma, weil sie wissen, dass sie letztlich für sich selbst arbeiten, egal, wer ihnen das Gehalt überweist. Dank dieser Einstellung haben sie einen strategischen Zugang zu sich und zur Arbeit. Erfolgreiche Menschen denken unternehmerisch.

Das zentrale Element jeder strategischen Planung heißt „Return on Equity", also die Eigenkapitalrendite. Wirtschaftliches Planen läuft stets darauf hinaus, den Einsatz vorhandener Ressourcen so lange zu optimieren, bis die Finanzergebnisse für die Inhaber optimal ausfallen. Der Output soll relativ zum Input gesteigert werden. Deswegen werden besonders profitable Bereiche bevorzugt und weniger profitablen Bereichen Ressourcen entzogen. Unternehmen, die diese Anpassungsleistung in einer sich schnell ändernden Welt beherrschen, sichern sich immer größere Marktanteile. Unternehmen, die bei der strategischen Analyse versagen, fallen zurück und verschwinden oft genug von der Bildfläche.

Wenn Sie die Fülle Ihrer Anlagen realisieren wollen, sollten Sie sich zu einem gewieften strategischen Denker entwickeln und Leben wie Laufbahn planen. Doch nicht die Eigenkapitalrendite, der Return on Equity, ist Ihr Fokus, sondern die Eigenenergierendite – der Return on Energy.

Was dem Unternehmen das Finanzkapital ist Ihnen Ihr Humankapital. Sie besitzen physisches, emotionales und intellektuelles Kapital. Von allen dreien ist der Intellekt Ihre wertvollste Ressource.

Bewusst oder unbewusst gehen die meisten erfolgreichen Menschen strategisch vor. Sie überlegen sich genau, wie sie ihre Stärken und Fähigkeiten am effektivsten einsetzen können, um für sich und ihre Familie den größten Gewinn zu erzielen.

Die eigene Arbeitskraft richtig einsetzen und pflegen

Das wichtigste Pfund, mit dem Sie wuchern können, ist Ihre Arbeitskraft. Finanziell gibt Ihre Fähigkeit den Ausschlag, Ergebnisse zu erzielen, für die Ihnen andere gutes Geld bezahlen. Wenn Sie Ihre Arbeitskraft richtig einsetzen, können Sie einen hohen Jahresverdienst nach Hause tragen. Ihr Wissen, Ihre Ausbildung, Fähigkeiten und Erfahrungen, all das stärkt Ihre Arbeitskraft und sichert Ihnen damit Verdienstmöglichkeiten.

Und nicht anders als bei einem ertragreichen Acker gilt auch für Ihre Arbeitskraft: Der Boden will gepflegt sein. Wenn Sie nicht regelmäßig pflügen, düngen, Unkraut jäten und bewässern, werden Sie nicht die gewünschte Ernte einfahren.

Navigations-Tipp

Legen Sie viel Wert auf die Pflege Ihrer Arbeitskraft. Nehmen Sie sie nicht als selbstverständlich hin. Arbeiten Sie jeden Tag an sich, versuchen Sie, immer besser zu werden und sich auf aktuelle Anforderungen des Marktes einzustellen.

Jeder Mensch ist selbst dafür verantwortlich, aus seinen unzähligen angeborenen Anlagen die am Markt gefragten Talente zu ermitteln, zu perfektionieren und regelmäßig zu pflegen. Auch Sie müssen auf einem Gebiet sehr gut werden, für das eine starke Nachfrage besteht.

Um diese Stärken zu entdecken, müssen Sie tief in sich hineinschauen, Ihre Möglichkeiten erforschen, sich für eine Richtung entscheiden, sich Ziele setzen und die Ärmel hochkrempeln. Fangen Sie mit der folgenden Übung an, eine Übung zur persönlichen Strategieplanung. Ermitteln Sie zunächst Ihre persönlichen Überzeugungen und Werte.

Werte definieren und Mission Statement verfassen

Der erste Teil Ihrer persönlichen Strategieplanung heißt „Wertklärung". Kernwerte herauszufinden gehört für Individuen wie Unternehmen zu den zentralen Schritten zum Erfolg. Unternehmen mit schriftlich fixierten Werten und einem klaren Auftrag, der auf diesen Werten beruht, haben eine beständigere Performance als andere Unternehmen. Auch Menschen mit klaren Kernwerten und einem individuellen Mission Statement sind offenbar wesentlich effektiver und erfolgreicher als andere.

Wie lauten Ihre Kernwerte? Woran glauben Sie? Wofür stehen Sie? Wofür stehen Sie nicht? Probieren Sie folgende Übung:

Übung

Stellen Sie sich vor, ein Marktforschungsinstitut führt eine Umfrage über Sie durch. Interviewer werden geschickt und fragen alle Menschen, die Sie kennen, Familie, Freunde, Kunden, Kollegen und Chefs, was sie von Ihnen halten. Sie wollen wissen, was für ein Mensch Sie sind. Sie fragen die anderen nach Ihren Werten und wofür Sie als Person stehen, auf welche Philosophie und Überzeugung Ihre Worte und Taten schließen lassen. Sie legen ein vollständiges Profil von Ihnen an, das anschließend im Fernsehen gesendet wird.

Was würden die Menschen in Ihrem Umfeld den Interviewern sagen? Wie würden sie Sie beschreiben? Welches Qualitätsrating hätten Sie zu erwarten? Und wichtiger noch: Wie soll man in Zukunft über Sie reden?

Haben Sie Ihre persönlichen Werte ermittelt, können Sie Ihr Leben darauf ausrichten. Werte vermitteln eine Grundlage, anhand deren Sie Ihre Entscheidungen fällen können. Wenn Sie zwei Möglichkeiten beurteilen müssen, entscheiden Sie nach Ihrem höchsten Wert.

Sie wollen Ihre beruflichen Stärken entdecken? Dann halten Sie zunächst Ihre persönlichen Werte fest und überlegen, zu welchem Beruf diese passen könnten. Werte, auf denen Unternehmen ihre Zukunft aufbauen, bieten auch Individuen eine Lebensgrundlage. Unternehmen wie Individuen werden sich oft beispielsweise für Innovation, Unternehmertum, Marktführerschaft und so weiter entscheiden.

Zu den Werten von General Electric gehört, bei Qualität und Marktanteil die Nummer eins oder zwei zu sein. Wenn das bei einem Produkt nicht gelingt, verstärkt das Unternehmen entweder seine Wachstumsbemühungen oder gibt das Marktsegment ganz auf.

Sie können diese oder ähnliche Werte nutzen, um Ihre Einstellung zu Ihrem Beruf zu definieren. Sie können Ihr Arbeitsleben an Qualität, Exzellenz, Service, Rentabilität und Innovation orientieren. Dutzende von Werten bieten sich an und neben der Auswahl entscheidet die Rangfolge, in der Sie sie ordnen, über Ihr Arbeitsethos wesentlich mit.

Navigations-Tipp

Kernwerte und Mission Statement sind die Prinzipien, nach denen Sie in allen Bereichen handeln sollten. Verpflichten Sie sich selbst darauf!

Im zweiten Schritt entwickeln Sie Ihr persönliches Mission Statement. Das ist eine klare schriftliche Beschreibung der Person, die Sie in Ihrem Arbeitsleben sein wollen, und zwar aus der Sicht der anderen formuliert. Ein Mission Statement ist wichtiger als einzelne Finanz-, Geschäfts- oder Umsatzziele. Auch dazu eine Übung:

Übung

Wie viel wollen Sie verdienen? Überlegen Sie es sich und schreiben Sie anhand dieser Zielvorstellung Ihr Mission Statement so um, dass die beschriebene Person den genannten Betrag realistischerweise verdienen kann.
Sie könnten beispielsweise notieren: „Ich bin ein hervorragender Vertriebsmitarbeiter, exzellent organisiert, belastbar, immer gut vorbereitet, positiv eingestellt, begeistert und vollkommen darauf konzentriert, die Kunden besser als alle Kollegen zu bedienen."

Aus einem solchen Mission Statement ergeben sich eine Reihe von Prinzipien, mit denen Sie Ihre Karriere planen können, beispielsweise indem Sie passende Weiterbildungsmaßnahmen suchen und Ihren Tagesablauf optimieren. Das Mission Statement sagt Ihnen auch, wie Sie sich gegenüber Menschen verhalten sollten, die über Ihren Karriereerfolg entscheiden, und in welchen Bereichen Sie leistungsfähiger werden müssen, um Ihre Ziele zu erreichen.

Um die eigenen Stärken zu entdecken und den Return on Energy zu steigern, ist folgende mentale Technik bestens geeignet: Betrachten Sie sich als „Ressourcenbündel". Ressourcen sind ebenso endlich wie Ihre Zeit und Energie. Sie müssen sie in bestmöglicher Weise nutzen. Halten Sie inne, betrachten Sie sich von außen und überlegen Sie, wie Sie sich selbst optimal einsetzen könnten. Sehen Sie sich mit den Augen Ihres Arbeitgebers oder Ihres Chefs.

Situationsanalyse: Stellen Sie sich viele Fragen

Sie haben Ihre Werte definiert und ein Mission Statement verfasst? Dann ist jetzt die sogenannte Situationsanalyse dran. Wir sprechen manchmal auch vom „Performance-Audit". Bevor Sie sich Ziele setzen, sollten Sie sich selbst durchleuchten. Ermitteln Sie Ihre Performance mithilfe einiger Schlüsselfragen, etwa:

- Welche meiner Fähigkeiten werden am Markt verlangt?
- Wofür würden mich andere Menschen bezahlen?
- Was kann ich besonders gut?
- Was gelingt mir weit besser als anderen?
- Was habe ich in der Vergangenheit besonders gut hinbekommen?

Ein Gehalt ist im Prinzip nichts anderes als ein Geldbetrag, mit dem Tätigkeiten oder Leistungen in einer bestimmten Qualität und Anzahl gekauft werden. Ihr Output bestimmt also, wie Sie bezahlt werden. Sie werden von anderen dafür bezahlt, Ihr Wissen und Ihre Fähigkeiten möglichst effektiv einzusetzen – in deren Sinn. Wollen Sie qualitativ wie quantitativ besser entlohnt werden, müssen Sie Ihre Fähigkeiten ausbauen und bessere Ergebnisse oder mehr Output produzieren.

Earl Nightingale hat darauf hingewiesen, dass die Einkommenshöhe von drei Dingen bestimmt wird:

1. von der Art der Arbeit,
2. von der Qualität der geleisteten Arbeit und
3. von der Schnelligkeit, mit der diese Arbeit erledigt wird.

Das Gesetz von Angebot und Nachfrage reguliert auch den Arbeitsmarkt. Arbeitgeber (die Kunden) suchen so viel Leistung wie möglich für so wenig Geld wie möglich. Niemand bezahlt freiwillig mehr für etwas, das er billiger bekommen kann. Mit anderen Worten: Sie bekommen immer so viel, dass Sie gerade nicht den Arbeitgeber wechseln.

Die Höhe Ihres Einkommens wird weitgehend von der Qualität Ihrer beruflichen Leistungen und Ihrer Ersetzbarkeit bestimmt. Lässt sich leicht ein anderer finden, der die Arbeit genauso gut erledigt, ist der Lohn niedrig.

Navigations-Tipp

Nehmen Sie sich vor, in Ihrem Bereich so gut zu werden, dass Sie kaum ersetzbar sind. Nur dann bezahlt man Ihnen das, was Sie fordern. Sie müssen Ihren Job so gut erledigen, dass niemand sonst diese Ergebnisse für den Betrag erreichen kann, den Sie verlangen.

Sie sind der Boss

Sie sind der oder die Vorsitzende Ihrer eigenen Firma. Sie sind ganz allein für Produktion, Qualitätssicherung, Ausbildung und Entwicklung, Marketing, Finanzen und Werbung verantwortlich. Sie sind die wichtigste schöpferische Kraft in Ihrem Leben.

Wenn Sie von sich selbst im Passiv denken, sich als angestellt betrachten, den Anweisungen anderer Menschen unterworfen, dann hat das fatale Folgen für Ihren langfristigen Erfolg. Betrachten Sie sich jedoch als selbstständiges Wesen, dann sehen Sie Ihre eigene Verantwortung und treffen selbst die Entscheidungen. Sie wissen, dass Sie selbst die Ursache sind für alles, was Ihnen widerfährt.

Es liegt an Ihnen, wie Sie Ihre Fähigkeiten einsetzen und ob Sie den größtmöglichen Ertrag aus Ihrer Zeit und Energie herausholen. Das kann Ihnen niemand abnehmen. Sie sind der Boss. Andere können Ihnen helfen, Sie unterstützen, leiten, Hinweise und sogar Chancen geben, aber letztlich kann niemand für Sie Entscheidungen treffen, niemand über Ihre Zukunft und Ihr Wohlergehen bestimmen. Stellen Sie sich regelmäßig folgende Fragen:

- Welche Tätigkeit liegt mir am meisten?
- Welcher Job ist für mich geeignet?
- Wenn ich träumen dürfte, welchen Beruf würde ich wählen?
- Was würde ich für mein Leben gern tun?
- Wenn ich eine Million gewonnen hätte und nicht mehr arbeiten müsste, was würde ich mit meiner Zeit anfangen?

Wollen Sie Ihre Stärken entdecken, hilft Ihnen die Frage: „Welche einmaligen Begabungen und Fähigkeiten bringe ich mit?“ Worin haben Sie in der Vergangenheit geglänzt? Welche Arbeiten gehen Ihnen leicht von der Hand, während sich andere damit offensichtlich schwertun? In welchen Bereichen erzielen Sie die besten Ergebnisse? Welche Arbeit füllt Sie am meisten aus?

Die Antworten geben Hinweise, wie Sie sich selbst am besten einsetzen können, um einen möglichst hohen Return on Energy zu erzielen.

Als Ergebnis Ihrer Gene, Ausbildung, Erfahrungen, Herkunft und Interessen sind Sie eine einmalige Kombination von Talenten und Fähigkeiten. Es ist Ihnen angeboren, in einem Bereich ganz besonders gut sein zu können. Sie sind dafür verantwortlich, diesen einen Bereich herauszufinden und sich ihm mit Haut und Haaren zu verschreiben. Nur wenn Sie tun, was Ihnen wirklich gut gefällt, werden Sie richtig glücklich.

Fragen Sie sich: „Wo will ich in fünf Jahren stehen?" In welchem Beruf wollen Sie arbeiten? Mit welchen Menschen würden Sie gern zusammenarbeiten? Wie viel Verantwortung wollen Sie tragen? Wie viel Geld möchten Sie verdienen? Wo möchten Sie leben?

Wen bewundern Sie am meisten?

Lassen Sie Ihrer Fantasie freien Lauf, träumen Sie eine Weile. Ignorieren Sie alle Grenzen. Alle Optionen stehen Ihnen offen – träumen darf man ganz uneingeschränkt!

Betrachten Sie Ihren Beruf und Ihr Leben und fragen Sie sich: „Welche Menschen bewundere ich am meisten? Wie wäre ich gern?" Wen kennen Sie, von wem haben Sie gehört oder gelesen, der genau das macht, was Sie gern tun würden, und der genau das Leben lebt, das Sie gern führen würden? Welche Veränderungen müssten Sie vornehmen, um selbst dahin zu kommen?

Denken Sie daran: Wenn andere es geschafft haben, können Sie es auch schaffen! Alle beruflichen Fähigkeiten sind wie die meisten Fähigkeiten insgesamt lernbar. Sie werden natürlich nie exakt wie Ihr Vorbild werden, aber das ist auch gar nicht nötig. Es genügt, wenn Sie sich am Erfolg anderer Menschen orientieren und deren Errungenschaften als Leitlinie für Ihre Entscheidungen nutzen. Im folgenden Kapitel erfahren Sie detailliert, wie wichtig es für Menschen ist, Vorbilder zu haben und selbst Vorbild zu sein.

Harold Geneen, Ex-CEO von ITT und einer der erfolgreichsten Unternehmensführer in der amerikanischen Geschichte, lebte nach dem Motto: „Geh vom Ziel aus und arbeite dich von da zurück." Entscheiden Sie, wo Sie in absehbarer Zeit stehen möchten, und planen Sie von da zurück in die Gegenwart: Dann wissen Sie, was Sie zu tun haben, um Ihr Ziel zu erreichen.

Navigations-Tipp

Schätzen Sie Ihre Stärken und Schwächen ehrlich ein, finden Sie heraus, wo Sie Potenzial haben und wo Ihre Unzulänglichkeiten sind. Das ist die perfekte Startposition für die Zukunft, von hier aus können Sie entscheiden, was Sie wollen und wie Sie es bekommen.

Welches Wissen müssen Sie sich noch aneignen, um Ihre Stärken künftig voll auszuspielen? Was müssen Sie noch lernen? Welche Bücher müssen Sie lesen? Welche Audiokassetten können Ihnen helfen? Welche Seminare sollten Sie besuchen?

Viele Menschen drücken mit 50 noch einmal die Schulbank und satteln beruflich vollständig um. Und dann arbeiten sie im neuen Beruf noch einmal 10 bis 20 Jahre. Im Amerika von heute hat der Durchschnittsbürger im Lauf seines Berufslebens 14 verschiedene Jobs, wechselt oft genug nach zwei Jahren die Stelle und verfolgt nicht weniger als fünf verschiedene berufliche Laufbahnen.

Über 80 Prozent der Studenten finden eine Anstellung, die nicht mit ihrem Studienfach zusammenhängt. Wo Sie heute stehen, ist nur das Präludium für spätere Positionen. Und der Schlüssel, um zu wissen, welche Position Sie anstreben, welches Ziel Ihnen vorschwebt, liegt tief in Ihnen selbst verborgen, in Ihren Stärken und Potenzialen. Welche einmaligen Stärken und Fähigkeiten haben Sie, wie können Sie diese so einsetzen, dass Ihr Leben Ihren Vorstellungen entspricht?

Was steht zwischen Ihnen und Ihrem Ziel? Was hindert Sie daran, Spitzenleistungen zu erbringen? Was verhindert, dass Sie den Job bekommen, für den Sie geschaffen sind? Was blockiert Sie? Was müssen Sie ab heute tun, damit Sie Ihr Ziel erreichen? Solche Fragen stellen sich erfolgreiche Menschen, Menschen, die weit mehr als der Durchschnitt erreichen.

In Ihrer persönlichen Strategieplanung sollten Sie immer die Position des Marktführers ins Visier nehmen. Im Wirtschaftsbereich bedeutet Führung stets, Exzellenz auszuspielen. Das gilt auch für Sie. Sie selbst müssen sich auf Ihre persönliche Bestleistung verpflichten, um Außergewöhnliches zu leisten. Auf welchem Gebiet wollen Sie die Ergebnisse erzielen, die weit über dem Durchschnitt liegen?

Die ganze Suche nach den persönlichen Stärken hat nur ein Ziel: der oder die Beste zu sein. Was beherrschen Sie heute schon, was können Sie sich aneignen, um den größtmöglichen Gewinn aus Ihrer Zeit – die immer Lebenszeit ist! – zu ziehen?

Sich selbst vermarkten

Sie sind der oder die Vorsitzende Ihrer eigenen Firma. Zweck der Strategieplanung ist eine Steigerung des RoE, im Fall eines Unternehmens also des Return on Equity, im Fall einer Person des Return on Energy. Die Frage aller Fragen ist also, wie Sie sich selbst vermarkten können, um den größten Gewinn aus Ihrer Arbeit zu ziehen.

Dafür gibt es vier Regeln: Spezialisierung, Differenzierung, Segmentierung und Konzentration.

Spezialisierung

Spezialisierung verlangt, sich auf ein ganz bestimmtes Ergebnis für Ihre Kunden und Ihr Unternehmen in einem spezifischen Gebiet zu beschränken. Sie dürfen sich nur mit einem, höchstens mit zwei Dingen beschäftigen und müssen alles andere ausschließen. Die Spezialisierung kann eine Tätigkeit betreffen, ein Produkt oder eine Dienstleistung. Sie können sich auf einen bestimmten Kundentypus spezialisieren oder einen bestimmten Markt bedienen.

Wenn Sie sich Ihre Potenziale ansehen, welcher Bereich bietet sich für eine Spezialisierung an? Welche Kunden, Produkte, Dienstleistungen, Geschäftsbereiche, Bedürfnisse oder Branchen wären für Sie günstig? Die erfolgreichsten Menschen sind meist jene, die sich in einem bestimmten Gebiet hochgradig spezialisiert haben. Sie verstehen sich nicht als Generalisten, sie geben nicht den Hans Dampf in allen Gassen. Sie erwerben sich bewusst Renommee in einem selbst gewählten Bereich. Welcher Bereich ist Ihr Bereich? Welcher sollte es sein? Welcher könnte es sein?

Ihre Entscheidung über das Wie, Wo, Wann und Warum Ihrer Spezialisierung ist vielleicht die wichtigste Entscheidung Ihrer Karriere.

Navigations-Tipp

Nutzen Sie das Zero-Denken, um Ihr Spezialgebiet zu finden. Lassen Sie Ihre Stelle, Ihren Beruf usw. für einen Moment außen vor und schauen Sie in sich hinein. Analysieren Sie sich aus jedem denkbaren Blickwinkel. Betrachten Sie Ihr ganzes Leben aus der Vogelperspektive und fragen Sie sich: „Würde ich meine jetzige Stelle angesichts neuer Erkenntnisse immer noch annehmen?“

Seien Sie ehrlich zu sich selbst. Was wissen Sie jetzt, was Sie früher nicht wussten? Fragen Sie sich das hinsichtlich Ihrer Spezialisierung, nehmen Sie überhaupt jeden Aspekt Ihrer Arbeit unter die Lupe. Vielleicht müssen Sie sich eingestehen, dass Sie sich für die falsche Branche entschieden haben, dass Sie für die falsche Firma arbeiten oder im falschen Beruf gelandet sind.

Vielleicht aber sind Sie treffsicher da gelandet, wo Sie hingehören. Vielleicht nutzen Sie bereits all Ihre Stärken. Ihre Stelle passt zu Ihnen, Ihrem Temperament und Ihrer Persönlichkeit. Sie könnten sich nichts Besseres wünschen. Aber selbst dann gilt: Sie müssen ständig Ihren Radius erweitern, sich umsehen, in die Zukunft schauen, überlegen, wie es weitergeht, wo Sie in ein paar Monaten oder Jahren stehen werden. Der beste Prophet ist der, der die Zukunft selber macht.

Differenzierung

Der zweite Schlüssel zum Selbstmarketing ist Differenzierung. Sie müssen anders sein, besser als die Wettbewerber. Auf welchem Gebiet sind Sie einmalig? Womit können Sie sich von der Masse absetzen? Was können Sie tun, um unentbehrlich und unersetzlich zu werden?

Die Spitze ist nicht überlaufen. Wirklich gute Leute werden immer gesucht. Die werden selten arbeitslos, bekommen die höchsten Gehälter und klettern die Karriereleiter schneller hinauf. Ihr wichtigstes Ziel sollte Exzellenz sein. Hören Sie nie auf, besser zu werden.

Alles, was zählt, sind die Ergebnisse. Im Geschäftsleben werden Ergebnisse in Geldwert ausgedrückt. Je mehr Sie Umsatz, Einnahmen und Rendite Ihres Arbeitgebers steigern, desto wertvoller werden Sie. Der beste Weg, sich zu differenzieren, liegt darin, so viel Wissen und Fähigkeiten zu erwerben, dass Sie bessere Ergebnisse erzielen als alle anderen.

Sie haben Begabungen und Fähigkeiten, die Sie vor anderen Menschen auszeichnen. 50 Milliarden zu eins stehen Ihre Chancen, mit irgendeinem anderen Menschen in Vergangenheit, Gegenwart und Zukunft identisch zu sein. Sie sind eine bemerkenswerte, ungewöhnliche Kombination mit ganz eigenen Erfahrungen und Problemen, mit einer bestimmten Ausbildung und einem spezifischen Wissen, mit individuellen Schwierigkeiten, Herausforderungen und Erfolgen, mit einer bestimmten Sicht- und Reaktionsweise. Sie sind einmalig.

Selbst wenn Sie 200 Jahre alt würden, würde es nicht reichen, um auch nur einen kleinen Teil Ihrer angeborenen Fähigkeiten zur Blüte zu bringen. Sie müssen sich beschränken, sich analysieren und herausfinden, auf welches Ihrer Talente Sie sich konzentrieren, welches sich am meisten auszahlt, Sie am weitesten voranbringt.

Wo liegt Ihr persönliches Höchstleistungsgebiet? Wenn alles so bleibt, wie es ist, wo werden Sie in fünf Jahren stehen? Ist Ihr größtes Talent eine gefragte Tätigkeit, wird es auch in fünf Jahren noch eine gefragte Tätigkeit sein? Oder verschieben sich die Akzente? Was könnte in nächster Zukunft Ihr persönliches Höchstleistungsgebiet werden?

Navigations-Tipp

Wenn Sie aktuelle und frühere Erfahrungen mit besonderen Talenten bedenken, sollten Sie sich fragen: „Welche Tätigkeiten haben mir bisher die größten Erfolge verschafft?"

Wie sind Sie dahin gekommen, wo Sie heute stehen? Welche Aufgaben sind Ihnen ein echter Genuss? Was treibt Sie von innen her an? Welche Tätigkeiten machen Sie glücklich?

Stärken hängen immer mit Interesse zusammen. Je anregender Sie eine Tätigkeit finden, je mehr Sie davon begeistert sind, desto mehr werden Sie sich dafür engagieren. Sie müssen eine echte Vorliebe für das Gebiet haben, auf dem Sie Exzellenz anstreben. Sie merken es daran, dass Sie sich sehr gern damit beschäftigen, viel dazu lesen, ständig darüber reden wollen und nie genug Informationen und Wissen darüber bekommen können.

Erfolgreiche Menschen lieben ihre Tätigkeit. Sie können es kaum erwarten, endlich arbeiten zu dürfen. Ihre Arbeit macht sie glücklich, und je glücklicher sie sind, desto besser werden sie in ihrem Job. Sie verlieren jedes Zeitgefühl, wenn sie arbeiten. Es gibt keine klare Trennung zwischen Leben und Arbeit, Privatbereich und Beruf. Die Arbeit ist Teil ihres Lebens, wenn nicht ihr Leben.

Segmentierung

Der dritte Schlüssel zum Selbstmarketing ist die Segmentierung. Das heißt, Sie müssen den Markt in Segmente teilen und die Kunden ermitteln, für die Sie sinnvollerweise arbeiten sollten. Es gibt Kunden, die dringender als alle anderen exakt das benötigen, was Sie anzubieten haben.

Man könnte so vieles tun. Die Möglichkeiten, die sich bieten, gehen gegen unendlich. Hieraus die richtige zu wählen ist nicht leicht. Je besser Sie werden, desto mehr Türen werden sich Ihnen öffnen: Das Angebot an Jobs und Karrieren wird noch größer. Sie müssen selektiv vorgehen und segmentieren.

Im Marketing konzentriert man sich auf „große Wahrscheinlichkeiten", also Kundenpotenziale, die den jeweiligen Wettbewerbsvorteil am ehesten zu schätzen wissen. Das sind Menschen, denen der Nutzen, die Neuheit und die Qualität eines Produkts oder einer Dienstleistung wichtiger sind als der Preis.

Im Selbstmarketing kommt es darauf an, die Branche, die Stelle und die berufliche Laufbahn zu wählen, in denen Sie für Ihre Talente am besten bezahlt werden. Sie sollten nach dem Job streben, in dem Sie das höchste Gehalt für das erhalten, was Sie am besten können. Das ist Ihr Marktsegment.

Navigations-Tipp

Wir möchten Sie an dieser Stelle ermutigen, sich Informationen aus erster Hand zu verschaffen. Sprechen Sie mit wichtigen Personen in den Unternehmen, für die Sie sich interessieren. Dann erst können Sie beurteilen, ob diese Unternehmen und diese Branche für Sie wirklich infrage kommen. Entscheiden Sie sich für ein Unternehmen, dessen Philosophie und Potenzial Ihnen zusagen.

Konzentration

Das vierte Prinzip im Selbstmarketing heißt Konzentration. Jeder große Erfolg setzt voraus, dass man sich über lange Zeit vollständig auf eine Sache konzentriert. Sie spezialisieren sich in einem Gebiet, in dem Sie besser als alle anderen sind, und beschränken sich auf den Bereich, in dem Sie arbeiten wollen.

Der Markt zahlt nur dann Höchstbeträge, wenn es aufgrund von Höchstleistungen nicht anders geht. Letztlich gibt es nur eins, um hochzukommen: Sie müssen die Grundlage dafür legen, absolute Spitze im gewählten Bereich zu werden. Wenn Sie sich vollständig darauf konzentrieren und alles andere beiseite lassen, wenn Sie von allen Anforderungen die wichtigsten herausragend gut erledigen, dann schaffen Sie es bis zur Spitze. Und Sie werden es sehr schnell schaffen.

Sie bringen alles, was Sie brauchen, dafür mit. Ihre Begabungen warten nur darauf, entdeckt und entwickelt zu werden, sie sind wie Ölfelder tief in der Erde.

Für Probebohrungen ist nichts als die Entschlossenheit nötig, Ihre persönlichen Stärken mit größtmöglichem Gewinn zu nutzen. Der Schlüssel zu Ihren Schätzen liegt im Blick nach innen: Was liegt Ihnen wirklich? Auf dieses Talent müssen Sie sich einlassen, vollkommen konzentrieren und alles daransetzen, richtig gut darin zu werden. Dann steht Ihnen alles offen.

6. Die Macht des Vorbilds: Von Vorbildern lernen und selbst Vorbild sein

„Fleißiger Herr macht fleißige Diener." „Kritik ist gut, Vorbild besser." „Wie der Herr, so's Gescherr." „Wie man in den Wald hineinruft, so schallt es heraus." „Der Apfel fällt nicht weit vom Stamm." – Wie wichtig Vorbilder sind, sehen Sie schon an der Vielfalt der alten Sprichwörter, die sich mit diesem Thema befassen. Bereits in Kapitel 5 haben wir Ihnen im Zusammenhang mit Ihrer persönlichen Strategieplanung die Frage gestellt: „Wen bewundern Sie am meisten?" Vorbilder spielen eine entscheidende Rolle für Ihre Ziele und Werte und bei der Entwicklung Ihrer Stärken. Befassen wir uns deswegen hier mit dem Thema Vorbild eingehender.

- Ein Vorbild ist eine Idealgestalt, die als Leitbild für die eigene Entwicklung und Lebensgestaltung dient. Wen Sie für sich als vorbildlich einstufen, hängt von Ihren eigenen und den in der Gesellschaft geltenden Normen und Wertvorstellungen ab.
- Vorbild sein heißt im Umkehrschluss, anderen Menschen durch seine Persönlichkeit und sein Handeln eine Orientierung zu geben und daher als nachahmenswert anerkannt zu werden. Sie können sich aber nicht selbst zum Vorbild küren, sondern müssen dazu ernannt werden.

Folgen Sie dem Beispiel anderer

Man kann nicht alle Erfahrungen, die das Leben vorsieht, selbst machen. Lassen Sie sich von Konfuzius beflügeln: „Der Mensch hat drei Wege, um klug zu handeln:

1. Durch Nachdenken – das ist der edelste.
2. Durch Nachahmen – das ist der leichteste.
3. Durch Erfahrungen – das ist der bitterste."

Wenn man Kinder beobachtet, erkennt man, wie stark der menschliche Nachahmungstrieb ist. Ob Haare kämmen, Zigarette anzünden oder lautes Schimpfen: Kleine Kinder versuchen alles nachzumachen, was ihnen vorgelebt wird.

Der Nachahmungstrieb ist dem Menschen als Disposition angeboren. Nachahmung, das heißt die Wiedergabe eines Vorbilds, kann sowohl bewusst als auch unbewusst geschehen. Beispielsweise kann das Schreien eines Säuglings in einem großen Saal mit vielen Säuglingen die anderen ebenfalls zum Schreien/zur Nachahmung veranlassen. Von Anfang an nimmt das Kind alle Eindrücke auf, die sich sozusagen in sein Gehirn einspeichern. Zusammen mit seinen angeborenen Verhaltensmustern und der genetischen Ausstattung formt sich über eine immer komplexere Netzwerkbildung im Gehirn das, was man später Persönlichkeit nennt.

Sie werden sich jetzt fragen: Was genau ist nun ein Vorbild und warum ist es so wichtig? Kennzeichen eines Vorbilds sind die positiven, aber auch die negativen Eigenschaften eines anderen. Identifiziert sich jemand mit einem Vorbild, dann strebt er eine Angleichung der eigenen Person an das Vorbild an. Er verhält sich in bestimmten Situationen so wie der andere, ahmt ihn nach im Verhalten, in der Kleidung, im Sprechen sowie in den Werten und nimmt ihn gewissermaßen in sich auf.

In der frühen Kindheit sind die Eltern oder die nächsten Bezugspersonen die wichtigsten Vorbilder. Sie werden unreflektiert nachgeahmt und sind die stärksten Leitbilder der Orientierung. In der Zeit des Heranwachsens, wenn Selbstaufmerksamkeit und kritische Urteilsfähigkeit wachsen und die Jugendlichen mehr Einsichten in andere soziale Kontexte gewonnen haben, betrachten sie die Eltern realistischer. Sie orientieren sich dann stärker an alternativen Vorbildern oder Idealen, die sie nun selbst wählen können.

Wenn die Entwicklung zur Persönlichkeit gelingen soll, ist eines wichtig: dass sich die Jugendlichen wieder von den angebeteten Idolen lösen können. Auch muss es möglich sein, dass der Schüler seinen Meister übertrifft. Hier wird die Funktion des Vorbilds deutlich: Lernen am Modell, Aneignen der Fähigkeiten – und Hinauswachsen über das Vorbild.

Wählen Sie sich Ihr Vorbild

Wer könnte für Sie ein Vorbild sein, dem Sie mit Überzeugung nacheifern? Sie werden bald merken: Wenn Sie dem positiven Beispiel Ihres Vorbilds folgen, ersparen

Sie sich so manche bittere Erfahrung und kommen Ihren Zielen rascher näher. Denn: Selbst ein Zwerg sieht mehr, wenn er auf den Schultern eines Riesen sitzt!

Doch Vorsicht! Wir brauchen Vorbilder, die zu unserem Leben, zu unseren Werten und unseren Zukunftsplänen passen. Der Radsportler Jan Ullrich würde zum Beispiel kein gutes Vorbild abgeben. Oder möchten Sie wie er zu unlauteren Methoden greifen und sich dopen, um erfolgreich zu sein?

Navigations-Tipp

Wirklich etwas fürs Leben lernen können Sie nur von Menschen, die etwas besser können als Sie selbst. Das Motto der Zukunft sollte daher heißen: Lernen Sie am Vorbild!

Suchen Sie sich also ein oder mehrere Vorbilder, die in Ihrer Branche beziehungsweise auf einem bestimmten Gebiet erfolgreich sind. Genau von diesen Menschen sollten Sie lernen. Sie könnten Bücher von ihnen lesen, Seminare besuchen, Vorträge anhören und ihre Geschichte studieren.

Bücher sind im Allgemeinen die beste Gelegenheit, ein Vorbild zu finden und genau zu studieren. Vor allem Biografien sind dazu geeignet. Die gelesenen Informationen werden mit eigenen Erlebnissen verknüpft und verankern sich dadurch leichter im Gehirn.

Wählen Sie als Vorbilder Menschen, die vor Ihnen viele Erfahrungen gemacht haben. Wenn Sie klug sind, dann übernehmen Sie diese – ohne selbst erst die (ggf. bitteren) Erfahrungen machen zu müssen. Dieser Gedanke ist jedoch für viele, die bisher durch eigene Erfolge und Misserfolge – also durch Erfahrungen – gelernt haben, zunächst etwas fremd. Wenn sie sich aber länger mit dem Vorschlag „Lernen durch Vorbilder" auseinandersetzen, erkennen sie auch für sich die Vorteile.

Übung

Schreiben Sie ein bis drei Vorbilder auf, die das Ziel, das Sie anpeilen, bereits erreicht haben. Sollten Sie noch nie darüber nachgedacht haben, suchen Sie in den nächsten Tagen ganz bewusst anhand Ihres größten Wunsches die entsprechenden Vorbilder und schreiben diese auf.

1. ______________________________
2. ______________________________
3. ______________________________

Die Klugen lernen auf Kosten von anderen Menschen. Damit ist gemeint, dass es kein besseres und kein preiswerteres Studium geben kann, als von Vorbildern zu lernen. Viele Menschen tendieren allerdings dazu, dem Negativen viel Aufmerksamkeit zu schenken, und so hören wir sehr häufig: „So möchte ich nicht sein", „Wie ... hätte ich nicht entschieden ...". Mit solchen destruktiven Beispielen erreichen Sie gar nichts. Warum orientieren Sie sich nicht an den Menschen, die etwas hervorragend gemacht haben, die Spitze sind?! Halten Sie sich an die Besten der Besten! Sie haben es geschafft, sie haben Erfolge verbucht, haben Leistung gebracht, sind strahlende Persönlichkeiten, die geschätzt und geachtet werden.

Navigations-Tipp

Nutzen Sie das natürliche Nachahmungsbedürfnis, um sich selbst positiv einzustimmen. Vieles wird Ihnen leichter von der Hand gehen und besser gelingen, wenn Sie sich an dem guten und erfolgreichen Beispiel eines Vorbilds orientieren. Ein positives Vorbild beflügelt, es vermittelt Ihnen das Gefühl: Der andere hat es auch geschafft. Obwohl er unter Stress stand und in einer ähnlich schwierigen Situation wie ich war, ist es ihm gelungen, seinen Zielen treu zu bleiben und diese zu erreichen!

Anderen ein Vorbild sein

Nicht nur Sie orientieren sich an anderen und nehmen sich diese als Vorbild. Auch Sie selbst haben eine Vorbildfunktion in Ihrem beruflichen und persönlichen Umfeld.

Vor allem hochrangigen Managern scheint dies nur selten bewusst zu sein. So kassierte der ehemalige Karstadt-Chef Walter Deuss – von der Bild-Zeitung als „Raffke-Boss" bezeichnet – 1,5 Millionen Euro Abfindung und mehr als 20.000 Euro Pension, während 6.000 Karstadt-Mitarbeiter aufgrund harter Sparmaßnahmen gehen mussten. Als „Raffke-Boss" hat sich auch Klaus Kleinfeld in die negativen Schlagzeilen gebracht. Als Wunderknabe wurde der ehemalige Siemens-Chef einst gefeiert. Doch jetzt ist er für viele eine Ikone der Gier, weil er Tausende entließ, aber sich und seinem Vorstand eine 30-prozentige Gehaltserhöhung gönnten wollte und dazu noch einen Bonus von 20 Prozent. Kleinfelds Verhalten löste eine Diskussion über Moral und Anstand in den Vorstandsetagen aus, über das Menschenbild von Managern, für die Mitarbeiter Kosten auf zwei Beinen sind und sonst nichts.

Nicht nur die Wirtschaft, sondern auch die Politik liefert regelmäßig Negativbeispiele, wie jemand durch Verfehlungen seine Glaubwürdigkeit und Vorbildfunktion total verspielen kann. So auch der ehemalige Verteidigungsminister Rudolph Scharping, der Bundeswehr-Tornados für private Flüge nutzte.

Bei den genannten Fällen fragen sich viele zu Recht: Wo bleibt da das Gewissen, wo bleibt die Vorbildfunktion? Sie sehen: In allem, was man tut, muss man seine Vorbildwirkung berücksichtigen. Ganz gleich, ob man Politiker, oberster Chef eines Großkonzerns, Abteilungsleiter, Sachbearbeiter, Vereinsvorstand, Vater oder Mutter ist!

Verhalten Sie sich also stets so, dass andere von Ihnen lernen und sich an Ihrem Beispiel orientieren können. Kommt jemand gut an, dann wird er gern kopiert. Das sieht man sehr deutlich an den jungen Menschen. Gerade an deren äußerer Erscheinung, an der Kleidung und ihren Haaren erkennt man, wem sie nacheifern, wer ihre Vorbilder sind.

Aber nicht nur das Äußere spielt eine Rolle. Viel wichtiger – das zeigen die oben genannten Beispiele – sind die inneren Werte, die Ziele und die Art und Weise, wie diese umgesetzt werden. In diesen Bereichen spielt das Vorbild eine wichtige Rolle. Vorbild ist einer der wichtigsten Auslöser und Verstärker für gewollte

Verhaltensweisen. Woraus sonst, wenn nicht abgeleitet aus den Verhaltensweisen der Vorgesetzten, sollen Mitarbeiter lernen, was gewollt beziehungsweise nicht gewollt, richtig beziehungsweise falsch, verboten beziehungsweise erlaubt ist? Unternehmensleitbilder, Unternehmensphilosophien und wie auch immer benannte Regelwerke sind Makulatur, wenn ihre Inhalte nicht in den Verhaltensweisen der Führungskräfte beobachtbar sind und von diesen vorgelebt werden.

Ein Manager, der sich erfolgreich gegen eine feindliche Übernahme zur Wehr setzt, ist sicherlich Vorbild für viele, die ähnliche Situationen befürchten. Ein charismatischer Chef ist Vorbild für seine Mitarbeiter, denn jeder möchte so werden wie er. Jeder möchte genauso beliebt sein und die Aufmerksamkeit auf sich ziehen.

Nicht Worte, sondern Taten!

Der amerikanische Politiker und Naturwissenschaftler Benjamin Franklin (1706 – 1790) wollte seine Mitbürger in Philadelphia dazu bringen, in der Nacht die Straßen zu beleuchten. Anstatt Vorträge zu halten, hängte er vor seinem Haus eine schöne Lampe auf und zündete sie jeden Abend bei Einbruch der Dämmerung an. Jeder, der die Straße entlangging, konnte das Licht schon von Weitem sehen und sich über die ungewohnte Helligkeit freuen. Bald begannen auch die Nachbarn, vor ihren Häusern Lampen zu installieren – bis schließlich Lampen in der ganzen Stadt strahlten.

Diese Geschichte zeigt: Taten, nicht Worte, regen zur Nachahmung an. Wer seine Mitmenschen zu einem bestimmten Handeln veranlassen möchte, muss selbst tun, was er von anderen fordert. Leider wird das oft im Alltag vergessen. Vier Eigenschaften zeichnen ein gutes Vorbild aus:

- Glaubwürdig handeln
- Berechenbar bleiben
- Authentisch sein
- Engagiert bei der Sache sein

Glaubwürdig handeln: Glaubwürdigkeit ist das A und O. Ein Chef, der ständig zu spät kommt, wird seine Mitarbeiter nicht davon überzeugen, wie wichtig Pünktlichkeit ist. Wer Zusagen mal einlöst und mal auch nicht, braucht sich nicht zu wundern, wenn andere seine Vorgaben nicht ernst nehmen. Wenn im gesamten Unternehmen die Devise „sparen" heißt und der Chef dann mit einem nagelneuen Porsche als Firmenwagen vorfährt, warum sollten die Mitarbeiter ernsthaft auf die Kosten achten?

Berechenbar bleiben: Wenn Sie berechenbar bleiben, können die Menschen in Ihrem beruflichen und privaten Umfeld die Folgen ihrer Handlungen einschätzen und sich entsprechend darauf einstellen. Launisches Verhalten, nicht eingehaltene Versprechen oder ständig neue Zielvorgaben schaffen dagegen Unsicherheit, Angst und Demotivation.

Authentisch sein: Nur wenn Sie Ihre Persönlichkeit mit allen Stärken und Schwächen leben und sich nicht verstellen, wirken Sie authentisch. Authentizität, Glaubwürdigkeit und Berechenbarkeit bedingen sich gegenseitig.

Engagiert bei der Sache sein: Wer seinen Job mit Elan und Leidenschaft macht, reißt andere mit. Engagement lässt sich aber nicht vorspielen. Es wirkt nur authentisch, wenn es echt ist. Etwas mit Lust und Leidenschaft anzupacken heißt, entschlossen, zielstrebig und überzeugt an die Arbeit zu gehen.

Wie sieht es mit Ihren persönlichen Qualitäten zum Vorbild aus? Beantworten Sie folgende Fragen:

- In welchen Bereichen, glauben Sie, haben Sie heute eine Vorbildfunktion?
- Für wen sind Sie Vorbild?
- Wie äußert sich das?
- In welchen Bereichen wären Sie gern Vorbild?
- Was müssten Sie dafür tun/ändern/verbessern?

Menschen, die aus der Masse ragen, die ihre Persönlichkeit entfaltet haben, die ihre Einzigartigkeit leben, sind anziehend. Ergründen Sie einmal, was die Menschen, die für Sie Vorbilder sind, auszeichnet, was das Besondere an ihnen ist. Sicher wird Ihnen auffallen, dass all diese Menschen ein ausgeprägtes Selbstbewusstsein haben. Sich seiner selbst bewusst zu sein bedeutet, Ja zu sich zu sagen – zu den Stärken und zu den Schwächen. Sich selbst kennen und annehmen, so wie man ist, das macht innerlich frei. Damit schwinden die Ängste und die Hemmungen und das macht stark und sicher. Nicht die Fähigkeiten bestimmen das Niveau des Lebens, sondern die Hemmungen. Deshalb müssen sie abgebaut werden. Das geschieht nicht dadurch, dass Sie sie beachten, sondern dass Sie sich auf Ihre Stärken konzentrieren, sodass diese sich entfalten. Zweifel, Bedenken und Sorgen haben keine Chance bei selbstbewussten Menschen.

Sie sind Vorbild. Das verpflichtet – seien Sie sich dieser Verpflichtung bewusst.

7. Exzellenz im Umgang mit anderen: So gewinnen Sie Ihre Mitmenschen für sich

Gleichgültig, welches Ziel Sie anstreben, es werden immer andere Menschen beteiligt oder betroffen sein. Damit Sie alles erreichen, was in Ihren Möglichkeiten steht, müssen Sie verhandeln, überzeugen und die Menschen in Ihrer Umgebung beeinflussen können. Zum Glück lassen sich diese Fähigkeiten erlernen wie das Radfahren oder Schreibmaschineschreiben. Man muss diese Fähigkeiten laufend üben, um sie richtig zu beherrschen. Nehmen Sie es sich fest vor, setzen Sie sich zum Ziel, andere effizient zu motivieren und davon zu überzeugen, Ihnen zu helfen.

85 Prozent des Erfolgs gehen auf die Fähigkeit zurück, effektiv mit anderen umzugehen. Ihr Erfolg hängt nicht zuletzt von der Zahl der Bekannten ab, die Sie in guter Erinnerung haben. Buchstäblich all Ihre Erfolge verdanken Sie auch anderen Männern und Frauen, die Sie in entscheidenden Momenten unterstützt haben. Die Fähigkeit, andere Menschen in Ihrem Sinn zu beeinflussen, gehört also zu den wichtigsten Fähigkeiten.

So aufzutreten, dass andere Menschen gut mit Ihnen auskommen, gern mit Ihnen zusammenarbeiten und Ihnen den Weg zu Ihren Zielen ebnen, ist enorm wichtig. Aber natürlich ist die Fähigkeit, andere zu beeinflussen, nur die Kehrseite der Medaille: Sie müssen sich auch von anderen beeinflussen lassen. Sie agieren und reagieren. Sie können andere begleiten oder andere motivieren, Sie zu begleiten.

Beziehungen sind der Schlüssel zum Erfolg

Ihr Erfolg wird zum größten Teil von der Zahl und der Qualität der Beziehungen bestimmt, die Sie im Lauf der Zeit knüpfen und pflegen. Beziehungen sind der eigentliche Schlüssel zum Erfolg. Wir alle arbeiten lieber mit Menschen zusammen, die wir kennen und mögen. Je mehr solcher Menschen in Ihrem Leben eine Rolle spielen, desto größer werden Ihre Chancen.

Wir nennen das gern den „Freundschaftsfaktor". Sie würden auch mit niemandem Geschäfte machen wollen, der Ihnen nicht wohlgesinnt ist und sich Ihnen gegenüber nicht loyal verhält. Und umgekehrt werden Sie nur Menschen beeinflussen, denen Sie in irgendeiner Form sympathisch sind. Natürlich können Sie Menschen mit Furcht und Schrecken zu bestimmten Handlungen bewegen, aber dieser Einfluss endet, sobald sie einen Ausweg aus der Situation finden.

Angenehmer und leichter ist es, wenn andere Sie respektieren, wenn Sie an deren Freundschaft appellieren können. Je mehr Zeit Sie mit jemandem verbringen, desto eher wird er Ihnen vertrauen. Und wenn Ihnen die Belange des anderen wirklich am Herzen liegen, wird er sich Ihrem Einfluss öffnen. Das gilt natürlich umso mehr, wenn es um Ihre Beziehung zu Vertretern des anderen Geschlechts geht, um das Verhältnis zu Ihrem Partner oder Ihrer Partnerin, zu Ihren Kindern und zu Freunden. Je eher diese Menschen spüren, dass sie Ihnen am Herzen liegen, desto eher werden sie sich Ihrem Einfluss öffnen.

So gewinnen Sie die Achtung Ihrer Mitmenschen

Aber offenbar spielt die Achtung, die uns andere entgegenbringen, eine Rolle für die Achtung, die wir uns selbst entgegenbringen. Wir lassen nichts unversucht, um uns den Respekt der anderen zu sichern. Praktisch alles, was wir im Leben tun, tun wir letztlich, um die Achtung anderer Menschen zu gewinnen oder nicht zu verlieren. Je deutlicher wir das Gefühl haben, dass uns andere für unsere Art und unsere Erfolge achten, desto stärker werden wir von diesen Personen beeinflusst.

Sie können im beruflichen Zusammenhang zweierlei unternehmen, dass andere Sie mehr achten. Sie können sich erstens mehr Wissen in Ihrem Fachgebiet aneignen. Je eher andere Menschen davon überzeugt sind, dass Sie in Ihrem Bereich ein zuverlässiger Experte sind, desto mehr steigt deren Achtung vor Ihnen. Die am höchsten bezahlten Menschen sind in der Regel jene, die mehr als die anderen über ihr Gebiet wissen. Sie gelten als Experten und daraus wächst ihnen eine gewisse Macht zu. Dank ihres überlegenen Wissens sehen die anderen zu ihnen auf und hören auf sie. Sie sind Meinungsführer und können die anderen dadurch stark beeinflussen.

Die besten Verkäufer sind jene, die ihre Produkte in- und auswendig kennen und daneben über die Stärken und Schwächen der Konkurrenzprodukte gut informiert sind. Es sind jene, die genau wissen, wofür die Produkte verwendet werden und welche Bedürfnisse sie befriedigen.

Ben Feldman ist als Versicherungsvertreter legendär, er hat es bis ins Guinness-Buch der Rekorde geschafft. Es gibt unzählige Artikel und Bücher über ihn und immer wieder geht es darin um die Gründe für seinen legendären Erfolg. Über Jahre verbrachte Ben Feldman zwei Abendstunden mit dem Studium des Versicherungswesens, jeden Abend zwischen zehn Uhr und Mitternacht beschäftigte er sich mit allen Facetten seines Fachs, aber auch mit Verkaufsmethoden, Rhetorik, Überzeugungsarbeit, Finanzplanung, Statistiken und was sonst noch dazu gehört. Ihn interessierte alles, was ihn in den Augen der Kunden kompetent wirken ließ.

Er wurde weithin bekannt für seine unglaubliche Fähigkeit, Lebensversicherungen genau auf die Bedürfnisse einzelner Geschäftsinhaber zuzuschneiden, damit diese sich finanziell auf einem bestimmten Niveau absichern konnten. Er wurde ein wandelndes Versicherungslexikon. Dank seiner Expertenmacht gewann er großen Einfluss auf andere und wurde infolgedessen ein reicher, erfolgreicher und geachteter Geschäftsmann.

Der zweite Weg, andere zu beeinflussen, führt über herausragende Leistungen. Expertise beruht auf Wissen, geht aber darüber hinaus. Expertise heißt, Wissen für die Arbeit zu nutzen und Ergebnisse zu erzielen. Expertise heißt, im eigenen Fachgebiet außerordentliche Leistungen zu erbringen. Männer und Frauen mit Expertenstatus bilden sich kontinuierlich fort. Mit der Zeit werden sie innerhalb ihrer Zunft berühmt.

Zu den wichtigsten Eigenschaften, ohne die jeder Erfolg in unerreichbare Ferne rückt, zählt Ergebnisorientierung, also die Fähigkeit, Arbeiten termingerecht abzuschließen, eine vereinbarte Leistung ordentlich und sachgerecht zu erbringen, ein tadelloses Produkt abzuliefern. Wer für Ergebnisse garantiert, dem ist die Achtung aller gewiss, und wer darüber hinaus stets Höchstleistungen abliefert, dessen Einfluss sprengt schnell den Rahmen des Üblichen.

In jedem Unternehmen gibt es immer nur ein paar Menschen, auf die man sich blind verlassen kann. Wenn solche Menschen eine Aufgabe übernehmen, dann erledigen sie diese nicht einfach nur, sondern setzen dabei neue Maßstäbe. Sie leisten Bedeutsames für ihr Unternehmen und sind dafür hoch angesehen. Wenn sie die Stimme erheben, hören die anderen zu. Ihr Einfluss ist groß und unabhängig von ihrer Position.

Bemühen Sie sich um eine positive Einstellung

Auch eine positive Einstellung verfehlt ihre Wirkung auf andere nicht. Je optimistischer Sie sich und Ihre Arbeit betrachten, desto mehr Einfluss gewinnen Sie auf andere. Emotionen sind ansteckend. Wenn Sie sich für etwas begeistern, reißen Sie andere mit. Je überzeugter Sie von Ihrer Tätigkeit sind, von dem Produkt, das Sie verkaufen, desto positiver wirken Sie auf andere. Dann fällt es Ihnen leichter, das Produkt zu verkaufen, andere von Ihren Ideen zu überzeugen und sie zu den Handlungen zu veranlassen, die Sie sich wünschen.

Navigations-Tipp

Eine positive Einstellung erwerben Sie sich, indem Sie immer nach den guten Aspekten suchen. „Umgekehrt paranoid", so könnte man diese Lebenseinstellung nennen: Es gibt eine Verschwörung, die Sie glücklich und erfolgreich machen will. Achten Sie immer auf den Silberstreifen am Horizont.

Suchen Sie auch bei Problemen oder bei Beschwerden seitens der Kunden nach konstruktiven Möglichkeiten, Einwände in Argumente umzuwandeln, die dafür sprechen, weiterzugehen statt zurückzurudern.

In jedem Unternehmen werden positiv eingestellte Menschen am meisten geschätzt und kommen am ehesten an die Spitze. Negative, schwierige Menschen werden bei Beförderungen übergangen und bei den geringsten Anzeichen einer wirtschaftlichen Abkühlung als Erste entlassen.

Wenn Sie ein positives Buch lesen, eine positive CD hören, sich mit positiv gestimmten Menschen unterhalten, stärken Sie Ihre eigene positive Einstellung.

Das Prinzip der Gegenseitigkeit

Einfluss beruht sehr stark auf dem Prinzip der Gegenseitigkeit. Man sät, was man erntet: Der amerikanische Philosoph Ralph Waldo Emerson sprach vom Gesetz der Kompensation, der Erfolgsbuch-Autor Napoleon Hill vom Gesetz der Überkompensation. Am besten hält man sich an die goldene Regel, die da heißt: Was du nicht willst, das man dir tu, das füg auch keinem andern zu. Oder: Liebe deinen Nächsten wie dich selbst.

Dr. Robert Cialdini, der früher an der University of Arizona lehrte, hat nach langen Forschungen herausgefunden, wie man andere am wirksamsten beeinflusst: Man tut ihnen einen Gefallen. Dann fühlt sich der andere verpflichtet, ebenfalls einen Gefallen zu erweisen.

Wir alle verspüren tief in uns das Bedürfnis, fair mit unseren Mitmenschen umzugehen. Wenn jemand etwas für uns getan hat, wollen wir ihm auch etwas Gutes tun.

Viele erfolgreiche Verkäufer laden potenzielle Kunden gern zum Mittagessen ein. Und während des Essens reden sie nicht über das Geschäft oder über das Produkt oder die Dienstleistung, die sie verkaufen wollen. Sie begnügen sich mit Smalltalk, stellen Fragen und hören zu. Sie schaffen eine Atmosphäre des Vertrauens, konzentrieren sich auf die Beziehung zum anderen. Gegen Ende des Essens erklären sie, sie würden in nächster Zukunft auf den Betreffenden zukommen, um über einige sinnvolle Unterstützungsmaßnahmen zu reden. Dabei lassen sie es bewenden, sie versuchen nicht, irgendetwas zu verkaufen.

Die besten Verkäufer und Geschäftsleute Amerikas sind jene, die zu ihren Kunden ein freundschaftliches, partnerschaftliches Verhältnis haben, die eher darauf achten, was den Partnern helfen könnte, was ihre Lebensqualität verbessern könnte, ohne dass das unbedingt mit dem Produkt zusammenhängen müsste, das sie verkaufen. Sie säen Hilfsbereitschaft und fahren reiche Ernte ein, denn die Kunden wollen sich revanchieren und deswegen kaufen sie.

Navigations-Tipp

Achten Sie immer darauf, was für Freunde und Kunden nützlich sein könnte. Bedanken Sie sich, wenn es passt, schicken Sie Geburtstagskarten oder interessante Zeitungs- oder Zeitschriftenausschnitte. Halten Sie Zusagen ein, achten Sie darauf, dass alles richtig erledigt wird. Je mehr Sie investieren, desto zuverlässiger können Sie am Ende Ihren Lohn einstreichen.

„Kann ich etwas für Sie tun?"

Denkmäler errichten wir nur den Menschen, die etwas geleistet oder gegeben haben, nicht jenen, die sich bedient haben. Wer in unserer Gesellschaft Macht und Einfluss will, muss etwas für andere tun, ohne groß Gedanken daran zu verschwenden, was er dafür zurückbekommt. Je selbstloser wir uns für andere einsetzen, desto sicherer werden wir aus unerwarteter Quelle dafür belohnt.

Wenn Sie sich unterhalten oder jemanden kennenlernen, sollten Sie gewohnheitsmäßig fragen: „Kann ich etwas für Sie tun?" Manchmal können Sie, meistens nicht. Aber allein die Frage hinterlässt einen guten Eindruck. Monate oder Jahre später ruft Sie der Betreffende vielleicht an und bittet Sie um einen Gefallen und den erfüllen Sie ihm dann. Sie werden positiv überrascht sein, welche Wendung Ihr Leben daraufhin nehmen kann.

Zeigen Sie Empathie

Als Pathos bezeichneten die alten Griechen den emotionalen Anteil, der bei jeder Interaktion eine Rolle spielt. Wir Menschen sind zu 100 Prozent emotional. Gleichgültig, was wir tun oder sagen, entschlossen in Angriff nehmen oder schleifen lassen, immer werden wir von den Gefühlen des Augenblicks gelenkt. Um andere für uns zu gewinnen, müssen wir in einer emotionalen Verbindung zu ihnen stehen. Wir müssen die Faktoren erkennen, welche die Gefühle in die eine oder andere Richtung lenken.

Wenn Sie – anders ausgedrückt – ein hohes Maß an Einfühlungsvermögen (Empathie) aufbringen und sich in andere Menschen hineinversetzen lernen, können Sie deren Handlungen und Verhaltensweisen tatsächlich beeinflussen. Je effektiver Sie andere beeinflussen, desto erfolgreicher wird Ihr Berufs- und Privatleben. Sie kommen schneller und müheloser ans Ziel. Sie sparen sich jahrelange harte Arbeit und erreichen trotzdem dasselbe.

Navigations-Tipp

Je eher Menschen Sie als einfühlsam und sensibel erleben, desto eher lassen sie sich für Ihre Ideen gewinnen.

Charles Schwab, Ex-President von US Steel, hat gesagt: „Ich zahle Höchstpreise für die Fähigkeit, mit anderen auszukommen." So denken viele Entscheidungsträger. Je sozialverträglicher Sie sind, desto gefragter wird Ihre Arbeitskraft sein. Alles Gute, das Ihnen im Lauf Ihrer Karriere widerfährt, hängt mit Ihren sozialen Fähigkeiten zusammen. Der persönliche Umgang entscheidet im Grunde über Ihr Wohl und Wehe. Wer im Menschlichen „Experte" ist, bringt es weiter als der Durchschnitt!

Umgekehrt ist soziale Unfähigkeit der Grund, der am häufigsten zur Entlassung führt. Das Carnegie Institute hat über 10.000 Fälle untersucht. Nur 5 Prozent der Männer und Frauen wurden wegen Rezession, mangelnder fachlicher Kenntnisse oder Inkompetenz entlassen, 95 Prozent hingegen aufgrund persönlicher Querelen. Hauptursache war die Unfähigkeit, mit den Kollegen am Arbeitsplatz auszukommen.

Im modernen Verkauf und Marketing bedeutet Empathie die Fähigkeit, tief sitzende, unbewusste Wünsche potenzieller Kunden anzusprechen. Als Verkäufer müssen Sie einen ausgeprägten Spürsinn für die Gefühle anderer haben. Sie hören genau zu und verstehen, zwischen den Zeilen zu lesen, wissen Sie doch, dass neben allem, was gesagt wird, vieles ungesagt bleibt. Das Kunststück besteht darin, Ihr eigenes Ego auszuschalten und sich ganz auf den anderen Menschen zu konzentrieren. Dann bekommen Sie Zugang zu Sorgen und Ängsten, die Ihnen garantiert entgangen wären, wenn Ihnen die eigene Botschaft wichtiger gewesen wäre.

Den größten Einfluss auf andere gewinnen Sie wohl dann, wenn Sie aufmerksam Fragen stellen und sich die Antworten anhören. Zuhören ist eine vertrauensbildende Maßnahme. Je mehr Sie auf das hören, was ein Mensch zu sagen hat – auf das, was er wirklich sagt –, desto eher wird Ihnen dieser Mensch vertrauen und sich Ihrem Einfluss öffnen.

Die Erfolgsformel

Man kann beruflichen Erfolg oder Misserfolg auf eine einfache Formel bringen:

$$T \times B = P$$

T steht für *Talent*, für den ganzen Background an Fähigkeiten, Kenntnissen, Bildungsabschlüssen und Erfahrungen. Das B steht für die *Beziehungen* zu Vorgesetzten, Kollegen und Mitarbeitern. Das P schließlich bedeutet *Produktivität*, könnte aber auch für Profitabilität stehen. Auf jeden Fall ist die Formel einfach und erklärt vieles, was am Arbeitsplatz geschieht.

Auch wenn Sie nicht viel von Mathematik verstehen, wissen Sie sicher, dass das Produkt umso größer ausfällt, je größer die miteinander multiplizierten Zahlen sind. Je intensiver Sie an sich selbst und Ihren zwischenmenschlichen Fähigkeiten arbeiten, desto größere Erfolge sind Ihnen sicher und desto mehr Macht und Einfluss werden Sie bekommen.

Wir leben in einer Leistungsgesellschaft. Wir werden für Verdienste belohnt, für den Wert, den unser Beitrag für andere und für unseren Arbeitgeber generiert. Es gibt natürlich Ausnahmen, aber im Regelfall werden wir in direkter Relation zu unserer Fähigkeit bezahlt, für andere Menschen beziehungsweise Unternehmen Ergebnisse zu produzieren.

Für manche Menschen ist es schwer, das zu akzeptieren. Wir bekommen nicht, was wir wollen, sondern was wir verdienen, also genau das, was wir an Wertbeitrag liefern. Unser Verdienst spiegelt unseren Beitrag zu der Welt, in der wir leben. Wenn wir mehr verdienen wollen, müssen wir mehr beitragen.

Die Grundlagen für Ihren beruflichen Erfolg legen Sie, indem Sie Ihr Fach beziehungsweise Ihren Beruf brillant beherrschen.

Navigations-Tipp

Beschränken Sie sich in Ihrem Job auf die wirklich wichtigen Dinge und erledigen Sie diese stets zur allergrößten Zufriedenheit der Auftraggeber. Wenn man Sie für diese Arbeitsweise erst einmal kennt, stehen Ihnen immer mehr Türen offen. Man wird Ihnen gern helfen, Ihre Talente auf höherer Ebene einzusetzen.

Der zweite Teil der Gleichung ist entscheidend. Ihre zwischenmenschlichen Fähigkeiten entscheiden mehr als alles andere über den Gewinn, den Sie aus Ihren Talenten ziehen können. Sie müssen sich der Kollegialität und Unterstützung der Menschen versichern, die Ihnen weiterhelfen und den Weg zu Ihren Zielen ebnen können.

Damit sind wir bei dem Begriff der Kundenzufriedenheit. Ausnahmslos jeder Mensch ist auf zufriedene „Kunden" angewiesen. Sie sind der Schlüssel zu privatem, geschäftlichem und finanziellem Erfolg. Wie viel Sie verdienen, welche Position Sie erklimmen: Alles steht in direktem Verhältnis zu Ihrer Fähigkeit, Kunden zufrieden zu stellen, indem Sie ihnen zum richtigen Zeitpunkt und für einen angemessenen Preis das geben, was sie wollen.

Welche Position Sie auch bekleiden, was immer Sie tun, Sie haben Kunden. Der Kunde lässt sich als Person definieren, deren Zufriedenheit Ihr Einkommen und die Geschwindigkeit bestimmt, mit der Sie die Karriereleiter erklimmen. Der Kunde ist die Person, die nutzt, was Sie produzieren. In diesem Punkt konkurrieren Sie mit allen, die ebenfalls ihr Einkommen steigern und die Karriereleiter hinaufklettern wollen.

Guter Umgang mit dem Chef

Kunde Nummer eins ist Ihr Chef. Manche Menschen verstehen Chefs als notwendiges Übel, aber wenn Sie alle außer Ihrem Boss zufrieden stellen, wird sich Ihr Berufsleben eher ungemütlich gestalten und den Aufstieg können Sie vergessen. Wenn Ihr Chef über längere Zeit mit Ihnen unzufrieden ist, bekommen Sie Probleme und werden vielleicht sogar entlassen.

Navigations-Tipp

Lassen Sie Ihr bisheriges Berufsleben Revue passieren und erinnern Sie sich an die besten Zeiten. Fällt Ihnen auf, dass Sie sich damals auch mit Ihrem Chef bestens verstanden haben? Je zufriedener Vorgesetzte mit Ihnen und Ihrer Arbeit sind, desto besser für Sie.

Versetzen Sie sich in die Lage Ihres Chefs oder Ihrer Chefin. Das ist der erste Schritt, um gut mit Vorgesetzten auszukommen. Was braucht sie oder er von Ihnen, um die eigenen Ziele zu erreichen? Auch wenn Sie selbstständig sind, haben Sie Chefs: Ihre Kunden, die Menschen, die Ihnen Ihr Produkt oder Ihre Dienstleistung abkaufen. Und dann gibt es noch die Mitarbeiter in der Bank, von der Sie einen Kredit haben wollen, und die Lieferanten und all die anderen, ohne die Sie Ihr Geschäft nicht betreiben könnten.

Ist Ihre Vorgesetzte eine Abteilungsleiterin, dann hat diese Frau sehr viele Menschen über, unter und neben sich zufrieden zu stellen, wenn sie ihren Job nicht verlieren und Erfolg haben will. Vorgesetzte sind in jedem Fall die wichtigsten Kunden überhaupt. Wenn Sie beruflich vorankommen wollen, müssen Sie mit Vorgesetzten auf einer Wellenlänge liegen und deren Bedürfnisse zu den Ihren machen.

Es gibt zwei Methoden, wie Sie herausfinden können, was Ihrem Chef am wichtigsten ist. Legen Sie erstens eine Liste mit sämtlichen Aufgaben und Tätigkeiten an, die zu Ihrer Stelle gehören. Notieren Sie, für welche Ergebnisse man Sie eingestellt hat. Anders gesagt, beantworten Sie sich die Fragen: „Wofür werde ich bezahlt?" beziehungsweise „Welche Leistungen werden von mir erwartet?"

Schreiben Sie auf, zu welchem Zweck Ihre Stelle eingerichtet wurde. Das muss nicht unbedingt mit den Tätigkeiten übereinstimmen, die in der Stellenbeschreibung vermerkt sind. Welcher Output wird verlangt, welche abgeschlossenen Einheiten werden für den Nächsten in der Kette zum Input?

Gehen Sie mit der Liste zu Ihrem Vorgesetzten und besprechen Sie mit ihm, welche Bereiche Vorrang haben. Er soll Ihnen sagen, was besonders wichtig ist und was vernachlässigt werden kann. Anschließend sollten Sie mit ihm erörtern, was er in den jeweiligen Bereichen im Einzelnen von Ihnen erwartet. Und: Nach welchen Kriterien werden die Ergebnisse bewertet? Wie können Sie beide wissen, ob eine Aufgabe erfolgreich erledigt wurde?

Wenn Sie beispielsweise im Vertrieb arbeiten, könnte Ihr Chef besonderen Wert auf die Absatzzahlen legen. Um einen definierten Level zu erreichen, müssen Sie eine bestimmte Anzahl Anrufe, Präsentationen, Angebote und Abschlüsse erbringen. Das sind in der Regel Orientierungswerte. Wenn Sie eine genaue Aufschlüsselung dieser Zahlen haben, können Sie im Fall einer Underperformance darauf verweisen, dass Sie alle anderen Bereiche gut erfüllt haben und die Absatzzahlen bald folgen werden.

Navigations-Tipp

Nichts ist beruflich frustrierender, als nicht zu wissen, was erwartet wird. Ist nicht klar, was Sie genau leisten sollen oder nach welchen Kriterien Ihre Leistungen bewertet werden, sind Sie unter Umständen schnell entmutigt und demotiviert. Um das zu vermeiden, sollten Sie sich die Zeit nehmen und mit Ihrem oder Ihrer Vorgesetzten Prioritäten, Termine und Maßstäbe besprechen.

Der zweite Weg zu Prioritäten führt über ein großes Blatt Papier oder eine Tafel und Post-it-Zettel. Schreiben Sie Ihre Aufgaben einzeln auf die Zettel und kleben Sie diese, geordnet nach Wichtigkeit, auf den Papierbogen. Kopieren Sie das Gesamtergebnis, geben Sie Ihrem Chef den Originalbogen und bitten Sie ihn, die Haftzettel nach seinen Vorstellungen zu ordnen.

Sie werden vielleicht verblüfft sein, was dabei herauskommt. Es könnte sein, dass Sie Dinge für extrem wichtig gehalten haben, die Ihrem Vorgesetzten nebensächlich erscheinen – und umgekehrt. Solche Unterschiede in der Einschätzung können zu erheblichen Verstimmungen führen. Sie schulden es sich, Ihrem Chef und Ihrer Zukunft, Prioritäten glasklar benennen zu können und zu wissen, was Sie zuerst machen müssen und was liegen bleiben kann.

Die beste Kommunikation im Beruf ist die, die sich auf die Erledigung von Aufgaben konzentriert, auf das Lösen von Problemen, auf die Beseitigung von Hindernissen. Mit klaren Prioritäten und klarer Ergebnisverantwortung können Sie effizient mit Vorgesetzten kommunizieren.

Navigations-Tipp

Bereiten Sie für jedes Treffen eine Tagesordnung vor. Notieren Sie sich, was Sie mit Ihrem Chef besprechen wollen. So werden Meetings viel effizienter und kürzer und Sie werden feststellen, dass Ihr Chef eher bereit sein wird, sich mit Ihnen zusammenzusetzen. Die Aufgaben werden schnell abgehandelt und die Arbeit läuft im Sinn aller Beteiligten. Sie erhalten neue Informationen. Sie lernen daraus und erfahren vieles, was Ihnen ermöglicht, Ihre Arbeit noch besser zu tun. Und Ihr Chef erfährt, wie schnell Sie wie viel erledigen.

Es gibt zwei Dinge, die Sie nicht nur in der Kommunikation mit Vorgesetzten beherrschen müssen: Reden und Zuhören. Ein mächtiges Instrument im Dienst einer guten Beziehung sind Fragen. Notieren Sie die Antworten Ihres Vorgesetzten!

In der Zusammenarbeit mit Kollegen und Mitarbeitern sollten Sie die goldene Regel beachten: Behandeln Sie sie so, wie Sie selbst behandelt werden möchten. Seien Sie Kollegen gegenüber respektvoll und hilfsbereit, seien Sie einfühlsam und sensibel und lassen Sie niemanden darüber im Unklaren, wofür er bezahlt wird. Nehmen Sie sich die Zeit, Mitarbeiter gut einzuarbeiten. Stellen Sie die Prioritäten klar. Bitten Sie darum, dass Ihre Mitarbeiter mit einer schriftlichen Tagesordnung in Besprechungen kommen, und arbeiten Sie diese zusammen mit ihnen ab.

Zwischenmenschliche Kompetenz kann man wohl am besten so zusammenfassen: Der interne Fokus liegt auf den Menschen in der Organisation, der externe auf den Kunden. Auch Sie sollten Ihre Aufmerksamkeit auf exzellente Leistungen richten und ebenso positiv wie produktiv mit den Menschen um sich herum auf allen Ebenen zusammenarbeiten.

Denken Sie daran: Auf die Menschen kommt es an. Produktivität geht auf Menschen zurück. Treffen Sie jetzt die Entscheidung, ein Beziehungsexperte zu werden, nehmen Sie sich fest vor, mit den Menschen in Ihrem Umfeld gut auszukommen. Es wird sich ganz erstaunlich auf Ihr Einkommen, Ihre Karriere und Ihre Zukunftschancen auswirken.

8. Suggestion: Wie Sie sich selbst und andere positiv beeinflussen

In Kapitel 7 haben wir Ihnen aus amerikanischer Sicht dargelegt, wie Sie Ihre Mitmenschen für sich und für Ihre Ideen gewinnen. Hier wenden wir uns nun einem sehr speziellen und vielfach bewährten Instrument der positiven Beeinflussung zu: der Suggestion.

Jeden Tag sind wir Suggestionen ausgesetzt, sei es in der TV-Werbung oder in einem Verkaufsgespräch mit dem Autohändler. Auch wenn der Arzt sagt: „In drei Tagen sind Sie wieder gesund", ist dies eine Suggestion.

Die beste Methode, um Ihre beruflichen und privaten Ziele zu erreichen, ist die Suggestion, die Beeinflussung anderer, oder die Autosuggestion, die Selbstbeeinflussung. Bevor Sie jedoch andere Menschen positiv beeinflussen, müssen Sie das mit sich selbst tun. Sie programmieren Ihr Unterbewusstsein auf Erfolg und auf die Entfaltung der Potenziale, die in Ihnen schlummern.

Navigations-Tipp

Nur wer sich selbst begeistern und positiv programmieren kann, hat die Fähigkeit, dies auch mit anderen zu tun.

Autosuggestion und Unterbewusstsein

Die wichtigste Kunst im Leben ist die Selbstbeeinflussung, die Autosuggestion. Jeder kann mit Autosuggestion arbeiten. Wichtig ist die richtige Formel. Wie geht das?

Das ganze Leben eines Menschen ist ein Prozess gegenseitiger Beeinflussung von Körper und Seele. Solange der Mensch lebt, sind Körper und Seele eine Einheit, erst beim Tode trennen sich Seele und Körper. Wie ist nun die Entscheidungszentrale des Menschen programmiert? Aus wie vielen Schichten besteht unser Bewusstsein?

Das Bewusstsein der Menschen besteht, soviel uns heute bekannt ist, im Wesentlichen aus drei Schichten:

1. *Das Bewusstsein, das Ich:* Es analysiert die Erfahrungen im Gehirn. Hier liegt unser Urteils- und Kritikvermögen. Nur 5 Prozent unserer Handlungen werden im Laufe des Tages davon gesteuert. Alles andere geschieht unbewusst.
2. Darunter liegt *das Unterbewusstsein:* Hier wird das Leben wirklich gestaltet. Es ist kein Gewissen, es ist ein Ausführungsorgan. Es führt alle Befehle aus, die es empfängt – positive wie negative. Denn das Unterbewusstsein hilft, die Wünsche des Menschen zu realisieren. 95 Prozent unserer Lebensaufgaben werden vom Unterbewusstsein vollbracht.
3. *Das kollektive Unterbewusstsein, das Urwissen:* Hier sind alle Erfahrungen gespeichert, seit es Menschen gibt.

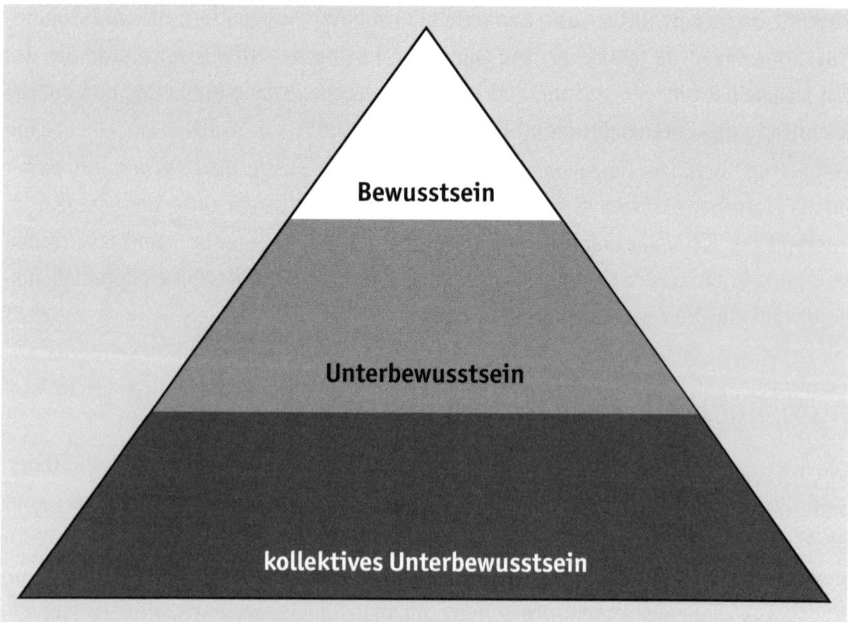

Die drei Schichten des menschlichen Bewusstseins

Wichtig für den Erfolg des Menschen ist, aus seinem Bewusstsein jederzeit auf seine Schatzkammer, das Unterbewusstsein, zugreifen zu können. Am besten geschieht dies in der Phase der Entspannung, im sogenannten Alpha-Zustand. Bisher war Ihnen vielleicht gar nicht bewusst, welche Informationen Ihr Unterbewusstsein aufgenommen hat: negative Botschaften, schlechte Erfahrungen, persönlichkeitszerstörende Angriffe von Menschen, die – aus welchem Grund auch immer – Ihnen Schlechtes wollten. Ab sofort können Sie das ändern!

Wenn Sie in einem Restaurant eine verdorbene Speise serviert bekommen, lehnen Sie ab, diese zu essen. Andererseits: Wie viele Negativbotschaften lassen Sie täglich an sich heran und nehmen Sie auf? An wen haben Sie das Recht delegiert, Ihr Unterbewusstsein zu beeinflussen?

Von früh bis spät werden wir mit Informationen, Meinungen und Gefühlen überflutet. Dabei spielt es keine Rolle, ob diese von Freunden, Feinden, dem Fernsehen oder Radio stammen. Sobald wir Worte aufnehmen, gelangen diese in unser Unterbewusstsein und beginnen dort, unsere Denkweise und unser Verhalten zu beeinflussen.

Hier sollten Sie das Steuer selbst in die Hand nehmen. Wer sich nicht selbst beeinflussen kann, lässt sich von anderen steuern. Und die Selbstbeeinflussung, die Autosuggestion, erreichen Sie, wenn Sie Ihr Unterbewusstsein besprechen. Ja, Sie haben richtig gelesen: Nicht bedenken, sondern besprechen. Das gesprochene Wort hat eine wesentlich stärkere Wirkung auf das Unterbewusstsein als ein „lautloser" Gedanke. Der Gedanke oder Wunsch muss ausgesprochen werden, damit er ins Unterbewusstsein eindringen kann. Geben Sie Ihrem Unterbewusstsein im Zustand der Entspannung mit dem gesprochenen Wort Befehle – und Sie werden staunen, wie Ihnen das Unterbewusstsein dabei hilft, Ihre Wünsche (Befehle) auszuführen. Blocken Sie alle Negativeinwirkungen ab, lassen Sie nur noch zu, dass Ihr Unterbewusstsein mit positiven Informationen gefüttert wird. Konsequente Autosuggestion überwindet den Einfluss der Vergangenheit – sei es durch Erlebnisse, Lehrer oder Eltern.

Kritische Zeitgenossen mögen hier einwenden, dass man doch nicht die Augen und Ohren vor allem Schlechten der Welt verschließen kann. Nein, soll man auch nicht. Wir wiederholen: Erfolg heißt Probleme lösen. Und dazu muss man ein Problem als solches erkennen. Davor kann man nicht Augen und Ohren verschließen. Aber es ist sehr wohl ein Unterschied, ob man ein Problem als eine zu lösende Aufgabe betrachtet oder als ein unlösbares, schweres Schicksal, dem man hilflos ausgeliefert ist, an dem man scheitern wird, das einen zerstört. Positiv programmieren heißt Probleme als solche erkennen, sie als Mittel zum Erfolg begreifen.

Mit Autosuggestion können Sie direkt auf Ihr Unterbewusstsein einwirken und Folgendes erreichen:

1. Negative Programmierungen und Fremdprogrammierungen durch eigene positive Programmierungen ersetzen
2. Zielvorstellungen eingeben
3. Aufbauende Denkstrukturen verstärken

Im nächsten Abschnitt erklären wir Ihnen die genaue Vorgehensweise zur Autosuggestion. Es wird eine gewisse Zeit dauern, bis die Programmierung greift. Wird bei einem Schiff der Motor abgestellt, bleibt dieses nicht augenblicklich auf der Stelle stehen, sondern fährt noch eine Weile weiter. Ebenso verhält es sich im Leben: Wenn man 20 Jahre lang Fehler gemacht hat, kann man nicht von einer Stunde auf die andere ausschließlich positiv und erfolgreich handeln. Eine gewisse Zeit ist notwendig, bis die neue Programmierung wirkt.

Seien Sie also nicht enttäuscht, wenn Sie nach dem ersten Üben nicht gleich in einen Taumel der Freude geraten. Lassen Sie sich nicht entmutigen, denn es kommt der Augenblick, in dem Sie die Veränderung Ihres Lebens erfahren. Bei der Autosuggestion gilt: je häufiger, desto besser. Sie muss zur Gewohnheit werden. Tief in uns haben wir alle ungeheure Reserven an Willenskraft, Intelligenz und Gesundheit. Wir lernen durch unsere Übungen, diese Quellen zu erschließen.

Sehr viel Lebenskraft vergeuden wir durch Unschlüssigkeit und Wankelmut, weil unser Denken ständig hin- und herschwankt. Unsere besten Kräfte können nicht wirksam werden. Die Programmierung ist eine dynamische Konzentrationsübung. Wir überwinden unsere Ruhelosigkeit, die uns häufig in gefährliche Abenteuer treibt. Wir setzen Wachstumsreize, überwinden negative Gewohnheiten, unsere Persönlichkeit erblüht, wir erlangen seelische Freiheit.

Was bringt Ihnen Autosuggestion?

- Sie können Ihre Ziele leichter erreichen.
- Sie leben Ihr Leben selbstbestimmt.
- Sie können besser mit Krisen und Problemen umgehen.

Was im Alpha-Zustand möglich ist

Neue Programmierungen gelingen am leichtesten im entspannten Zustand. In diesem sogenannten Alpha-Zustand öffnet sich das Gehirn für neue Informationen.

Mithilfe eines Elektroenzephalogramms (EEG) kann man den Rhythmus der Gehirnströme lesen. Ärzte und Forscher können so erkennen, in welchem Zustand sich ein Mensch befindet. Es werden insgesamt vier verschiedene Hirnfrequenzen unterschieden:

- *Delta-Zustand:* Bei einer Wellenlänge von 0 bis 4 Hertz befindet sich der Mensch in einem traumlosen, tiefen Schlaf. In diesem Zustand ist er am entspanntesten, der Körper regeneriert sich.
- *Theta-Zustand:* Bei 4 bis 7 Hertz ist der Mensch nicht mehr ganz so tief entspannt, er schläft oder meditiert. In diesem Stadium der Hirnaktivität können sich Intuition und Kreativität gut entfalten.
- *Alpha-Zustand:* Bei dieser Hirnfrequenz ist der Mensch geistig hellwach, aber völlig entspannt. Die Gedanken sind ruhig, er atmet tief und gleichmäßig und fühlt sich wohl. In der Alpha-Phase beträgt die Hirnfrequenz zwischen 7 und 14 Hertz. In der ersten Kurztraumphase – also in der REM-Phase – produziert es zwischen 15 und 35 Hertz. Die Alpha-Phase wird kurz vor dem Einschlafen erreicht.
- *Beta-Zustand:* Anders als in Alpha, empfinden wir bei einer Wellenlänge von 15 bis 35 Hertz Anspannung bis Angst, das Gehirn ist in höchster Aufregung und ganz auf „Angriff" oder „Flucht" eingestellt. Der Mensch wirkt hektisch und nervös; er ist nicht in der Lage, neue Informationen am Rand seines eingeengten Denkens aufzunehmen.

Die meisten Menschen sind im Lauf des Tages im Beta-Zustand, das heißt, sie sind innerlich und äußerlich angespannt. Ihre Gedanken sind festgefahren und blockiert und bleiben an der Oberfläche, im rein intellektuellen Bereich. Selbst die besten Argumente erreichen die tieferen Schichten, das Unterbewusstsein, nicht und können daher auch nicht überzeugen. Das Gehirn ist eingeengt, das Tor zum Unterbewusstsein ist verschlossen. Beta steht für Kampf, für Abwehr, für Krieg, für Nein. Kopfschmerzen, Migräne, Muskelverspannungen, Magenkrämpfe – alles deutliche Zeichen für Beta. In Beta ist die linke Gehirnhälfte hoch aktiv, die rechte dagegen so gut wie ausgeschaltet. Weil heutzutage Hektik und Stress fast überall an der Tagesordnung sind, ist uns der Beta-Zustand zur Gewohnheit geworden. Wir sind gewöhnt, unter Zeitdruck zu arbeiten, uns ständig mit anderen Menschen auseinanderzusetzen, wir giften uns im Straßenverkehr an, anstatt uns an unsere gute Erziehung zu erinnern und auch mal anderen Vorfahrt zu gewähren.

Dabei könnte alles viel entspannter zugehen – im wahrsten Sinn des Wortes! In Alpha arbeitet das Gehirn am besten, ungesunde Spannung fällt von Ihnen ab. In diesem Zustand sind Sie hellwach und optimal aufnahmefähig. Lösungen für Probleme fallen Ihnen fast wie von selbst ein. In dieser Phase sind Sie intuitiv und Ihre schöpferischen Talente können sich entfalten. Das Tor zum Unterbewusstsein öffnet sich weit. Angesichts dieser vielen positiven Punkte wäre es natürlich ideal, möglichst viele Stunden des Tages in Alpha zu verbringen! Dann stünde Ihnen Ihr gesamtes Potenzial zur Verfügung.

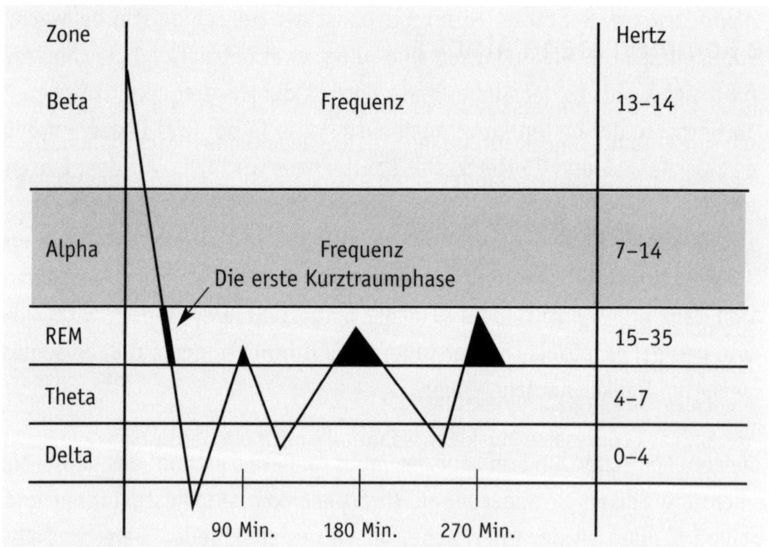

Die Stufen unseres Bewusstseins: Wann sind wir hellwach – wann nehmen wir etwas auf – wann verarbeiten wir – wann lernen wir am besten?

Die Stufen unseres Unterbewusstseins

Die Wirkung von Alpha

1. In Alpha ist das Gehirn am lernfähigsten.
2. In Alpha ist der Mensch am reaktionsfähigsten.
3. In Alpha kann man sich am leichtesten von seinen falschen Programmierungen lösen und am besten neue Programme einprägen.
4. In Alpha lernt der Mensch, sein volles Potenzial zu nutzen.
5. In Alpha überwindet der Mensch seine Begrenzungen.
6. Alpha mobilisiert Energien zu neuem Handeln.
7. In Alpha schwindet die Angst; es wächst der Glaube, der Berge versetzen kann.

So werden Spitzenleistungen möglich.

Wie kommen Sie in Alpha?

In Alpha, die Entspannungsphase, zu kommen ist leichter, als Sie denken. Legen Sie sich Ihre Lieblingsmusik auf, lassen Sie Ihre Gedanken einfach ziehen. Ihr Geist, Ihre Seele und Ihr Körper gelangen dann automatisch in eine Tiefenentspannung. Können Sie auf diese Weise nicht „abschalten", dann probieren Sie eine andere Methode aus, um gezielt den Alpha-Zustand zu erreichen:

- Atemtraining
- Meditation
- Mentales Training („Treppenübung")
- Yoga, Zen, progressive Muskelentspannung nach Jacobsen etc.
- Besprochene CDs

Für Sie ist wichtig, die Methode zu finden, die Ihnen am besten zusagt, bei der Sie sich spontan am wohlsten fühlen. Am bequemsten erreichen Sie die Tiefenentspannung, wenn Sie CDs anhören. Sie können sich dabei nicht nur entspannen, sondern sich auch neue, bessere Programmierungen einprägen.

Gewöhnen Sie sich an, mindestens einmal täglich eine bewusste Entspannung herbeizuführen. Übung macht den Meister! Wenn Sie etwas Übung haben, genügen einige Minuten „Auszeit“, um Kraft zu tanken, Ruhe zu finden und sich zu sammeln. Das hält Sie leistungsfähig!

Entspannung durch Atemübungen

Atemübungen sind eine einfache und schnelle Möglichkeit, um zu Tiefenentspannung zu gelangen. Atem und Zustand Ihrer Psyche sind untrennbar. Stress, Ärger und Aggressionen bewirken, dass Sie schnell atmen und vergleichsweise wenig Sauerstoff pro Atemzug aufnehmen. Alles bedingt sich gegenseitig: Wenn Sie schlecht atmen, haben Sie schlechte Nerven, können sich schlecht konzentrieren und sind eingeschränkt leistungsfähig. Umgekehrt gilt: Eine bessere Atmung verbessert das Lebensgefühl und steigert die Leistungsfähigkeit.

Machen Sie sich diese Erkenntnis zunutze und trainieren Sie Ihren Atem. Lernen Sie, bewusst in den Bauch hineinzuatmen. Streben Sie sechs oder sieben Atemzüge pro Minute an, dann nähern Sie sich dem Idealzustand von Alpha. Mit der folgenden Übung entwickeln Sie mehr Gefühl für Ihren Atem.

Übung

Ziehen Sie sich an einen Ort zurück, an dem Sie nicht gestört werden. Machen Sie es sich bequem: Setzen oder legen Sie sich hin, öffnen Sie alle Kleidungsstücke, die Sie beengen, wie Gürtel, Krawatte etc. Überhaupt sollten Sie sich richtig wohlfühlen. Sie dürfen dafür gern Entspannungsmusik einlegen oder Kerzen anzünden.

Lassen Sie sich Zeit, spüren Sie einfach nur, wie Sie atmen. Legen Sie Ihre Hände auf die Bauchdecke und atmen Sie ruhig. Oft fängt das Herz an, schneller zu schlagen, weil Sie jetzt ein wenig aufgeregt sind. Das macht nichts. Achten Sie nicht weiter darauf. Atmen Sie einfach weiter – ruhig und gleichmäßig.

Jetzt konzentrieren Sie sich auf Ihren Atem. Die Konzentration auf Ihre Atmung macht Sie ruhig. Atmen Sie langsam und tief ein, spüren Sie, wie der Sauerstoff Ihre Lungen füllt und in den Bauchraum gelangt. Die Bauchdecke wölbt sich. Sie spüren, wie zusammen mit der Luft Energie in Ihren Körper gelangt. Dann atmen Sie langsam aus. Ihre Bauchdecke senkt sich. Spüren Sie, wie mit der verbrauchten Luft auch der Ärger, die Sorgen, die ängstlichen Gedanken verschwinden. Sie atmen wieder tief ein, nehmen den

Energie spendenden Sauerstoff auf, der Ihren Körper und Ihren Geist belebt. Sie registrieren, wie sich Ihre Muskulatur lockert; wie Ihr Kopf frei und klar wird.
Jeden Atemzug machen Sie bewusst. Dabei stellen Sie sich vor, wie Sie beim Einatmen Energie und Kraft aufnehmen und beim Ausatmen alle Belastungen verschwinden. Die Anspannung lässt nach, Sie werden geistig und körperlich locker und frei.
Sie atmen tief und gleichmäßig und fühlen sich einfach nur wohl, leicht und beschwingt.
Bleiben Sie in diesem Zustand, solange Sie wollen.

Trainieren Sie diese Entspannungsatmung jeden Tag. Das ist jederzeit und an jedem Ort möglich. Wenn Sie etwas Übung haben, werden Sie merken, dass sich Körper und Geist mit dem bewussten Atmen aufladen lassen. Dann können Sie sich auch schnell mal zwischen zwei anstrengenden Besprechungen entspannen und Energie tanken. Diese Methode hat sich auch sehr bei Unruhe und Angstzuständen bewährt. Mit jedem Atemzug fallen Ängste, Nervosität und Hektik von Ihnen ab.

Andere Wege in Alpha

Neben dem Atemtraining gibt es viele andere Wege, um zur Tiefenentspannung zu gelangen. Aus den verschiedenen Möglichkeiten möchten wir das mentale Training herausgreifen und kurz erklären.

Nikolaus Enkelmann hat eine eigene Methode des mentalen Trainings entwickelt. Im Gegensatz zum herkömmlichen autogenen Training lautet die klassische Formel nicht „Arme und Beine werden müde und schwer", sondern dem Trainierenden wird Leichtigkeit und Freiheit suggeriert. Dies ist nämlich notwendig, um sich zu entspannen und die Muskeln zu lockern. Mit folgendem mentalen Training erreichen Sie die Tiefenspannung.

Übung

Machen Sie es sich bequem, lassen Sie sich nicht stören. Atmen Sie tief und ruhig, spüren Sie, wie der Atem Ihre Bauchdecke hebt und senkt. Dann stellen Sie sich vor:

Sie stehen auf einer schönen Treppe.
(Dieses Bild sollten Sie fest in sich verankern und mit möglichst vielen Details ausschmücken: beispielsweise eine weiße, breite Marmortreppe mit geschnitztem Geländer. Immer wenn Sie in Alpha kommen, sollten Sie dieses Bild aktivieren.)
Nun gehen Sie Schritt für Schritt die Treppe nach unten. Machen Sie jeden Schritt bewusst. Dabei zählen Sie rückwärts von zehn bis null. Bei null sind Sie nicht nur am Treppenende angelangt, sondern Sie sind auch in Alpha. Fühlen Sie jetzt die Entspannung, die tiefe Ruhe in sich?
Jetzt gehen Sie langsam weiter nach unten. Tiefer und tiefer gelangen Sie in die Entspannung. Jedes Mal, wenn Sie ausatmen, kommen Sie noch ein wenig tiefer in den Entspannungszustand. Je tiefer Sie entspannt sind, desto weniger können störende Gefühle entstehen. Der Körper kann kein Adrenalin erzeugen, weder Angst noch Nervosität kann sich entwickeln. Stattdessen können Sie Kraft aus Ihrem Unterbewusstsein schöpfen, können Wissen aus dem kollektiven Unterbewusstsein abrufen. Jetzt haben Sie den optimalen Zustand erreicht, in dem Ihr Unterbewusstsein wie Wachs ist. Sie können ihm jetzt alle Befehle geben. Sprechen Sie Ihre Autosuggestionen.
Verweilen Sie in diesem angenehmen Zustand der Entspannung, tanken Sie so viel Kraft, wie Sie wünschen oder benötigen. Dann können Sie wieder ins Tagesbewusstsein zurückkehren. Gehen Sie jetzt die Treppe nach oben und dabei zählen Sie langsam von null bis zehn. Bei zehn sind Sie oben. Jetzt strecken und recken Sie sich, dehnen sich wie eine Katze nach dem Schlaf – und Sie sind wieder ganz im Hier und Jetzt, können kraftvoll Ihre Aufgaben anpacken.

Die tiefenwirksame Kurzformel lautet:

Bequem machen, abschalten, tief und gleichmäßig atmen.
Stellen Sie sich die Treppe deutlich vor.

Von zehn bis null zählen und dabei die Treppe nach unten gehen.
Dort verweilen, solange Sie können oder möchten.
Dann wieder nach oben gehen und dabei von null bis zehn zählen.

Wenn Sie ein Alpha-Profi geworden sind, dann können Sie sich blitzschnell in Alpha versetzen, und zwar mit dieser Kurzformel:

Zählen Sie rückwärts von zehn bis null.

Wie Sie die Autosuggestion anwenden

Grundsätzlich gibt es zwei Wege der Selbstbeeinflussung: die passive und die aktive Autosuggestion.

Die *passive* Autosuggestion wirkt sehr entspannend und zielt auf die Stärkung des Unterbewusstseins ab. Am besten praktizieren Sie sie abends im Bett. Wählen Sie dazu eine besprochene Kassette oder CD aus. Schalten Sie jeden Abend, wenn Sie ins Bett gehen, Ihren CD-Player oder Kassettenrekorder an und programmieren Sie so Ihr Unterbewusstsein. Am einfachsten funktioniert die Autosuggestion mit Kopfhörern. Sie können ruhig schlafen, während die Kassette oder CD läuft, denn die Suggestionen erreichen ungehindert Ihr Unterbewusstsein. Während der Traumphasen werden die neuen positiven Gedanken verarbeitet.

Die *aktive* Autosuggestion erleben Sie im Gegensatz zur passiven Autosuggestion sehr bewusst, weil Sie diese vor dem Spiegel üben. Wählen Sie dafür einen bereits formulierten Text (siehe unten) oder Ihren eigenen, individuellen Text. Achten Sie dabei unbedingt darauf, dass Sie positiv formulieren. Lassen Sie alle negativen Worte weg wie „Misserfolg", „Neid", „Krankheit" und „nicht". Sagen Sie nicht „Der Kunde sagt nicht Nein", sondern „Der Kunde gibt mir den Auftrag". Denken Sie nicht darüber nach, was nicht in Ordnung ist, sondern befassen Sie sich damit, was Sie wollen oder verbessern möchten.

Formulieren Sie immer in der Zukunft. Bereits in der Formulierung gehen Sie davon aus, dass der gewünschte Zustand Realität ist. Das verstärkt die Suggestion noch mehr.

Nehmen Sie sich zweimal am Tag 20 Minuten Zeit für Ihr mentales Training. Bündeln Sie Ihre Energie und konzentrieren Sie sich auf Ihr Ziel. Nur ein Ziel, denn ein Navigator kann Sie auch nicht an mehrere Ziele gleichzeitig leiten.

Nachdem Sie sich in Alpha versetzt haben, um den neuen positiven Programmierungen den Weg zum Unterbewusstsein zu öffnen, sprechen Sie Ihre Autosuggestion laut und deutlich vor dem Spiegel. Blicken Sie sich dabei in die Augen.

Warum das laute Sprechen für die Autosuggestion so wichtig ist? Je mehr Kraft, Lautstärke und Klarheit Sie Ihrer Stimme geben, umso mehr Kraft kommt in Ihr Leben!

Wenn Sie tagsüber üben, dann müssen Sie danach ganz bewusst aus der Tiefenentspannung herausgehen. Kommen Sie wieder ins Tagesbewusstsein, indem Sie tief ausatmen, tief einatmen, den Atem anhalten und alle Muskeln fest anspannen. Nach 20 Sekunden lassen Sie die Muskeln wieder los. Jetzt dehnen und strecken, das Ganze wiederholen Sie zwei- oder dreimal. Sie spüren, wie Sie ins Tagesbewusstsein kommen – topfit und aufgeladen mit Energie.

Navigations-Tipp

Bei der Auswahl von CDs sollten Sie beachten, dass es hier zwei Kategorien gibt.

1. Motivations-CDs: Diese CDs eignen sich für die aktive Autosuggestion. Sie wollen den Hörer motivieren und belehren. Hören Sie diese CDs tagsüber an, wann immer Sie Gelegenheit haben: beim Autofahren, Bügeln usw.
2. Entspannungs- und Suggestiv-CDs: Diese CDs werden für die passive Suggestion eingesetzt. Am besten hören Sie sie nachts bzw. in der Tiefenentspannung, denn sie sollen Ihr Unterbewusstsein beeinflussen.

Hier einige Beispiele für Autosuggestionen:

Autosuggestion, um Ihrem Leben Sinn und Wert zu geben

Der folgende Text ist dafür geeignet, Sie ganz auf Ihre wahre Bestimmung im Leben einzuschwören (siehe Kapitel 3).

Ich bin fest entschlossen, meinem Leben Sinn und Wert zu geben.
Ich bin eine einflussreiche Persönlichkeit, die weiß, was sie will.
Meine Konzentrationskraft ist auf mein Ziel (hier müssen Sie Ihr Ziel einsetzen) gerichtet.
Meine Fähigkeiten und Stärken setze ich erfolgreich ein.

Ich kann gut mit Menschen umgehen, sie sind von meinen Ideen begeistert und arbeiten motiviert mit mir, um das gemeinsame Ziel zu erreichen.
Ich weiß, was ich will, und ich gehe meine Ziele mit Elan, Freude und voller Konzentration an.
Ich bin eine einflussreiche und sympathische Persönlichkeit.
Durch meine Ausstrahlung werde ich meine Visionen verwirklichen.

Autosuggestion zur Konzentration auf das Wichtigste

Diese Autosuggestion hilft Ihnen, nicht in Stress und Zeitnot zu geraten, indem Sie sich auf die entscheidenden Dinge konzentrieren.

Zeit haben für das Wichtigste setzt voraus, dass ich weiß, was das Wichtigste ist.
Da ich genau weiß, wo ich in fünf Jahren stehen möchte, da ich genau weiß, wie mein Leben in fünf Jahren privat und beruflich aussehen soll, fällt es mir leicht, meine Zeit und Energie einzuteilen.
Da ich genau weiß, was ich erreichen will, erkenne ich auch genau, was mich hindert und was meine Entwicklung blockiert.
Ich erkenne genau, wie ich mit 20 Prozent an Zeit und Energie meine großen Ziele erreichen kann.
So kann ich mich und mein Leben perfekt organisieren, so wachse ich Tag für Tag, Woche für Woche, Monat für Monat meinem Ideal entgegen.
Burnout ist daher für mich ein Fremdwort.
Voller Vertrauen auf die Kräfte meines Unterbewusstseins werde ich immer mehr Nutzen bieten und Menschen finden, die mir helfen, mich zu verwirklichen.

Autosuggestion zum Entfachen Ihrer Begeisterungsfähigkeit

Nutzen Sie die folgende Autosuggestion, um sich positiv zu polen und Ihre Begeisterungsfähigkeit zu entfachen.

Ich bin fest entschlossen, die Chancen meines Lebens zu nutzen.
Da ich meine Ziele sehr liebe, entzünde ich in mir das Feuer der Begeisterung.
Dieses Feuer der Begeisterung schafft in mir die körperlichen und seelischen Voraussetzungen für meinen persönlichen Erfolg.
Immer konzentrierter wird mein Verhalten; meine Begeisterung drängt mich zum Handeln.

Ich habe ein Recht auf Erfolg, weil ich ihn nutze zum Vorteil der Menschen.
Das Feuer der Begeisterung ist der Beweis dafür, dass ich kein Schattendasein führe.
Meine Begeisterung hilft mir, größte Ziele zu erreichen.

Autosuggestion für mehr Optimismus

Positives Denken ist notwendig, damit Sie freudig und erwartungsvoll in die Zukunft blicken und die Chancen auf Ihrem Weg erkennen. Die folgende Autosuggestion stärkt Ihren Optimismus.

Immer wieder gelingt es den Pessimisten, selbst die besten Chancen zu zerstören.
Da die Zukunft nicht vorherbestimmt ist, ist Optimismus meine Pflicht.
Aus diesem Grunde bin ich fest entschlossen, mich in einen großen Optimisten zu verwandeln.
Nur so kann ich die Zukunft positiv gestalten.
Als Optimist habe ich das Talent, überall meine Chancen und Möglichkeiten zu entdecken.
Da sich die Welt immer schneller weiterentwickelt, gab es noch nie so viele Chancen wie heute.
Als Optimist weiß ich, nur wer Chancen sucht, wird auch Chancen finden.
Durch mein Training werde ich immer mehr Chancen entdecken.

Die Kurzformel für Energie und Freiheit

Wenn Sie Energie für ein wichtiges Meeting brauchen, wenn Sie zur Ruhe finden möchten oder sich einfach etwas Gutes tun möchten: Dieser Satz hilft Ihnen. Die Worte sind Kraftquell für jeden, der sie überzeugt spricht.

Es geht mir von Tag zu Tag und in jeder Beziehung immer besser und besser.

Nur Wiederholung führt zur Meisterschaft

Wie bei allen Dingen, die neu sind und die Sie sich aneignen möchten, gilt für die Suggestion und die Autosuggestion: Je öfter Sie sie wiederholen, umso mehr Erfolg werden Sie damit haben. Die positive Wirkung der Wiederholung lässt sich in sieben Punkten zusammenfassen:

Die positive Wirkung der Wiederholung

1. Erst durch Wiederholung wird Wissen verinnerlicht und damit zum praktischen Handeln.
2. Das persönliche Können nimmt zu. Mit der gleichen Energie werden immer größere Mengen der gleichen Arbeit bewältigt.
3. Die einzelnen Abläufe werden immer besser synchronisiert.
4. Das Niveau unserer Leistung verbessert sich qualitativ. Wir werden sicherer und zuverlässiger.
5. Jede Wiederholung setzt Energien frei, die sich als Gedankenblitze äußern. Es entwickelt sich Kreativität.
6. Das Fingerspitzengefühl entwickelt sich. Das Unterbewusstsein arbeitet immer präziser. Das Anpassungsvermögen wächst.
7. Der Mensch entwickelt eine hohe Beherrschung seiner Fähigkeiten. Sicherheit und Überzeugungskraft wachsen.

Autosuggestion für Wiederholung und Training

Diese Autosuggestion liefert die wichtigsten Argumente, warum Wiederholung und Training so wichtig sind, um in dem gewählten Fach ein Meister zu werden.

Die Welt wartet auf Könner – nicht der Besserwisser verändert die Welt.
Aus diesem Grunde bin ich fest entschlossen, ein Könner auf meinem Gebiet zu werden!
Ich weiß: Nur durch Wiederholung, nur durch Training werde ich zum Könner.
Jede Wiederholung setzt Energien in mir frei und weckt meine Kreativität.
Nur durch Training entstehen im Unterbewusstsein neue, bessere Verhaltensmuster.

Jeder Artist beweist, wie weit man sein Unterbewusstsein konditionieren kann.
Durch Training wird Wissen zum Können.
Durch Training nimmt das Können zu.
Durch Training entstehen Ruhe, Gelassenheit und Genialität.
Das Niveau meiner Leistung verbessert sich.

Je tiefer sich durch Autosuggestion Ihre Ziele in Ihr Unterbewusstsein einprägen, desto schneller werden Sie diese erreichen. Ihr Unterbewusstsein ist wie Ihr bester und zuverlässigster Mitarbeiter: Es weiß nämlich genau, was Sie wollen, und tut alles, damit Sie vorankommen. Fast automatisch werden Sie die richtigen Entscheidungen treffen und in jeder Situation die richtigen Worte finden.

So setzen Sie Ihre Suggestivkraft ein

Mangelnde Suggestivkraft ist das Problem vieler Menschen. Was nutzt einem Lehrer sein ganzes Wissen, wenn er nicht imstande ist, die Kinder zu interessieren? Was nutzen einem Verkäufer die besten Waren, wenn er nicht in der Lage ist, seine Kunden zu überzeugen? Was nützt einem Chef das ganze Unternehmen, wenn er die Menschen, für die er verantwortlich ist, nicht sicher führen kann?

Viele Jahre seines Lebens lebt der Mensch in der Rolle eines Empfängers: Er nimmt von anderen Menschen gesendete Signale und Informationen auf. Die meisten Menschen bleiben in dieser Rolle. Nur etwa 20 Prozent aller Menschen werden im Lauf des Erwachsenwerdens und der Persönlichkeitsreifung zu starken, positiven Sendern – zu Menschen, die in der Lage sind, dank ihrer Suggestivkraft andere zu überzeugen und zu begeistern. Besonders bei Führungskräften hat die Fähigkeit, „Sender" zu sein, großen Einfluss auf ihren Erfolg.

Damit Sie Ihren Zielen noch näher kommen, müssen Sie andere Menschen von Ihren Ideen überzeugen, deren Leistungsreserven mobilisieren und sie begeistern. Ihre Mitmenschen können Sie auf der emotionalen Ebene positiv beeinflussen – durch Ihre Ausstrahlung und Ihre Persönlichkeit. Diesen Prozess können Sie unterstützen, indem Sie mit Ihrer Stimme tiefenwirksam sprechen und Ihre Mitmenschen durch suggestive Formulierungen zum Handeln bewegen. Das bedeutet: Sie geben durch eine suggestive Anweisung einen posthypnotischen Befehl.

Beispielsweise sagen Sie zu Ihrer Assistentin: „Sie rufen mich doch sicherlich gleich an, wenn Sie die neuen Umsatzzahlen erhalten haben!" Durch diese Beeinflussung macht Ihre Assistentin genau das, was Sie möchten. Sie wird aber das Gefühl haben, dass die Initiative von ihr ausgeht. Darauf beruht die positive Beeinflussung anderer: Sie sprechen das Gefühl des anderen an und verbinden das Gefühl mit Ihrem Wunsch.

Navigations-Tipp

Tiefenwirksames Sprechen: Je tiefer Ihre Stimme ist, umso tiefer dringt das Gesprochene in das Unterbewusstsein Ihres Gegenübers. Umgekehrt gilt: Je höher Stimme, umso mehr wird der Intellekt (und nicht die Emotionen) angesprochen und aktiviert.

Hier sind noch weitere posthypnotische Sätze:

- Versprechen Sie mir, dass ...
- Es ist völlig in Ordnung, wenn Sie jetzt noch ein wenig zweifeln; denn Sie erkennen schon bald Ihren Nutzen.
- Sie werden sehen/erleben, dass Sie schon bald ...
- Vielleicht haben Sie auch schon einmal festgestellt, dass ...
- Es ist gut, ...
- Durch diese Aktion ist es möglich, ...
- Es kann sein, dass Sie schon ...
- Denken Sie einmal intensiv daran, wie es sein wird, ...
- Es ist erstaunlich, dass Sie schon bald ...
- Was müsste passieren, damit Ihnen die Entscheidung noch leichter fällt?
- Schon bald wird sich dieses Gefühl einstellen: Es war richtig, ich habe das Richtige getan.
- Während Sie abwägen, erkennen Sie Ihre wertvollen Chancen.
- Was kann Sie überzeugen?

Ändern Sie diese sogenannten magischen Sätze für Ihre Situation ab und achten Sie darauf, dass drei Hauptkriterien erfüllt sind. Vermitteln Sie Ihrem Gegenüber das Gefühl:

1. Ich bin genauso wie Sie.
2. Wir harmonieren.
3. Sie können mir voll vertrauen.

Was lösen suggestive Formulierungen beim Gegenüber aus? Bei der suggestiven Kommunikation wird die enorme Wirkung durch den Erwartungseffekt – oder Placeboeffekt, wie er wissenschaftlich genannt wird – genutzt. Als Placebo wird in der Medizin ein Scheinmedikament bezeichnet, das eine an sich wirkungslose Substanz enthält, jedoch durch die hohe Erwartungshaltung des Patienten wirkt. Und zwar genauso gut wie das richtige Medikament, manchmal sogar noch besser.

Neueren Forschungen aus den USA zufolge ist die Erwartung viel mehr als nur Schein, sondern sie setzt wie ein Medikament „Wirkstoffinformationen“ frei. Diese wirken gezielt auf einzelne Organe. Wenn Sie also ein Placebo in der Erwartung einer bestimmten Wirkung einnehmen, beeinflussen Sie das entsprechende Organsystem – und es reagiert.

Durch suggestive Formulierungen („Vielleicht haben Sie auch schon einmal festgestellt, dass ...“) können Sie die positive Wirkung des Erwartungseffekts gezielt auslösen. Sie sehen: Die Art und Weise, wie Sie mit Ihren Mitmenschen kommunizieren, erlaubt Ihnen, deren Empfinden und Verhalten in die von Ihnen beabsichtigte Richtung zu lenken.

9. Rhetorik: Wie Sprache und Erfolg zusammenhängen

Die Kommunikation über das gesprochene Wort nimmt in Ihrem Leben einen großen Raum ein – im Arbeitsalltag (zum Beispiel in Meetings, Seminaren, Verhandlungen) ebenso wie im Privatleben (zum Beispiel am Telefon, im persönlichen Gespräch). Mit der Stimme erreichen Sie Ihr Gegenüber am intensivsten, sie wirkt direkt auf das Unterbewusstsein. Da lohnt es sich, wenn Sie sich rhetorische Kenntnisse aneignen und den richtigen Umgang mit Stress erlernen (Stichwort Lampenfieber!). Der Einsatz wird sich bezahlt machen: Schließlich bietet jeder Redeanlass neue Chancen, Pluspunkte zu sammeln und Sie Ihren persönlichen Zielen näher zu bringen.

Die Wirkung des gesprochenen Wortes

Cicero, Demosthenes, Aristoteles und Sokrates – sie alle haben zwei Dinge gemeinsam. Zum einen sind sie Rhetorik-Koryphäen der Antike und zum anderen werden ihre Lehren heute noch angewendet und haben ihre Wirkung über die Jahrhunderte erhalten. Die Rhetorik verhilft heute wie damals zum Aufstieg, ohne „hochwohlgeboren" zu sein, zum Aufstieg aus ärmsten Verhältnissen, zu Ruhm und Ehre, zu Macht und Wohlstand. Cicero schreibt über die Benachteiligung, die Menschen aus niedrigem Hause widerfährt:

> *Mir stand nicht das Gleiche offen wie denen, die hochwohlgeboren sind, denen, die Ehren und Auszeichnungen des römischen Volkes im Schlaf zufallen, ich musste unter einem ganz anderen Gesetz und anderen Bedingungen hier in diesem Staate leben.*

Solche Bedingungen kennen auch heute viele Menschen. Wen wundert es also, dass magische Sätze und Formulierungen der Rhetoriker von damals heute eine

Art „neuen Frühling“ erleben? Denn jeder gesunde Mensch verfügt über alle für die Rhetorik notwendigen Voraussetzungen:

- den Körper – den „Handschuh“ der Seele
- die Augen, die Bände sprechen
- die Stimme, die zeigt, wes Geistes Kind Sie sind

Nur – wie setzen Sie Ihre Gottesgaben ein? Welche Resultate haben Sie seit Ihrer Geburt mit dem Einsatz dieser Hilfsmittel erzielt? Sie merken: Mit diesen Fragen wollen wir Sie ein bisschen aufrütteln und zum Nachdenken anregen.

Das Wort Rhetorik kommt – wie Sie vielleicht schon wissen – aus dem Griechischen und bezeichnete im alten Griechenland „die Kunst des Redens“. Bildlich gesprochen könnten wir sagen, Reden ist wie das Werfen eines Bumerangs: „Alles, was Sie aussenden, bekommen Sie zurück!“ Oder anders ausgedrückt: „Reden ist die Fähigkeit, so in den Wald hineinzurufen, dass das gewünschte Echo zurückkommt.“ Die Reaktion Ihrer Hörer ist wie ein Spiegel Ihrer Fähigkeiten. Es wird also klarer, warum wir heute die Rhetorik als „Lehre von der Wirkung des Menschen“ bezeichnen.

Wollen Sie die Reaktionen Ihrer Hörer verändern?

Wenn Ihre Antwort auf diese Frage „Ja“ lautet, so müssen Sie lernen, sich selbst so zu verhalten, dass die gewünschte Veränderung eintritt. Sie sollten ein Meister darin werden, so zu formulieren, dass die gewünschten Reaktionen bei Ihren Hörern entstehen. Alles, was Sie aussenden, erhalten Sie zurück! Wenn Sie zum Beispiel Vertrauen und Ruhe ausstrahlen, bekommen Sie genau das zurück: Vertrauen und Ruhe. Wenn Sie Begeisterung und Motivation ausstrahlen, werden Sie eben das bei Ihren Zuhörern erreichen: Begeisterung und Motivation.

Durch Rhetorik können Sie andere Menschen lenken und damit zu Ihrem Lebenserfolg entscheidend beitragen. Euripides brachte das Zusammenspiel zwischen der Beredsamkeit (wie er die Rhetorik nannte) und dem Lebenserfolg wunderbar wie folgt zum Ausdruck:

> *Was mühen wir uns um andere Künste doch, wir Sterblichen, und lernen sie, wie jeder es verlangt; und die Beredsamkeit, die einzige Beherrscherin der Menschen, bis zur Vollendung zu erlernen erstreben wir mit so geringem Fleiß, und doch ist sie's, durch die der Menschen Wille wird gelenkt.*

Durch das Erlernen von rhetorischen Fähigkeiten können wir also mehr erreichen und unseren Zielen näher kommen. Warum kümmern wir uns dann aber so wenig um die Entwicklung dieser so wichtigen Schlüsselqualifikation? Entweder hat uns jemand in der Kindheit die Suppe so gehörig versalzen, dass wir die Rhetorik als das langweiligste Fach der Welt betrachten, oder man hat uns auf die Wirksamkeit nie deutlich genug hingewiesen oder uns den „Zaubertrank Rhetorik" niemals schmackhaft gemacht.

Entdecken Sie die Möglichkeiten

Sehen wir uns die Rhetorik genau an, so erkennen wir die vielen Einsatzbereiche, den unerschöpflichen Reichtum an Möglichkeiten, die durch die gekonnte Anwendung entstehen. Haben Sie in Ihrem bisherigen Leben jemals die Zeit gehabt, sich mit Rhetorik und ihrer Auswirkung auf Ihr Leben zu beschäftigen?

Wir haben in unserem Leben schon so viele Worte verloren. Aber Worte sind wie Schall und Rauch, wenn sie nicht in der Lage sind, Ihre Ideen in das Unterbewusstsein Ihrer Hörer einzupflanzen, sie am Leben zu erhalten und sie zum täglichen Wachstum anzuregen.

Vorteile durch rhetorische Kenntnisse	
Das gelingt Ihnen besser	**Wirkung**
Kompetenz demonstrieren	Sie beweisen auf eindrucksvolle Weise, dass Sie der Richtige sind für bestimmte Aufgaben. Sie verschaffen sich Anerkennung und können bei Projekten oder Plänen mit der Unterstützung der anderen rechnen.
Motivieren	Sie reißen andere mit, begeistern sie von Ihren Ideen.
Selbstsicher auftreten	Sie beweisen Stärke und Souveränität. In heiklen Situationen oder Momenten gelingt es Ihnen, den Konflikt zu entschärfen und zwischen den Parteien zu vermitteln.

Überzeugen	Sie gewinnen Verbündete, Partner, Kunden, Gleichgesinnte. Das hilft Ihnen, schneller Ihre Ziele zu erreichen.
Mit Ängsten umgehen	Sie kennen die Techniken, mit denen Sie Lampenfieber oder Selbstzweifel in den Griff bekommen.

Was macht Sie sympathisch und anziehend?

Wie der Mensch, so seine Rede.

Cicero

Ob Sie sympathisch oder anziehend auf Menschen wirken, hängt zum Großteil von Ihrer Ausstrahlung, von Ihrer Vitalität ab. Diese kommt durch die Spannkraft und Geschmeidigkeit Ihres Körpers, durch den Glanz in Ihren Augen und durch Ihre sympathische, beeindruckende Stimme zum Ausdruck. Denn ein erfolgreicher Mensch strahlt Kraft, Zuversicht und Charisma aus. Und bevor Sie sprechen, spricht Ihr Körper zu den Hörern (siehe dazu „Die Körpersprache", S. 135). Sie erhalten die Zuneigung oder die Ablehnung Ihres Publikums bereits nach den ersten drei Sekunden. So schnell? Ja – denn Zuneigung oder Ablehnung entstehen spontan in den unbewussten Schichten der menschlichen Seele.

Navigations-Tipp

Halten Sie eine Ansprache, so entscheidet das Publikum in den ersten Sekunden Ihres Auftritts darüber, ob es Sie sympathisch und kompetent findet oder ablehnt. Nicht was, sondern wie Sie etwas sagen, ist wesentlich. Ihr Vortrag wird zu mindestens 60 Prozent nach den Äußerlichkeiten und nur zu höchstens 40 Prozent nach Ihrem Fachwissen beurteilt. Es ist schwer, den ersten Eindruck später zu korrigieren. Richten Sie daher besonderes Augenmerk auf Ihre Körpersprache, Augen und Stimme.

Kraft und Zuversicht

Durch die Kraft und Zuversicht, die Sie ausstrahlen, können Sie Ihre Mitmenschen positiv inspirieren. Und die stärkste Form der Anziehungskraft ist die jedem Menschen innewohnende Lebensenergie. Je stärker das Feuer in Ihnen brennt und je gebündelter, konzentrierter es eingesetzt wird, umso größer ist Ihre faszinierende Wirkung auf Ihre Mitmenschen. Wie Ebbe und Flut kommen und gehen, unterliegen wir einem ständigen Energieaustausch, solange wir leben. Wir nehmen Nahrung zu uns, wir atmen und schlafen, um Energie aufzunehmen, und geben diese Energie wieder durch körperliche und geistige Aktivitäten ab. Wie fühlen Sie sich zurzeit? Sind Ihre Energiebatterien voll aufgeladen oder fühlen Sie sich müde und matt? Ihre Hörer erkennen das unbewusst!

Gedanken werden zu körperlich spürbaren Wirkungen

Vielleicht haben Sie noch gar nicht bemerkt, dass sogar Ihr negatives oder positives Denken von einem seelischen und körperlichen Vorgang begleitet wird. Aus Gedanken werden körperlich spürbare Wirkungen. Denken ist ein dynamisches In-Gang-Setzen zielgerichteter Energie. Diese ist in der Lage, über den Körper hinaus auch in der Umwelt Wirkungen auszulösen. Jeder positive Gedanke wirkt im Körper wie ein Energieschub auf jede Zelle. Über die Nerven und den Drüsenapparat wirken unsere Gedanken auf alle Organe. Aufbauendes Denken ist ein aktivierender Funkspruch an alle Zellen in unserem Körper. Und jede Faser Ihres Körpers signalisiert dem Betrachter Ruhe, Sicherheit, Charisma – oder aber das Abbild einer Trauerweide.

Instrumente der Rhetorik: Stimme und Sprache

Wie oft haben Sie selbst Ihre Stimme schon gehört? Und in welchen Situationen? Wenn Sie mit einem Diktiergerät arbeiten, waren Sie sicher am Anfang überrascht, wie Ihre Stimme auf Band klingt. Um sich an den Klang der eigenen Stimme zu gewöhnen, ist es eine gute Übung, die Anrufbeantworter zu Hause und im Büro sowie die Mailbox Ihres Handys öfter einmal neu zu besprechen. Sie werden merken: Nach den ersten Versuchen haben Sie sich bald daran gewöhnt.

Von Ihrer Stimme hängt viel ab: ob Sie andere Menschen überzeugen, ob Sie sie motivieren und begeistern, ob Sie ihr Gefühl ansprechen können. Haben Sie schon einmal bemerkt, dass nicht die Worte einen Redner interessant machen, sondern seine Stimme?

Je tiefer Ihre Stimme ist, desto tiefer dringt sie in das Unterbewusstsein des Gegenübers ein. Denken Sie daran, dass Sie immer das Gedächtnis der Zuhörer besprechen (siehe Kapitel 8 „Suggestion: Wie Sie sich selbst und andere positiv beeinflussen"). Wenn Sie mit Temperament und Begeisterung sprechen, kommt genau das bei Ihren Zuhörern an.

Für die Kriminologen ist die Stimme eines Menschen genauso einzigartig wie ein Fingerabdruck. Trainieren Sie Ihre Stimme! Das wird Ihnen zugutekommen für das nächste wichtige Gespräch oder für einen bevorstehenden Vortrag.

Mithilfe der folgenden Übung machen Sie sich mit Ihrer Stimme und deren Wirkung vertraut.

Übung

Lesen Sie einen Zeitungsartikel, halten Sie eine Rede über das Wetter oder eine andere Alltäglichkeit und nehmen Sie dies auf Band auf. Hören Sie das Band ab, während Sie sich im Geiste in einen Ihrer Zuhörer versetzen. Sie werden schon hier merken, was Sie alles in Ihrer Stimmlage und in Ihrer Modulation verbessern können.

Wer den Ton, in dem ein Mensch spricht, für etwas Äußerliches hält, irrt. Der Ton ist mit der inneren Beschaffenheit des Individuums auf Engste verknüpft. Eine innere Unordnung gibt sich durch Disharmonie der Stimme zu erkennen. Aus diesem Grund hat der vorsichtige Mensch eine vorsichtige Stimme, der Ängstliche hat die Angst auch in seiner Stimme, der Aggressive hat eine aggressive Stimme. Die Stimme bringt es an den Tag.

Ihre Stimme ist ein entscheidender Faktor Ihrer Persönlichkeit. Der Mensch, der an seiner Stimme arbeitet, arbeitet am Kern seiner Persönlichkeit. Ein erfolgreiches Beispiel in der Geschichte für die Entfaltung seiner Stimme ist der Grieche Demosthenes, der in seiner Jugend stark stotterte. Sein Traum war, unbedingt ein großer Redner zu werden. Doch er hatte, wie man vielleicht nachempfinden kann, bei seinen ersten Auftritten überhaupt keinen Erfolg. Durch Übungen überwand er seine Schwächen und wurde zu einem der größten Redner des Altertums. Sein Redetraining bestand darin, dass er einen Kieselstein in den Mund nahm und mit lauter Stimme das Meer anschrie. Mit dem Kieselstein im Mund lief er in die Berge und rezitierte Gedichte. Sein Erfolg sollte Sie ermutigen.

Allerdings können Sie auf den Kieselstein verzichten. Im Folgenden beschreiben wir Ihnen einige Schwingungsübungen, welche die Ausdrucksmöglichkeiten Ihrer Stimme verbessern.

Übung

Sie beginnen mit den fünf Vokalen. Aber nicht in der Reihenfolge, wie wir sie in der Schule gelernt haben, sondern in der weit besseren Reihenfolge „i – e – a – o – u".

Diese Schwingungsübungen wirken nicht nur positiv auf die Stimme, sondern auch auf die Vitalität des Körpers. Letzteres ist besonders wichtig, denn ein erfolgreicher Mensch sollte auch über eine starke Gesundheit verfügen.

Atmen Sie zuerst einmal aus. Ganz langsam. Und dann wieder ein. Bei „i" ziehen Sie die Oberlippe hoch. Lassen Sie so viel iiiiiiii heraus, wie Sie Atem haben. Dann wieder einatmen, langsam ausatmen und wieder einatmen. Jetzt das „e". Der Mund bildet dabei ein liegendes Rechteck. Dann das „a". Mund weit öffnen. Der Unterkiefer gibt nach und die Zunge wird nach unten gedrückt. So klingt es sauber und klar. Für das „o" machen Sie den Mund ganz rund und lassen den Ton tief erklingen. Schließlich kommt der dunkelste Ton, das „u". Verkleinern Sie den Mund und lassen Sie den Ton tief aus dem Bauch kommen.

Die Vorteile dieser Übung:

- Sie trainieren den langsamen und ruhigen, tiefen Atem.
- Ihre Gedanken kommen zur Ruhe. Sie trainieren auf diese Weise auch Ihre Konzentrationsfähigkeit.
- Ihre Stimme wird frei, Ihre Sprache wird fest und Sie bekommen sie in den Griff.
- Gleichzeitig harmonisieren Sie die verschiedenen Regelkreise in sich. Mit dem harmonisch schwingenden Vokal „i" beeinflussen Sie das Gehirn. Mit dem har-

monischen Vokal „e" den Hals und die Schilddrüse. Mit dem Vokal „a" den oberen Brustraum. Mit dem Vokal „o" das Herz und mit dem Vokal „u" den Unterleib.

Für den wissenschaftlich denkenden Menschen noch folgende Anmerkungen: Der Vokal „i", der höchste unserer Töne, hat eine Schwingungsfrequenz von circa 4000 Hertz und der Vokal „u" hat eine Schwingungsfrequenz von circa 5000 Hertz. Wir entspannen und entkrampfen also mit den fünf Vokalen systematisch den ganzen Körper von oben nach unten.

Mit der folgenden Übung aktivieren Sie den Brust- und Bauchbereich. Sie hilft bei Männern wie bei Frauen, selbst Piepsstimmen dunkler zu machen:

Übung

Ausatmen, langsam einatmen und mit geschlossenem Mund „mmm" summen, solange der Atem reicht. Dreimal leise. Dreimal laut.

Durch die „Zungen-R-Übung" gewinnt Ihre Stimme schließlich an Kraft, Energie und Durchsetzungsvermögen. Sie verbessern damit Ihre Aussprache:

Übung

Wieder ausatmen, dann einatmen. Sprechen Sie nun das RRRR, solange Ihr Atem reicht. Wiederholen Sie diese Übung dreimal. Danach sprechen Sie Wörter laut und mit übertriebenem R, zum Beispiel raffen, rollen, irren, Meister, Kleister.

Nach diesen Schwingungsübungen beschäftigen wir uns mit der richtigen Sprechtechnik. Diese ist ein wichtiger Erfolgsfaktor beim Reden. Zur Sprechtechnik zählen die Artikulation, die Lautstärke, das Sprechtempo, die Sprechpausen und die Atmung.

Die Artikulation

Eine gute und deutliche Artikulation ist eine wesentliche Voraussetzung für die Verständlichkeit Ihrer Aussprache. Entscheidend sind vor allem eine angemessene Mundöffnung und die deutliche Bildung der einzelnen Vokale und Konsonanten.

Wie steht es mit Ihrer Artikulation? Sprechen Sie häufiger vor einem Spiegel und kontrollieren Sie die Mundöffnung. Sprechen Sie zur Kontrolle einige Sätze auf ein Diktiergerät oder Tonband und prüfen Sie, ob die Aussprache verständlich ist. Oder lassen Sie sich von einer Person Ihres Vertrauens überprüfen, ob Sie deutlich sprechen.

Wenn Sie undeutlich sprechen, dann sollten Sie Ihre Aussprache durch Training verbessern. Undeutlich und schwer verständlich wird Ihr Sprechen, wenn Sie Silben verschlucken, nuscheln oder quetschen. Quetschen heißt, dass der Redner die Zähne beim Sprechen nicht auseinandernimmt. Die Zuhörer schalten ab, wenn ein Redner zu undeutlich spricht.

Übung

Machen Sie für einen bestimmten Zeitraum täglich die Korken-Übung: Nehmen Sie einen Wein- oder Sektkorken zwischen die Zähne. Lesen Sie dann einen Text laut und deutlich. Da Sie gegen einen Widerstand sprechen müssen, wird Ihre Kaumuskulatur trainiert. Üben Sie maximal fünf Minuten lang, um die Muskeln nicht zu überfordern. Schon nach einigen Tagen werden Sie merken, dass die stärkere Muskulatur zu einer deutlicheren Artikulation führt.

Vielleicht sind Sie vom Klang Ihrer Stimme enttäuscht, wenn Sie diese zum ersten Mal über Video oder Tonband hören. Das geht fast jedem so. Dabei ist es erfahrungsgemäß immer der Redner selbst, der mit der eigenen Stimme unzufrieden ist! Ihr Umfeld ist an Ihre Stimme gewöhnt! Akzeptieren auch Sie Ihre Stimme, wie sie ist. Fragen Sie Ihre Familie, Freunde und Bekannte und lassen Sie sich von ihnen bestätigen, dass Ihre Stimme ganz normal klingt.

Die Lautstärke

Die Lautstärke müssen Sie ganz den individuellen Umständen anpassen: Die notwendige Grundlautstärke hängt vom Thema, von den Zuhörern und den Räumlichkeiten ab. Sind Sie sich, wenn Sie vor einer Runde sprechen müssen, nicht sicher, ob die Lautstärke angemessen ist, dann lassen Sie sich von einem guten Freund oder einem Bekannten überprüfen.

Navigations-Tipp

Durch einen Wechsel in der Lautstärke können Sie für Dynamik und Abwechslung in Ihrer Rede sorgen.

Das Sprechtempo

Nervosität und Unsicherheit verursachen oft zu schnelles Sprechen. Wenn Sie zu schnell sprechen, wird die Aufnahmefähigkeit der Zuhörer überstrapaziert und Wichtiges geht verloren.

Bemühen Sie sich, mit dem Sprechtempo zu variieren. Wichtige Gedanken sollten Sie betont langsam sprechen. Nur so können Ihre Zuhörer den wesentlichen Punkten folgen. Durch Tempovariationen können Sie darüber hinaus zusätzlich Spannung erzeugen.

Die Sprechpausen

Sowohl der Redner als auch das Publikum brauchen Pausen. Doch viele Menschen reden ohne Punkt und Komma; sie machen zu wenige und vor allem zu kurze Sprechpausen und meinen, bereits nach zwei oder drei Sekunden weitersprechen zu müssen. Dies ist allerdings ein Irrtum. Der Redner selbst braucht Sprechpausen,

- um Atem zu holen,
- um seinen nächsten Gedanken zu formulieren,
- um Blickkontakt zu seinen Zuhörern herzustellen,
- um zu sehen, ob er verstanden wurde,
- um dramaturgische Akzente zu setzen.

Für das Publikum sind Pausen wichtig,

- um das Gehörte zu verarbeiten,
- um eine provozierende These oder einen Gag zu verarbeiten,
- um sich von der Fülle neuer Gedanken zu erholen und zu entspannen.

Die Atmung

Die richtige Atmung ist der Schlüssel zu einer kräftigen und wohlklingenden Stimme. Darüber hinaus hilft Ihnen die Atmung, Lampenfieber zu bekämpfen und Ihren Auftritt überzeugend zu gestalten.

Machen Sie sich bewusst: Sprechen bedeutet im Grunde langsames, klingendes Ausatmen. Nur wenn Sie ausreichend Sauerstoff in Ihrer Lunge haben, können Sie einen Gedanken mit einmal Ausatmen aussprechen. Sie brauchen nur dort einatmen, wo Ihre Ausführungen eine sinnvolle Sprechpause erlauben.

Nicht wenige Redner sind zu Anfang nervös und bemerken, dass sie während der ersten Sätze hektisch nach Luft schnappen. Sie haben das Gefühl, dass ihnen die Luft ausgeht und der Hals trocken wird. Sie müssen immer häufiger und immer schneller atmen, um einen Satz ordentlich zu Ende zu bringen. Der Atem trägt einfach nicht. Woran liegt das? Um diese Frage zu beantworten, müssen wir Ihnen die Grundlagen der Atmung erläutern.

Es gibt zwei Arten der Atmung: die Bauch- und die Brustatmung. Bei der Bauchatmung, die entspannend wirkt, wird das Zwerchfell bewegt; Bauch, Flanken und Lendenbereich werden geweitet. Am besten verstehen Sie, was Bauchatmung ist, wenn Sie folgende Übung ausprobieren:

Übung

Legen Sie eine Hand an die linke, die andere an die rechte Bauchflanke. Das sind die seitlichen Bereiche unter den Rippen beziehungsweise oberhalb des Beckenknochens. Atmen Sie – durch die Nase – in den Bauch hinein, der sich nun spürbar weitet. Machen Sie es richtig, so weiten sich auch die Bereiche an den Seiten des Bauches, dort, wo Ihre Hände liegen. Sogar in den Lendenbereich reicht die Atmung. Der Ring um Ihren Bauch hat sich mit Luft gefüllt wie ein Schwimmreifen. Jetzt atmen Sie langsam durch die Nase wieder aus.

Bei der Brustatmung wird die Zwischenrippenmuskulatur bewegt und der Brustraum geweitet. Auch dazu eine Übung:

Übung

Legen Sie eine Hand seitlich an die Rippen und die andere auf Ihre Brust, etwa eine Handbreit unter dem Hals. Dann atmen Sie durch den Mund ein. Sie spüren dabei, dass Sie automatisch viel schneller einatmen als durch die Nase. Der Brustkorb hebt sich nun spürbar, die Rippen weiten sich. Durch den Mund atmen Sie wieder aus.

Was meinen Sie? Welche Atmung herrscht wohl vor, wenn Sie aufgeregt oder angespannt sind? Richtig, die Brustatmung. Hier wird das Zwerchfell vernachlässigt und Sie nutzen nur die Hälfte der verfügbaren Atemkapazität.

Die Kunst besteht nun darin, dass Sie bei Stress – und generell – die entspannende, wohltuende Bauchatmung praktizieren. Das Geheimnis dieser Atemtechnik liegt im Bauch – genauer gesagt beim Zwerchfell und den Atemhilfsmuskulaturen (Bauch- und Zwischenrippenmuskeln). Das Zwerchfell ist ein Muskel – wie ein elastisches Trampolin, das zwischen Brust- und Bauchraum gespannt ist. Atmen Sie in den Bauch, kann sich die einströmende Luft gleichmäßig in den Lungen verteilen. Ihr Brustkorb bleibt entspannt. Diese Atemtechnik ist der erste Schritt zur richtigen Stütze Ihrer Stimme.

Wenn Sie zwerchfellgestützt sprechen, werden Sie nicht heiser und können ohne Anstrengung sprechen. Das Zwerchfell ist wie ein Kraftwerk: Es lässt Ihre Stimme kraftvoll und angenehm klingen. Atmen Sie zu flach, so ist Ihre Stimme leise und dünn. Spannen Sie unter Stress die falsche Muskulatur an, klingt Ihre Stimme gepresst.

Navigations-Tipp

Mit der richtigen Atemtechnik beherrschen Sie nicht nur Ihre Stimme, sondern auch Ihr Lampenfieber. Zwerchfellgestütztes Atmen hilft Ihnen, besser mit Stress umzugehen, weil Ihr Gehirn ausreichend mit Sauerstoff versorgt wird. Dies ist die beste Vorbeugung gegen den gefürchteten Blackout.

Übungen zur Atemtechnik

So behalten Sie die Bauchatmung während des Vortrags bei:

- Falls Sie sehr aufgeregt sind und plötzlich an Kurzatmigkeit leiden, probieren Sie dies aus: Atmen Sie tief durch die Nase in den Bauch hinein. Jetzt halten Sie die Luft an und zählen bis vier. Dann lassen Sie die Luft durch die Nase herausströmen. Sie werden merken, dass sich ein Wohlgefühl einstellt und Sie plötzlich wieder in der Lage sind, ruhiger zu atmen. Machen Sie diese Übung zur Entspannung mehrere Male.
- Atmen Sie zu Beginn eines Satzes ein und lassen Sie die Worte dann von der ausströmenden Luft tragen. Atmen Sie nur bei neuen Sätzen erneut ein. Dort, wo ein Komma oder ein Doppelpunkt steht, halten Sie kurz inne. Nicht neu einatmen!
- Auch dies hilft gegen Kurzatmigkeit: Gönnen Sie sich Pausen. Wer vor Aufregung immer schneller spricht, sollte zwischen zwei Sätzen beziehungsweise zwei Absätzen eine kurze Pause einlegen. Atmen Sie ganz ruhig ein und aus und fahren Sie erst danach fort.
- Ist die Stimme trocken, atmen Sie auf keinen Fall durch den Mund ein, sonst wird sie noch trockener. Ein Glas Wasser bereithalten für den Fall, dass Sie einen Schluck brauchen.

Die Körpersprache

Einem Bettler sieht man auf den ersten Blick an Kleidung und Auftreten an, dass er ein Bettler ist. Ein König sieht nicht nur aus wie ein König, er bewegt sich auch so.

Nicht nur Ihre Kleidung und Ihr äußeres Erscheinungsbild verleihen Ihnen Ausstrahlung und Autorität. Auch wie Sie sich geben, sich bewegen, wie Sie auf die Menschen zugehen, wie Sie mit Gesten Ihre Worte untermauern oder Lügen strafen, all das macht Sie glaubwürdig oder unglaubwürdig, sympathisch oder unsympathisch, ob Sie wollen oder nicht. Ihre Gesten, Ihre Gebärden, Ihre Mimik und Ihre unbewusst ausgesendeten Signale wirken auf andere. All dies macht Sie entweder zum respektierten Sympathieträger, dem man glaubt, was er sagt und repräsentiert – oder zum Chef, den niemand mag oder ernst nimmt, hinter dessen Rücken getuschelt wird oder den jeder für einen Clown hält.

Was Ihr Körper verrät

Die Signale Ihres Körpers senden Sie unbewusst aus, aber Sie senden immer, ob Sie einem Ihrer Mitarbeiter auf dem Flur begegnen, ob Sie eine Tür zu einem Büro öffnen oder ob Sie einfach im Aufzug einen „Guten Morgen" wünschen. Jeder, der Ihnen begegnet, empfängt Ihre Signale und bildet sich in Sekundenbruchteilen eine Meinung über Sie.

Sie können die Signalsprache Ihres Körpers ändern, wenn Sie wissen, welche Signale Sie senden und wie sie empfangen werden. Dabei hat es wenig Sinn, ab sofort die Schultern anzuspannen im Glauben, dass man jetzt wie ein cooler, dynamischer Manager wirkt.

Sie lernen zuallererst durch die Beobachtung anderer. Wer wirklich sieht, kann mehr erkennen! Trainieren Sie Ihre Beobachtungsgabe, denn damit trainieren Sie Ihre Menschenkenntnis.

Navigations-Tipp

Gehen Sie in ein Hotel und studieren Sie dort genau das Auftreten und die Körpersprache der Menschen. Warum bekommt der eine Gast an der Rezeption ein Upgrade, der nächste nicht? Woran liegt es, dass der Portier dem einen Gast förmlich entgegenstürzt, um ihm das Gepäck abzunehmen, den anderen – obwohl dieser schwer beladen ist – jedoch ignoriert?

Menschenkenntnis führt zur Selbsterkenntnis – Selbsterkenntnis führt zur Menschenkenntnis. Das heißt: Wer in anderen lesen kann, erfährt auch vieles über seine eigene Wirkung auf andere. Windet sich jemand förmlich und scharrt mit den Füßen, wenn er mit Ihnen spricht? Das verrät Ihnen, dass er unsicher ist. Es kann Ihnen aber auch Aufschluss darüber geben, wie Sie selbst wirken, wenn Sie mit fahrigen Bewegungen vor Ihren Mitarbeitern oder Ihrem Kunden stehen und von einem Fuß auf den anderen treten. Einen festen Standpunkt traut Ihnen mit Sicherheit niemand zu. Was der Mund verschweigt, verraten Körper, Hände und Gesicht. Ein schlaffer Händedruck sagt mehr über eine „schlaffe", unentschlossene Persönlichkeit aus als eine noch so forsche und freundliche Begrüßungsfloskel.

Der „innere" Mensch – das Gefühlsleben – kann vom „äußeren" Menschen, von der Körpersprache, geformt werden. Wer aber seine positive Entwicklung bewusst beeinflussen will, muss dauernd an seiner Wirkung auf andere arbeiten. Wenn Sie täglich vor dem Spiegel die Wirkung Ihrer Körpersprache trainieren, trainieren Sie auch Ihre innere Gelassenheit, Selbstsicherheit und Ihr entschlossenes Auftreten vor anderen.

Die Körpersprache souveräner Persönlichkeiten

Es kommt also bei Gesprächen und Vorträgen weniger darauf an, was Sie sagen, als wie Sie es sagen. Machen Sie sich deshalb zuerst bewusst, wie Sie auf andere wirken, und danach, wie Sie wirken möchten. Im Folgenden beschreiben wir Ihnen einige wesentliche Merkmale der Körpersprache, die souveräne Persönlichkeiten auszeichnen:

- *Standfestigkeit:* Die selbstbewusste Persönlichkeit steht aufrecht mit beiden Beinen fest auf dem Boden und wankt nicht. Wer von einem Fuß auf den anderen tritt, signalisiert unbewusst einen „schwankenden" Standpunkt, also gar keinen. Aufrecht stehen können Sie zudem nur, wenn Sie standfest sind. Unser Tipp: Trainieren Sie Ihre „Standfestigkeit" vor dem Spiegel.
- *Fester Händedruck:* Ein fester Händedruck wird unbewusst wahrgenommen als Zeichen für Entschlossenheit und Mut (zu Entscheidungen). Ein lascher Händedruck verrät die zaudernde, zögernde, ängstliche und unsichere Persönlichkeit. Unser Tipp: Üben Sie Ihren festen Händedruck mit einer Person Ihres Vertrauens.
- *Offene Gestik:* Mit den Händen untermauern Sie das, was Sie sagen. Trainieren Sie deshalb vor dem Spiegel das Spiel der Hände, indem Sie Ihre Worte damit betonen. Offene Hände signalisieren Offenheit. Wer die Hände vor der Brust verschränkt oder gar in den Hosentaschen „versteckt", wird als unehrlich wahrgenommen. Allzu fahrige Bewegungen wie etwa häufiges Streichen über die Haare schwächen Ihre Aussagen, verwirren den Zuhörer und verursachen Unruhe bis hin zur Unbehaglichkeit. Am wirkungsvollsten sind weiche, fließende Bewegungen, die aber auch Entschlossenheit zeigen. Unser Tipp: Studieren Sie die Hände eines Pianisten oder Dirigenten, um zu erkennen, wie intensiv Emotionen und Botschaften mit den Händen transportiert werden können.
- *Direkter Blickkontakt:* Wer seinem Gegenüber fest in die Augen blicken kann, zeigt, dass er nichts zu verbergen hat. Der direkte Blickkontakt steht für Offenheit und Ehrlichkeit. Aber Vorsicht: Wer Augenkontakt mit Starren verwech-

selt, kann die gegenteilige Wirkung erzeugen und das Gefühl vermitteln, sein Gegenüber zu dominieren oder gar zu „durchbohren". Unser Tipp: Üben Sie den direkten Blickkontakt am besten mit einem Menschen aus Ihrem persönlichen Umfeld.

- *Überzeugende Kleidung:* Jede Aussage und auch die Sprache von Gestik und Mimik wirken nur in der angemessenen Kleidung, die Ihre Persönlichkeit unterstreicht. Ziehen Sie sich daher so an, dass man Ihnen Ihre Worte auch abnehmen kann, also Ihrer Position entsprechend. Aber auch hier gilt: Nicht übertreiben, denn allzu viel Perfektion weckt nur Aggression. Unser Tipp: Denken Sie bei der Auswahl Ihrer Kleidung daran, dass nicht Sie erkennen müssen, wer Sie sind und wofür Sie stehen, sondern Ihr Gegenüber.
- *Wahrung der „Distanzzone":* Treten Sie Ihrem Gegenüber im wahrsten Sinn des Wortes nie „zu nahe". Jeder Mensch hat eine natürliche „Distanzzone", deren Überschreiten als unangenehm oder sogar als unerhört empfunden wird. Unser Tipp: Als Faustregel ist ein Annähern bis maximal auf Armlänge, also etwa 60 Zentimeter, akzeptabel.
- *Lächeln:* Selbst unangenehme Situationen lassen sich mit einem Lächeln entkrampfen. Unser Tipp: Setzen Sie Ihr Lächeln taktisch klug ein, aber hüten Sie sich vor „Dauergrinsen".

Körpersprache speziell für Reden, Vorträge & Co.

Die Körpersprache spielt nicht nur im Vier-Augen-Gespräch eine entscheidende Rolle für Ihren Erfolg. Gerade vor einem größeren Publikum greifen die Gesetze der Körpersprache. Hier sind spezielle Aspekte zu beachten, die wir Ihnen im Folgenden erläutern möchten.

In einem Vortrag kann das Gesagte noch so wichtig oder brillant formuliert sein – wenn Mimik, Gestik, Körperhaltung oder Ihre Kleidung etwas anderes sagen, wird dies für Verwirrung sorgen. Die zerzausten Haare eines Redners, sein permanentes Armrudern oder seine unpassende Kleidung beanspruchen die Aufmerksamkeit des Publikums so sehr, dass es den Ausführungen nur eingeschränkt folgen kann.

Körpersprache sollte die Zuhörer aber nicht verwirren. Gekonnt eingesetzt

- unterstreicht sie Ihre Aussage und
- drückt Ihre Wertschätzung gegenüber dem Publikum aus.

Welche Körperhaltung nehmen Sie als Redner ein?

- Ihre äußere Haltung spiegelt Ihre innere Haltung. Jemand, der selbstbewusst, offen und aufrichtig ist, wird in der Regel gerade und aufrecht stehen. Stellen Sie sich vor, an Ihrem Kopf wäre ein Faden befestigt, der zur Decke führt und Ihren Körper aufrichtet. Dabei sollten Sie weder ins Hohlkreuz fallen noch das Kinn nach oben recken.
- Nicht umsonst gibt es das geflügelte Wort „Mit beiden Beinen auf der Erde stehen". Stehen Sie sicher, ruhig und fest. Natürlich sollen Sie während des Vortrags nicht festkleben. Ein paar Schritte unterstreichen die Dramaturgie Ihrer Rede.
- Stellen Sie die Füße in Schulterbreite nebeneinander. Kneifen Sie die Beine nicht zusammen, während Sie sprechen. Vermeiden Sie aber auch die breitbeinige Haltung eines Revolverhelden.
- Wippen und schaukeln Sie nicht mit dem Oberkörper. Steif wie ein Stock sollten Sie natürlich auch nicht dastehen.

Navigations-Tipp

Fragen Sie einen guten Freund oder Ihren Partner, wie er Ihre Körperhaltung beurteilt.

Wohin mit den Händen?

- Bringen Sie Ihre Hände in eine gute Ausgangsposition, in welche diese nach einer Geste wieder zurückkehren sollten.
- Sie sollten Ihre Hände immer zeigen. Menschen, die ihre Hände verstecken, verstecken mehr als ihre Hände. Ihre Hände zeigen, ob Sie auf Menschen zugehen können oder ob Sie sie ablehnen oder sich zurücknehmen.
- Falls es Ihnen schwerfällt, die Hände frei zu lassen: Manche Redner legen sie an die Seite des Rednerpultes oder halten sich an den Karteikarten fest. Testen Sie die Wirkung im Spiegel. Verkrampft soll es nicht wirken.

Wohin mit dem Blick?

- „Sammeln" Sie die Blicke Ihres Publikums bereits ein, bevor Sie Ihre Rede beginnen. Lassen Sie Ihren Blick einen Augenblick lang auf möglichst allen Personen ruhen. Beginnen Sie erst dann, wenn jeder Sie anblickt. So können Sie sich der Aufmerksamkeit sicher sein. Sie haben Ihren Auftritt schon verschenkt, wenn Sie mit gesenktem Blick vom Blatt die Begrüßung ablesen!
- Schauen Sie Ihre Zuhörer an. Handelt es sich um ein größeres Publikum, so fixieren Sie keinen „toten Punkt", sondern suchen gelegentlich den Blickkontakt zu einzelnen Personen. Achten Sie darauf, nicht immer dieselbe Person anzuschauen. Man neigt dazu, wenn diese sehr aufmerksam zuhört.
- Auch wenn Sie etwas ablesen: Schauen Sie immer wieder von Ihrem Blatt auf, um Ihr Publikum anzusehen.

Was ist bei Gesten zu beachten?

- Immer dieselben Gesten wirken einfallslos, langweilig oder sogar nervtötend.
- Schauen Sie das Manuskript durch. Sie finden hier sicher Formulierungen, bei denen Sie Gesten einsetzen können. Zum Beispiel demonstrieren Sie mithilfe der Finger die Punkte erstens, zweitens und drittens oder holen zu einer ausladenden Geste aus, wenn es um etwas Großes geht. Probieren Sie einfach Verschiedenes aus.
- Überprüfen Sie, wie Sie sich mit bestimmten Gesten fühlen. Gehört die Geste zu Ihnen oder wirkt sie aufgesetzt?
- Testen Sie Gesten, aber studieren Sie diese nicht ein. Am besten wirken Gebärden, wenn sie spontan kommen.

Navigations-Tipp

Auch Ihre Kleidung und Ihre Accessoires sind wichtig. Für Damen wie für Herren gilt: Nichts sollte die Aufmerksamkeit von Ihrer Rede oder Ihrem Vortrag abziehen. Ein bisschen konservativer ist daher immer besser als zu modisch. Dezente Farben sind vorzuziehen. Tragen Sie keine klimpernden Armbänder oder Ohrringe.

Zeigen Sie Ihr Gesicht

In Ihrem Gesicht „lesen" die Zuhörer mit. Einem entspannten, offenen und freundlichen Gesicht hört man am liebsten zu. Eine kleine Übung kann Ihnen helfen, Ihr Gesicht zu entspannen.

> **Übung**
>
> Lösen Sie Ihre Kiefermuskeln so, dass Ihre Zähne bei geschlossenem Mund nicht aufeinanderliegen. Sie merken sofort, wie sich Ihre gesamte Muskulatur im Gesicht entspannt. Wiederholen Sie das mehrmals vor Ihrem Vortrag.

So bauen Sie eine prägende Rede auf

Bisher haben wir uns mit Stimme, Atmung und Körpersprache beschäftigt. Nun kommen wir zu den Inhalten Ihrer Rede. Schreiben Sie auf ein Blatt Papier oder auf Ihrem PC wortwörtlich Ihre Rede, Ihr Gespräch auf. Ihre Rede sollte so aufgebaut sein:

1. Begrüßung
2. Hauptteil
   Dieser sollte in drei Schwerpunkte unterteilt werden, zum Beispiel:
   a) wenig wichtig, b) sehr wichtig, c) außerordentlich wichtig, das Wichtigste
   oder:
   a) Fakten, b) Argumente, c) Handeln
   oder:
   a) Problem, b) Lösung, c) Mithilfe
   oder:
   a) Situation ändern, b) Verfahrensweise, c) Gründe
3. Schluss

Navigations-Tipp

Erfahrungsgemäß ist der Redeeinstieg der sowohl wichtigste als auch schwierigste Baustein. Er muss Ihren Hörern die Überzeugung vermitteln, dass es sich lohnt, Ihnen zuzuhören. Verwenden Sie auf den Anfang Ihrer Rede besonders viel Zeit und Mühe. Es zahlt sich aus, denn mit einem gelungenen Redeeinstieg haben Sie Ihre Zuhörer schon gewonnen. Dasselbe gilt für den Schluss. Gute Schlussworte bleiben in Erinnerung.

Je besser Sie in der Lage sind, im Schlussteil Ihrer Rede jedem Hörer deutlich zu machen, was Sie wollen und warum die Zuhörer handeln sollen, desto stärker werden die positiven Reaktionen sein. Wenn Sie mit Ihrer Rede wirklich etwas erreichen wollen, dann sprechen Sie so präzise wie möglich eine Anweisung oder einen klaren Auftrag aus. Der Schlusssatz sollte immer eine zum Handeln auffordernde positive Suggestion, eine positive Formulierung sein.

Übung

Die 4-W-Übung hilft Ihnen, sich auf jedes Gespräch oder Rede vorzubereiten. Stellen Sie sich folgende Fragen:

- Was will ich erreichen?
- Wie muss ich argumentieren?
- Welche Gegenargumente habe ich zu erwarten?
- Wie kann ich die Argumente widerlegen?

Wenn Sie diese vier Punkte durchdacht haben, sind Sie gut auf Ihre Rede vorbereitet.

Das beste Redemanuskript

Jede Zeitung oder Zeitschrift ist in Spalten gesetzt, weil das Auge kurze Zeilen besser erfassen kann als lange Zeilen, die über die gesamte Papierbreite laufen. Machen Sie sich dieses Prinzip für Ihr Redemanuskript zunutze und gehen Sie dabei so vor:

- Teilen Sie eine Seite in zwei Spalten.
- Schreiben Sie Ihre Rede wortwörtlich in die rechte Spalte.
- Mit jedem neuen Gedanken beginnen Sie einen neuen Absatz.
- Suchen Sie nun für jeden Absatz ein Schlüsselwort und schreiben dieses in die linke Spalte.

Nachdem Sie Ihre Rede fünfmal gelesen haben, brauchen Sie nur noch einen Blick auf die jeweiligen Schlüsselworte werfen und Sie können die gesamte Rede „abspulen". Ähnlich wie ein Suffleur im Theater hilft Ihnen Ihr Manuskript mit den Schlüsselworten, wenn Sie einmal den Faden verlieren.

Anhand der Rede von US-Präsident John F. Kennedy am 26. Juni 1963 in Berlin veranschaulichen wir Ihnen das Prinzip der Schlüsselworte.

Präsident Kennedy in Berlin	
Schlüsselworte	**Rede**
Stolz Bürgermeister	Ich bin stolz, heute in Ihre Stadt zu kommen als Gast Ihres hervorragenden Regierenden Bürgermeisters (...).
Vor 2000 Jahren Rom	Vor zweitausend Jahren war der stolzeste Satz, den ein Mensch sagen konnte, der: Ich bin ein Bürger Roms!
Stolz Berlin	Heute ist der stolzeste Satz, den jemand in der freien Welt sagen kann: Ich bin ein Berliner (...).
Kommunismus verstehen Berlin besuchen	Wenn es in der Welt Menschen geben sollte, die nicht verstehen oder nicht zu verstehen vorgeben, worum es heute in der Auseinandersetzung zwischen der freien Welt und dem Kommunismus geht, dann können wir ihnen nur sagen, sie sollen nach Berlin kommen.
Kommunismus Zukunft	Es gibt Leute, die sagen, dem Kommunismus gehöre die Zukunft. Sie sollen nach Berlin kommen!

Präsident Kennedy in Berlin	
Schlüsselworte	**Rede**
Kommunismus zusammenarbeiten Berlin besuchen	Es gibt wieder andere in Europa und in anderen Teilen der Welt, die behaupten, man könne mit dem Kommunismus zusammenarbeiten. Auch sie sollten nach Berlin kommen!
Kommunismus – böses System? Berlin besuchen	Und es gibt auch einige wenige, die sagen, es treffe zwar zu, dass der Kommunismus ein böses und ein schlechtes System sei, aber er gestatte es ihnen, wirtschaftlichen Fortschritt zu erreichen. Aber lasst auch sie nach Berlin kommen!
Freiheit und Demokratie Mauer bauen	Ein Leben in Freiheit ist nicht leicht und die Demokratie ist nicht vollkommen. Aber wir hatten es nie nötig, eine Mauer aufzubauen, um unsere Leute bei uns zu halten und sie daran zu hindern, woanders hinzugehen (...).
Freie Menschen Berliner	Alle freien Menschen, wo immer sie leben mögen, sind Bürger dieser Stadt Westberlin,
Stolz Berliner	und deshalb bin ich als freier Mann stolz darauf, sagen zu können: Ich bin ein Berliner!

Was Sie gegen Lampenfieber tun können

Eine wichtige Unterredung mit einem Geschäftspartner, eine Überzeugungsrede vor Mitarbeitern oder eine Konzeptpräsentation vor potenziellen Investoren: In jedem Fall steht für Sie persönlich viel auf dem Spiel: Sie möchten Ihr(e) Gegenüber unbedingt überzeugen, weil Sie dies Ihrem Ziel ein Stück näher bringt.

Stellen Sie sich vor: Sie stehen im Mittelpunkt. Alle Blicke sind auf Sie gerichtet. Was löst diese Situation bei Ihnen aus?

- Sie erstarren zur Salzsäule und wissen plötzlich nicht mehr, wohin mit den Händen?
- Sie sind angespannt und ziehen die Schultern nach oben?
- Sie rudern mit den Armen oder scharren mit den Füßen?
- Sie blicken gebannt auf Ihre Unterlagen anstatt freundlich ins Publikum?

Lampenfieber beim Reden ist eine der häufigsten Ängste des Menschen. Lampenfieber ist aber ein völlig natürliches Körpergefühl und kein Schreckgespenst. Schließlich ist es ein Zeichen, dass Körper und Psyche begriffen haben, dass eine besondere Situation bevorsteht. Die „Extra-Energien" stauen sich und rufen ganz unterschiedliche Symptome hervor. Schweißausbrüche, trockener Mund oder „Kloß im Hals". Sagen Sie „Ja" zu Ihrer Unruhe! Ziel sollte sein, Ihr Lampenfieber auf ein erträgliches Maß zu reduzieren. Etwas Spannung ist erwünscht!

Es gibt vier Ansatzpunkte, um das Problem Lampenfieber zu meistern:

- Training ohne konkreten Anlass
- Vorbereitung der Ansprache
- Die Zeit kurz vor der Ansprache
- Das Verhalten während des Vortrags

Trainieren Sie ohne konkreten Anlass

Das beste Mittel gegen Redeangst ist das Reden selbst. Und wenn in nächster Zeit kein Anlass für eine Rede ist, dann müssen Sich sich eben selbst Gelegenheiten schaffen.

Nutzen Sie alle Möglichkeiten, die sich im Unternehmen, in der Familie, im Freundeskreis oder Verein bieten, eine kleine Rede zu halten (zum Beispiel eine kurze Stellungnahme zu einem aktuellen Problem). Ergreifen Sie bei Besprechungen häufiger das Wort und beteiligen Sie sich lebhaft an Diskussionen im Berufs- und Privatleben. Machen Sie sich bewusst, dass es sich in solchen Situationen um kleine Reden handelt. Je häufiger Sie vor mehreren Personen sprechen, umso normaler empfinden Sie diese Situation.

Natürlich können Sie auch ohne Zuhörer trainieren. Wie bereits erwähnt, können Sie kleine Redeübungen mit Videoaufzeichnung oder Tonbandgerät machen. So üben Sie den Umgang mit der eigenen Stimme, die Artikulation, Gestik und eine angemessene Haltung.

Vorbereitung der Ansprache

Nur in seltenen Fällen werden Sie aus dem Stegreif eine Rede halten müssen. In der Regel haben Sie sowohl bei beruflichen als auch bei privaten Anlässen eine gewisse Vorbereitungszeit. Nutzen Sie diese intensiv und fangen Sie nicht „auf den letzten Drücker" an, sich Gedanken zu machen. So lässt sich unnötiger Stress vermeiden. Erarbeiten Sie außerdem ein zuverlässiges Stichwortmanuskript. Das gibt zusätzlich Sicherheit, nicht plötzlich „blank" dazustehen, falls Sie ein Blackout haben.

Navigations-Tipp

Eine der besten Vorbereitungsmethoden ist ein Probevortrag vor dem Partner, der Familie oder Freunden. Dadurch gewinnen Sie enorme Sicherheit und Vertrauen in sich selbst. Wenn es etwa bei Freunden schon einmal geklappt hat, dann wird Ihnen die Rede auch im Ernstfall gelingen!
Sie können die Rede auch auf Tonband sprechen und sich mehrmals anhören. Jedes Mal, wenn Sie den Vortrag hören, arbeitet Ihr Unterbewusstsein automatisch und lässt Sie nach noch treffenderen Formulierungen suchen.

Die Zeit kurz vor der Ansprache

Nutzen Sie die Zeit unmittelbar vor dem Vortrag, um sich zusätzlich Sicherheit zu verschaffen:

- Überprüfen Sie die Rahmenbedingungen (Mikrofon, Projektor, Zahl der Sitzplätze) und machen Sie sich mit der Technik vertraut.
- Überprüfen Sie Ihr Äußeres.
- Gönnen Sie sich vor der Rede eine halbe Stunde Ruhe. Gehen Sie in einem Park spazieren oder legen Sie sich hin und entspannen sich. Bringen Sie sich für eine Weile in Alpha. Das verschafft Ihnen absolute Entspannung (siehe Kapitel 8 „Suggestion: Wie Sie sich selbst und andere positiv beeinflussen").
- Suchen Sie einen Ort auf, an dem Sie ungestört laut sprechen können. Sprechen Sie einige Passagen Ihrer Rede laut. Gewöhnen Sie sich an Ihre eigene Lautstärke und den Klang Ihrer Stimme.
- Machen Sie folgende Atemübung zum Stressabbau: Atmen Sie langsam aus, dann langsam ein. Danach halten Sie vier Sekunden die Luft an. Dies wiederholen Sie fünfmal. Diese Übung dauert keine Minute, aber senkt den Puls um 20 Schläge und nimmt jedem Stress die Spitze. Dazu kommt, dass keiner bemerkt, wenn Sie vor einem wichtigen Auftritt diese Übung praktizieren.

Das Verhalten während des Vortrags

Auch im Vortrag selbst liegt es in Ihrer Hand, Ihre Anspannung in Grenzen zu halten:

- Vertrauen Sie auf Ihre gute Vorbereitung.
- Glauben Sie an Ihre Fähigkeiten. Sie haben auch schon andere schwierige Situationen gemeistert.
- Sie wissen viel mehr als Ihre Zuhörer. Diese kommen doch, um etwas zu erfahren!
- Denken Sie nicht dauernd an mögliche Pannen – sonst werden diese sicherlich eintreten (Selffulfilling Prophecy).
- Bleiben Sie bei Ihrem Konzept und nehmen Sie keine spontanen Änderungen vor.

Navigations-Tipp

Trainieren Sie mithilfe der Autosuggestion, zur absoluten inneren Ruhe zu finden. Durch ständiges Wiederholen entsteht im Unterbewusstsein ein neues Reiz-Reaktions-System. So können Sie vor einer wichtigen Rede die innere Ruhe quasi „abrufen“.
Dies lässt sich hervorragend durch Autosuggestion vor dem Spiegel trainieren. Hier erleben Sie sich in „Bild und Ton“. Sprechen Sie Ihren Text in Zeitlupe. Das hat enormen Einfluss auf Ihr Verhalten, Ihre innere Gelassenheit, wenn Sie vor vielen Zuhörern sprechen.

Die zehn wichtigsten Regeln der Rhetorik

Zum Schluss dieses Rhetorik-Kapitels möchten wir die zehn wichtigsten Regeln der Rhetorik zusammenfassen. Diese dienen gleichzeitig als Checkliste, die Sie durchgehen können, wenn Sie sich auf eine Ansprache vorbereiten müssen.

1. Die Welt vertraut dem Namen.
2. Werden Sie Meister in der Kunst, andere zu loben.
3. Reden lernt man nur durch Reden.
4. Haben Sie keine Angst vor Lampenfieber.

5. Üben Sie jeden Tag. So lernen Sie, Vertrauen zu gewinnen.
6. Schwerpunkte erfolgreicher Rhetorik sind:
   - Der erste Eindruck entsteht durch die Körpersprache.
   - Ihre Augen sind der kürzeste Weg zu Ihren Mitmenschen.
   - Ihre Stimme zeigt, wes Geistes Kind Sie sind.
   - Erst dann entscheidet der Inhalt, das Fachwissen.
7. Alles lebt aus der Beachtung.
8. Struktur einer Rede:
   - Beginnen Sie mit einem Gedanken, zu dem jeder „Ja" sagen kann.
   - Machen Sie Ihr Interesse für den anderen deutlich.
   - Nicht die Menge der Worte entscheidet, sondern wie wirksam Sie sprechen.
   - Nennen Sie im Hauptteil der Rede immer nur drei Punkte. Beginnen Sie mit dem schwächsten Argument und enden Sie mit dem wichtigsten.
   - Der Schlusssatz ist immer eine zum Handeln auffordernde positive Formulierung.
9. Das Geheimnis des Erfolgs ist das Geheimnis der inneren Ruhe.
10. Ich trainiere, bis ich meine Meisterschaft erreicht habe.

Teil III

Wie Sie mit Stress und anderen Belastungen umgehen

10. Stress, Burnout & Co: Erfolgskiller auf dem Vormarsch

Schnappt bei Ihnen auch regelmäßig die Stressfalle zu? Das Telefon klingelt ununterbrochen, die Akten stapeln sich auf dem Schreibtisch, die Zeit rennt davon. Hektik, Chaos und Druck bestimmen immer mehr Ihren Alltag. Nicht nur Ihr Beruf ist davon betroffen, auch das Privatleben. Und der Spagat zwischen beiden Bereichen ist fast ein Ding der Unmöglichkeit geworden. Sie hetzen von einem Termin zum nächsten und kämpfen gleichzeitig an den verschiedensten Fronten. Kein Wunder, dass Sie Ihre Ziele aus den Augen verlieren ... Sie sind so gestresst, dass Sie es nicht einmal schaffen, jeden Tag einen Blick auf Ihre ausformulierten Ziele zu werfen. Wenn Sie nicht rechtzeitig die Notbremse ziehen, gefährden Sie darüber hinaus massiv Ihre Gesundheit!

Die Weltgesundheitsorganisation WHO hat Stress zur größten Gesundheitsgefahr für das 21. Jahrhundert erklärt: Mehr als 37 Millionen Menschen in Europa leiden an Depressionen infolge von Stress. Wohin übermäßiger Stress in der Arbeit und im Privatleben langfristig führen kann, zeigt eine Statistik der Techniker Krankenkasse: Im Vergleich zu allen anderen Krankheitsbildern sorgen psychische Störungen wie das Burnout-Syndrom oder Zwangsstörungen, die oft durch Stress ausgelöst werden, noch vergleichsweise selten für Krankschreibungen – aber sie befinden sich in einer rasanten Aufholjagd: Allein von 2000 bis 2005 ist die Zahl der Arbeitsausfälle wegen psychischer Störungen um 23 Prozent gestiegen.

Navigations-Tipp

Seien Sie auf Probleme wie Stress, Burnout, Ängste und Zweifel gefasst. Diese sind nichts Außergewöhnliches – im Gegenteil: Sie sind geradezu selbstverständlich. Ihnen muss vielmehr etwas komisch vorkommen, wenn Sie nie eine Phase der Verunsicherung erleben. Machen Sie sich daher eines deutlich: Momente, in denen Ihnen alles zu viel wird, in denen alles über Sie hereinstürzt, in denen Sie von Zweifeln geplagt werden, kommen immer. Planen Sie diese ein, dann können Sie viel gelassener reagieren.

Was ist Stress eigentlich? Was bewirkt er? Wie stressgefährdet und gestresst sind Sie persönlich? Und was können Sie gegen Stress und für mehr Gelassenheit tun? In diesem Kapitel erfahren Sie es.

Stress – was ist das?

Wir befinden uns im Stress, wenn wir Belastungen, Anstrengungen und Ärgernissen ausgesetzt sind, die uns aus dem Gleichgewicht bringen und bei denen wir seelisch und körperlich unter Druck stehen. So definierte es 1950 der Mediziner Hans Seyle.

Natürliche Stressreaktionen wie erhöhter Blutdruck, schneller Puls und hohe Atemfrequenz dienten unseren Vorfahren zur Mobilisierung aller Körperreserven in Gefahrensituationen. Auf diese Weise wurde der Körper innerhalb kürzester Zeit kampf- und fluchtbereit. Wurde durch Kampf oder Flucht das aktivierte Energiepotenzial verbraucht, konnte sich der Körper wieder erholen.

Die vier Phasen der körperlichen Stressreaktion

Von Natur aus ist der Mensch für Stress mit einem Vier-Phasen-Mechanismus ausgerüstet, der ihm ein optimales „Haushalten" und einen zielgerichteten Einsatz seiner zur Verfügung stehenden Kräfte ermöglicht.

1. Schockphase: Schlagartige Reduzierung aller Kreislauf- und Stoffwechselfunktionen
2. Alarmphase: Mobilisierung sämtlicher Abwehrkräfte
3. Handlungsphase: Einsatz und Verbrauch des aktivierten Energiepotenzials
4. Erholungsphase: Regeneration nach Erschöpfung

Heute ist das lebensnotwendige Phänomen der Stressreaktion oft eher hinderlich und wird zum Bumerang: Frei werdende Energien führen beim modernen Menschen weder zum Kampf noch zur Flucht. Stressauslöser (siehe nächster Abschnitt) wie Lärm, Hektik und drängende Entscheidungen können durch körperlichen Einsatz nicht abgewehrt werden. Dann verlangt die „Etikette" auch noch, dass Sie Ruhe bewahren, Ihre Erregung verbergen und Beherrschung zeigen! Es gibt also keine Möglichkeit, Spannungen direkt abzubauen. Sie bleiben quasi auf dem aufgebauten Energiepotenzial „sitzen" und reagieren mit Ärger, Zorn oder Aggression. Die Spannungen richten sich gegen den eigenen Körper: Stressbedingt kommt es zu gesundheitlichen Beeinträchtigungen wie Schlafstörungen, Magen- und Darmproblemen, Verspannungen, Rücken- und Kopfschmerzen, Herz-Kreislauf-Beschwerden etc.

Häufig befinden Sie sich noch auf einem hohen Aktivierungsniveau, wenn Sie schon der nächste Stressor reizt und Ihnen einen neuen Adrenalinstoß verpasst. Ihr Erregungsniveau steigt immer höher. Geht dies über einen längeren Zeitraum immer weiter, kommt es zu schweren Erkrankungen. Der Grund: Ihr Stressbewältigungspotenzial ist nicht für Dauerstress geeignet.

Navigations-Tipp

Ob bei Arbeitsstress oder Gefahr: Der Körper braucht anschließend Erholung.

Stressauslöser

Stress ist ein unvermeidlicher Teil unseres Lebens. Vier von fünf Deutschen bekannten bei einer Repräsentativumfrage: „Ich bin gestresst." Stress scheint allgegenwärtig in unserem Leben zu sein und ständig zuzunehmen. Gehen wir der Sache auf den Grund: Wodurch genau wird Stress ausgelöst?

Die Ursachen für Stress werden Stressoren genannt. Bestimmte Situationen, Personen, aber auch Ihre persönliche Einstellung können Auslöser für Stress (Stressoren) sein. Welche Ereignisse Stress bewirken, ist von Mensch zu Mensch verschieden. So kann laute Musik für den Teenager Entspannung, für die Eltern puren Stress bedeuten!

Äußere Stressoren sind Alltagssituationen, die Sie als unangenehm oder bedrohlich wahrnehmen: zum Beispiel Lärm, Klima, Verkehrsstau, Wartezeiten, Sorgen, Schulden, Krankheiten, Schmerzen, Langeweile und Kritik.

Innere Stressoren sind durch die Erziehung geprägt. Sie begünstigen die Wahrnehmung einer Situation oder Person als Stressauslöser: zum Beispiel zu hohe Ansprüche oder Erwartungen, unerfüllte Sehnsüchte, geringe Belastbarkeit und Perfektionismus.

Zu den *psychisch-mentalen Auslösern* zählen Überforderung, Unterforderung, unklare Zielvorgaben sowie Leistungs-, Zeit- und Konkurrenzdruck.

Soziale Stressoren – vor allem am Arbeitsplatz – werden als psychosoziale Belastung wahrgenommen: zum Beispiel Mobbing, isoliertes Arbeiten, schlechtes Betriebsklima und belastende Arbeitszeiten.

Immer mehr Menschen kommen heute durch ihren Beruf aus dem seelischen Gleichgewicht. Die Arbeitsbedingungen, die gekennzeichnet sind von hohem Tempo, wachsender Arbeitsdichte und großen Anforderungen an die Flexibilität, lösen bei Arbeitern ebenso wie bei Akademikern Erschöpfungskrankheiten aus: Der Job ist zur Stressquelle Nummer eins geworden.

Stress hat ein Doppelgesicht

Wer nun glaubt, dass Stress nur ein negatives Vorzeichen hat, der irrt sich! Im Gegenteil – in der richtigen Dosis kann er Sie zu Höchstleistungen anspornen. Denken Sie nur an die Leistungssportler, die aufgrund von positivem Stress große Erfolge erzielen. Auch das berühmte Lampenfieber hat schon so manchen Künstler auf der Bühne beflügelt.

Stress sorgt dafür, dass Ihnen nicht langweilig wird. Er fordert Sie zur Aktion auf, hält Sie in Schwung, er bringt Sie an die Grenzen Ihrer körperlichen und geistigen Leistungsfähigkeit. Ohne Stress könnten Sie nicht leben, ohne ihn gäbe es keinen Fortschritt, ohne ihn hätten Sie keine Erfolgserlebnisse. Er ist die Triebfeder all Ihrer Leistungen und Ihres persönlichen Wachstums. Stress hat also auch positive Seiten. Man spricht hier von Eustress, gutem Stress.

Zum Problem wird Stress erst, wenn Sie ihn buchstäblich nicht abarbeiten können. Dann macht ein Zuviel an Stress krank! Von der Herausforderung zur Überforderung ist es also oft nur ein kleiner Schritt.

Die Angstkrankheit greift um sich

Stress hat viele Erscheinungsformen. Die Krankheiten, die Stress verursacht, äußern sich ebenfalls sehr vielschichtig. Die Wirkung von Stress auf Körperfunktionen und Gesundheit ist medizinisch nachweisbar:

- Angst durch Stress wirkt sich unmittelbar auf das Immunsystem aus. So nimmt zum Beispiel die Zahl der aktiven „Killerzellen" im Blutkreislauf infolge von Dauerstress nachweislich ab, weiße Blutkörperchen werden in ihrer Entwicklung gestört, die Bildung von Immunglobulinen wird vermindert. Das Immunsystem wird massiv geschwächt.
- Viele Ärzte sehen inzwischen sogar einen Zusammenhang zwischen Stress und vielen Krebserkrankungen. Und immer häufiger kommen deshalb in der Krebstherapie psychotherapeutische Ansätze und Entspannungstechniken zum Einsatz – mit dem Ziel, das Immunsystem zu stärken und die körpereigenen Abwehrkräfte zu mobilisieren, vor allem aber, um den Patienten die Angst zu nehmen und stattdessen Mut und Zuversicht zu vermitteln.

Angst und Stress sind miteinander verwandt. Ohne Angst gäbe es keinen Stress. Während Stress in vernünftigen Maßen sich positiv auf Motivation und Leistung auswirkt, sind ständige Angst und mangelndes Selbstvertrauen die reinsten Erfolgskiller.

Angstzustände führen zu bedrohlichen Erkrankungen von Körper und Psyche. Inzwischen ist in der Psychotherapie nicht mehr das Burnout-Syndrom – das Gefühl des inneren „Ausgebranntseins" infolge ständiger Erschöpfung – die heimtückischste seelische Folge von permanentem Dauerstress, sondern die sogenannte „Angstkrankheit". Die Betroffenen werden von Versagens- und Existenzängsten, Depressionen, Schlaflosigkeit und Panikattacken gequält. Sie leiden unter massiven Angstgefühlen und werden krank. Gesundheitsbedrohliche Symptome wie Bluthochdruck, Herzrasen, Magenkrämpfe oder Ohrensausen bis hin zum Hörsturz sind die Begleiterscheinungen dieser Stresskrankheit.

Vor allem höher Qualifizierte sind von der Angstkrankheit betroffen. Immer mehr der leistungsfähigsten, heute noch kerngesunden Menschen verlieren oft von einem Tag auf den anderen den Boden unter den Füßen. Schon den normalen, geschweige denn den gestiegenen Belastungen des Arbeitsalltags sind die Angstkranken längst nicht mehr gewachsen. Bestenfalls „funktionieren" sie noch eine Zeit lang mehr schlecht als recht.

Der Medizinsoziologe Johannes Siegrist von der Universität Düsseldorf hat in zwei Studien den Zusammenhang zwischen zunehmendem Druck und gestiegener Arbeitsbelastung im Beruf, körperlichen Beschwerden und Angst nachgewiesen. In seinen Erhebungen kam er zu dem Ergebnis, dass Angst in Verbindung mit Depression die vierthäufigste Todesursache in westlichen Industrienationen ist. Im Jahr 2010 wird laut Schätzung der Weltgesundheitsorganisation die durch Dauerstress und Leistungshochdruck ausgelöste Angstkrankheit bereits die zweithäufigste Todesursache in unserer Gesellschaft sein.

Keine Gesellschaft der Welt kann es sich erlauben, ausgerechnet die Leistungsfähigsten und Qualifiziertesten zu opfern. Die heimtückische Erkrankung kann jeden treffen – bereits jeder Vierte erlebt nach neuesten Schätzungen einmal im Laufe seines Lebens eine Angststörung. 127 Millionen Menschen in Europa – also mehr als jeder Vierte – leiden an den zwölf häufigsten psychischen Erkrankungen, ein Drittel davon unter Ängsten und Panikattacken. Die Arbeitsausfalltage in Deutschland infolge von Angststörungen sind laut einer Erhebung der DAK von 2000 bis 2005 um 27 Prozent gestiegen, infolge von Depressionen um 42 Prozent. Fast 10 Prozent der Krankschreibungen gehen heute auf psychische Erkrankungen zurück. Ärzte und Therapeuten rechnen in den kommenden Jahren mit einem weiteren Anstieg. „Das Phänomen Angst ist alt", sagt etwa der Verhaltenstherapeut Jürgen Margraf von der Universität Basel. „Doch die Angststörungen nehmen in unserer Gesellschaft eindeutig zu."

Angst kostet die Allgemeinheit viel Geld! Mindestens 100 Milliarden Euro Verluste etwa muss die deutsche Wirtschaft jedes Jahr infolge der Ängste ihrer Mitarbeiter verkraften. Das haben die beiden Wirtschaftswissenschaftler Winfried Panse und Wolfgang Stegmann errechnet. Nach ihren Untersuchungen leiden neun von zehn Beschäftigten unter betrieblich bedingten Ängsten, die sich dann in Fluktuation, Medikamenten- und Alkoholmissbrauch, Mobbing, Fehlzeiten oder inneren Kündigungen niederschlagen und damit einen Milliardenschaden verursachen. Jahr für Jahr.

Regelrecht ausgebrannt sein: Das Burnout-Syndrom

Der typische Burnout-Kandidat ist ständig in Eile. Er ist gehetzt, fahrig, reizbar, nervös. Er kann nicht mehr abschalten, kann nichts mehr genießen: kein gutes Essen, kein Kulturerlebnis, keinen Abend mit Freunden. Sein Akku ist längst leer, auch wenn er seinen bedrohlichen Zustand oftmals nicht wahrnimmt. Es ist nur eine Frage der Zeit, wann der totale Kollaps kommt. Wer den Endzustand eines Burnout erreicht hat, ist gar nicht mehr arbeitsfähig.

Es gibt Menschen, die scheinbar immer „unter Strom" stehen, aber auf Dauer hält das niemand durch. Denn wer ständig unter Hochdruck steht, verkrampft und blockiert, bekommt zunehmend Angst vor dem Versagen. Geht dann wirklich etwas schief (was bei der „Dauer-Power" immer wahrscheinlicher wird), gerät er in Panik – der Teufelskreis beginnt und dreht sich mit der Zeit immer schneller. Am Ende lauert stets die Angst.

Navigations-Tipp

Mit dem englischen Begriff „Burnout" (ausgebrannt) wird ein Zustand physischer und seelischer Erschöpfung beschrieben – meist infolge von beruflicher Überbeanspruchung.

Burnout ist ein schleichender Prozess. Er entwickelt sich oft unbemerkt. Eine hohe Leistungsbereitschaft, hohe Frustrationstoleranz, viel Stress aushalten können und so weiter sind Verhaltensweisen, die in der heutigen Arbeitswelt höchst willkommen sind. Sie werden sogar als Voraussetzung gesehen, um einen Job zu bekommen! Der Übergang von einem ausbalancierten Verhältnis der wichtigen persönlichen Lebensbereiche (Spannungsfeld Beruf – Privatleben) zum Burnout-Syndrom ist deshalb fließend und oft für das persönliche Umfeld besser erkennbar als für die Betroffenen selbst. Über Monate, nicht selten auch über Jahre leiden Betroffene an körperlichen und seelischen Beschwerden.

Ursachen von Burnout

Ein Burnout-Syndrom wird nie nur von einem einzigen Stressfaktor verursacht. Ebenso wenig brennt man von einem Tag auf den anderen aus. Es handelt sich vielmehr um eine Kombination von arbeitsbedingten und persönlichen Stressfaktoren.

Die Betroffenen durchlaufen einen Prozess, der von typischen Symptomen begleitet ist, die – rechtzeitig erkannt – frühzeitiges Vorbeugen möglich machen. Burnout ist also die Folge einer anhaltenden Krise in der Interaktion zwischen Mensch und Umwelt. Die individuelle Persönlichkeit (nicht alle Menschen sind psychisch gleich „stark"), die Situation, die Struktur (zum Beispiel die Organisation und die Kultur des Unternehmens) und die Erfahrungen diesbezüglich spielen eine wesentliche Rolle.

Wen kann es treffen? Unabhängig vom Beruf scheinen folgende Persönlichkeitstypen am stärksten gefährdet zu sein:

- Hingebungsvolle Menschen, die sich zu lange zu viel Arbeit aufbürden
- Mitfühlende Menschen, die sich zu stark mit den ihnen anvertrauten Personen identifizieren
- Idealistische Menschen, die sich unerreichbare Ziele setzen
- Überengagierte Menschen, deren Einsatz die Folge eines unbefriedigenden Privatlebens ist
- Autoritäre Menschen, die über Macht und Gehorsam Kontrolle ausüben wollen
- Administrativ Tätige, die chronisch überarbeitet sind und sich für unersetzlich halten.

Die Betroffenen reagieren mit körperlicher, emotionaler und geistiger Erschöpfung.

Lassen Sie es nicht so weit kommen! Wer ausgebrannt und enttäuscht ist, entwickelt leicht eine Gleichgültigkeit gegenüber seinen ursprünglichen Zielen. Möglicherweise musste er die Erfahrung machen, dass die erhofften und erreichbaren Ziele weiter entfernt sind, als er dachte.

Wie lautet die Lösung? Im folgenden Kapitel stellen wir Ihnen vielfach bewährte Strategien vor, mit denen Sie Burnout und Stress vorbeugen und entgegenwirken können. Wenn Sie sich gar nicht mehr zu helfen wissen, müssen Sie sich natürlich professionelle Hilfe bei einem Arzt oder Therapeuten holen.

11. Wie Sie dem Stress ein Schnippchen schlagen und Ihre Ziele weiterverfolgen

Sie können die beruflichen Anforderungen nicht ändern. Sie können den Stress nicht abschaffen. Sie haben nicht die Macht, sämtliche Rahmenbedingungen im Berufs- und Privatleben dahingehend zu ändern, dass Sie nicht mehr mit Stress konfrontiert sind. Ihr Ziel kann deshalb nicht sein, den Stress zu beseitigen – sondern vielmehr Ihre Fähigkeit zur Stressbewältigung zu verbessern.

Zu viel Stress ist ungesund, solange wir ihn passiv hinnehmen. Zunächst müssen wir Stress als unvermeidlich und natürlich akzeptieren, ihm gleichzeitig aber seine gefährliche Spitze nehmen. Dann lässt sich Stress in eine positive Kraft verwandeln.

In diesem Kapitel bieten wir Ihnen erprobte und bewährte Techniken an, Ihre Stressenergie in Zukunft positiv nutzen.

Erste Hilfe bei Überlastung

Erkennen Sie bei sich erste Anzeichen für eine Überlastung? Sind Sie häufig erschöpft, morgens schon todmüde, unkonzentriert, unzufrieden, ängstlich oder nervös? Dann ist Stress im Spiel und Sie sollten schnell die Notbremse ziehen. Wichtig ist jetzt, die Balance zwischen Arbeit und Freizeit wieder zu finden. Achten Sie darauf, in einem entspannten Zustand zu arbeiten und zu leben. Versuchen Sie, Termine abzusagen, früher von der Arbeit nach Hause zu gehen und mal am Wochenende nicht zu arbeiten. Nehmen Sie sich Zeit zum Nachdenken und aktivieren Sie Ihre vernachlässigten zwischenmenschlichen Beziehungen: Gespräche mit dem Partner, Zeit für die Kinder, Treffen mit Freunden etc. Um die Balance wiederherzustellen, sollten Sie Projekte in der Firma abgeben, mehr Arbeit delegieren etc.

Tun Sie etwas für die Verbesserung Ihrer Stressbewältigung. Mit Entspannungstechniken und sportlichen Aktivitäten, bei denen Sie Ihr Stresspotenzial abarbeiten, gelingt – auch bei wenig Zeit – der Ausstieg aus dem gesundheitsschädigenden Kreislauf.

Navigations-Tipp

Entwickeln Sie Ihr persönliches Anti-Stress-Programm, indem Sie Ihre privaten und beruflichen Aufgaben überprüfen und Prioritäten setzen. Jeder Tag hat 24 Stunden; machen Sie das Beste daraus, aber stopfen Sie nicht alles hinein. Wenn Sie sich zu viel vornehmen, sind Sie nur frustriert, weil Sie nicht alles schaffen. Sich frei machen von den eigenen Zwängen ist eine Grundvoraussetzung für die Freiheit, die wir anstreben.

Verinnerlichen Sie die folgende Atemübung, die bei Stress und Überbeanspruchung wie ein Mittel aus dem Erste-Hilfe-Koffer wirkt:

Übung

Atmen Sie langsam aus, dann langsam ein. Danach halten Sie vier Sekunden die Luft an. Dies wiederholen Sie fünfmal. Diese Übung dauert keine Minute, senkt aber den Puls um 20 Schläge und nimmt jedem Stress die Spitze!

Entwickeln Sie Gelassenheit

Soweit die Erste Hilfe. Doch wir wollen mit Ihnen tiefer in die Problematik einsteigen. „Ziehen Sie klare Grenzen" ist leicht gesagt, aber dann bleibt Ihre Arbeit liegen und Sie sind mit dem Ergebnis nicht zufrieden. Schließlich lässt sich nicht mal schnell ein Projekt absagen – schon gar nicht, wenn es womöglich gerade das Projekt ist, das Sie Ihrem Ziel ein Stück näher bringen soll.

„Reduzieren Sie Ihre Belastungen", so lautet oft die Empfehlung für gestresste Mitmenschen. Doch oft lassen sich die Ursachen von Stress nicht beseitigen, weil sie von außen vorgegeben sind. Nicht jeder hat Einfluss auf seine Arbeitsbedingungen oder kann etwas gegen die personelle Unterbesetzung in seiner Firma tun.

Unsere Empfehlung lautet: Setzen Sie dort an, wo Sie selbst etwas ändern können! Sie haben es in der Hand, mit welcher inneren Einstellung Sie an Ihre Arbeit gehen, wie ausgeprägt Ihr positives Denken und Ihre Fähigkeit sind, sich zu entspannen und gleichzeitig auf Ihre wichtigen Ziele zu konzentrieren.

Das Leben als Teufelsrad: die stabile Mitte finden

Vielleicht kennen Sie das „Teufelsrad", das auf manchen Rummelplätzen noch zu finden ist. Dabei handelt es sich um eine große Drehscheibe, die immer schneller rotiert, während die Menschen versuchen, sich möglichst sicher darauf zu halten. Das gelingt am besten in der Mitte der Scheibe – von hier aus kann man den heftiger werdenden Rotationen gelassen zusehen. Je weiter man sich an den Rand des Teufelsrades begibt, desto mehr ist man den Fliehkräften der Beschleunigung ausgeliefert, desto mehr gerät man in Gefahr, die Balance zu verlieren.

Ähnlich verhält es sich im „richtigen" Leben: Wer seine stabile Mitte gefunden hat, findet Sicherheit und Standfestigkeit in einer instabilen, unruhigen, hektischen Umgebung. Hier, in der eigenen Mitte, findet der Mensch die Ruhe, die er braucht, um Energie zu tanken und sich auf seine wichtigen Ziele und Aufgaben zu konzentrieren.

Navigations-Tipp

Betrachten Sie heitere Gelassenheit nicht nur als Verhaltensweise, sondern als Lebensziel. Überlegen Sie, welche Faktoren Ihre Lebensqualität positiv beeinflussen, und beschäftigen Sie sich mit diesen Faktoren. Fixieren Sie sich nicht auf Negatives.

Mentales Training führt aus der Stressfalle

Das mentale Training (oder Alpha-Training) hilft Menschen, Stress abzubauen und stressbedingte Angstgefühle zu besiegen, indem sie voller Mut und Selbstvertrauen konzentriert ihre Ziele verfolgen und ihre wichtigen und wertvollen Aufgaben erfolgreich bewältigen. Während das autogene Training nur bei etwa 50 Prozent der Anwender funktioniert, funktioniert das mentale Training, einer Weiterentwicklung des autogenen Trainings, bei den meisten Menschen (siehe dazu auch Kapitel 8 „Suggestion: Wie Sie sich selbst und andere positiv beeinflussen").

Das mentale Training ist eine Methode, die inzwischen im Spitzensport ebenso selbstverständlich geworden ist wie im Management und in allen Berufen, die ein Höchstmaß an Leistungsfähigkeit erfordern. Drei Spitzensportler haben mit dieser Methode überragende Erfolge erreicht: Dr. Karl Schnabl, Goldmedaille im Skispringen, Toni Innauer, Weltmeister im Skispringen, und Irene Epple, Silbermedaille im Abfahrtslauf.

Der Erfolg des mentalen Trainings beruht auf den beiden Trainingszielen

- Steigerung des Selbstbewusstseins zur Stabilisierung des Charakters und
- Steigerung der Lernfähigkeit zur Verbesserung der Konzentration.

Insbesondere durch zwei Übungen unterscheidet sich das mentale Training nach der Enkelmann-Methode vom autogenen Training. Dank dieser Techniken ist das mentale Training für die meisten Menschen leicht und schnell erlernbar.

1. Während das autogene Training mit einem Selbstbefehl beginnt – „Meine Arme und Beine werden schwer“ –, versetzen sich bei unserer Methode die Trainierenden in Tiefenentspannung (Alpha-Zustand), indem sie von zehn bis null rückwärts zählen. Diese Zählweise zwingt zur Konzentration, da es für die meisten Menschen schwieriger ist, als vorwärts zu zählen. Durch die Konzentration auf die Zahlenfolge können die Probleme des Alltags nicht die Gedanken stören. Sie bleiben außen vor.
2. Atemtechnik ist ein wesentlicher Bestandteil des mentalen Trainings. Wir haben festgestellt, dass durch Atemtechniken Organfunktionen beeinflusst werden können. So lässt sich zum Beispiel der Herzschlag nur über die Atmung verlangsamen oder beschleunigen. Und eine Vertiefung der Atmung führt zu einer Verlangsamung der Gehirnfunktion. Die Tiefenentspannung wird dadurch weniger durch störende Gedanken beeinflusst, Konzentration und Ruhe verstärken sich.

Was passiert im Alpha-Zustand und wie finde ich Entspannung?

Im Alpha-Zustand, dem Zustand größtmöglicher Entspannung, ist der Geist wach und präsent, während sich der Körper in einem Zustand äußerst tiefer Ruhe befindet. In der Entspannung gehen Sie den Weg zur Mitte, zur Stille im eigenen Innern – mitten in einer lauten und reizüberfluteten Umgebung. Der Alpha-

Zustand ist der Ruhepunkt der inneren Sicherheit, die stabile Mitte: Sinnbildlich gesagt, finden Sie hier selbst im größten Sturm, in der hektischsten Situation Balance und Ruhe und strahlen diese Ausgeglichenheit auch nach außen aus. Wer sich im Alpha-Zustand befindet, ist kaum stressgefährdet.

Manche Menschen glauben fälschlicherweise, dass der Bewusstseinszustand in der Tiefenentspannung mit dem Zustand zu vergleichen ist, in dem sich das Gehirn in der Narkose befindet. Stattdessen kann man den Zustand der ruhenden, bewussten Wachheit in Alpha eher als „erweitert" bezeichnen. EEG-Messungen haben zum Beispiel nachgewiesen, dass die Gehirnwellen im Alpha-Zustand wesentlich geordneter und synchronisierter sind als im Normalzustand. In Alpha werden die Frequenzen des Gehirns klar und einfach. Diese Ordnung sowie die Synchronisation der beiden Gehirnhälften haben eine harmonisierende Wirkung und bilden eine wichtige Grundlage für Kreativität und konzentrierte Aktivität. In Alpha schwinden die stressbedingten Ängste, Sie sind wieder in der Lage, sich auf Ihre wichtigen Ziele zu konzentrieren.

Navigations-Tipp

Das Alpha-Training ist eine verlässliche Methode, um selbst in der hektischsten Situation Gelassenheit und Balance zu finden. Ihre Stressanfälligkeit nimmt rapide ab.

Wie bereits im Kapitel 8 beschrieben, ist die Atemübung ein sehr wirkungsvoller Weg, in den Alpha-Zustand zu gelangen, Energie zu tanken und Stress abzubauen.

Sehr schnell und zuverlässig führt auch der Weg über die Treppe in den Alpha-Zustand, also indem Sie in einer möglichst entspannten Position und mit geschlossenen Augen von zehn bis null rückwärts zählen. Diese Methode können Sie in beinahe jeder Umgebung und selbst in der größten Hektik praktizieren. Zum Beispiel immer dann, wenn der Stress auszuufern droht.

Wenn Sie das hier beschriebene mentale Training regelmäßig praktizieren, entstehen im Unterbewusstsein neue Verhaltensmuster und Sie können – ob in New York auf dem Flughafen oder in anderen stressigen Situationen – sofort wieder in den Alpha-Zustand zurückkehren und erleben, dass zehn Minuten Entspannung mehr Kraft geben als zwei Stunden Schlaf.

Autosuggestion – dem Stress keine Chance

Alles ist in uns. Wir sind klüger und fähiger, als wir ahnen. Wenn wir unsere großartigen Fähigkeiten und Talente aktivieren, wachsen wir in unserer Persönlichkeit, werden von Tag zu Tag selbstbewusster und befreien uns mehr und mehr von Ängsten, Hemmungen, Zweifeln, Mutlosigkeit und Depression. Wir geben dem Stress keine Chance, uns die Lebensenergie, die Kraft und den Mut zu rauben. Nur wer seine inneren Kräfte stärkt, kann auch die äußere Welt meistern.

Positive Impulse für das Unterbewusstsein

Wir können die Vergangenheit nicht ändern – doch wir können die Programme für unsere Zukunft ändern. Täglich empfängt unser Unterbewusstsein neue Botschaften – und meistens handelt es sich dabei um negative Suggestionen: „Du kannst das nicht." „Das ist zu viel!" „Das ist nicht zu schaffen." „Dafür ist keine Zeit!" Wenn Ihr Unterbewusstsein in der Lage ist, all die negativen Informationen und Suggestionen aufzunehmen, dann ist es auch in der Lage, sie durch neue, positive Impulse zu ersetzen. Jeder Mensch kann die Kunst erlernen, sein Unterbewusstsein positiv zu beeinflussen (siehe dazu auch Kapitel 8 „Suggestion: Wie Sie sich selbst und andere positiv beeinflussen"). Sie bestimmen selbst, ob Ihr Weg in eine positive, erfolgreiche Zukunft führt – oder hin zu Erschöpfung, Burnout, Angstneurosen und Krankheit.

Im Zustand der Entspannung ist es am leichtesten, Blockaden in uns zu neutralisieren und neue, positive Antriebe für die Zukunft zu programmieren und zu verstärken. Wenn negative Informationen uns zerstören können, dann können uns positive Informationen aufbauen und uns Kraft und Energie geben. Aber: Wir beseitigen negative Blockaden in uns nicht, indem wir morgens aufstehen und zu uns selbst einfach sagen: „Ab heute denke ich nur noch positiv." Positives Denken allein – und darin unterscheidet sich unsere Methode von vielen anderen auf dem Markt – bringt gar nichts, wenn nicht eine Verhaltensänderung damit einhergeht!

Navigations-Tipp

Was wir brauchen, sind Zeit und Muße, damit wir uns auf das Wesentliche besinnen, unsere Ziele erkennen, über unsere Zukunft nachdenken und diese erfolgreiche Zukunft neu planen und organisieren können. Diese Muße finden wir in der Entspannung, in „Alpha".

Im Alpha-Zustand ist unser Unterbewusstsein formbar wie Wachs. Suggestionen erreichen jetzt mühelos die tiefsten Schichten unseres Gehirns. Die positiven Suggestionen des mentalen Trainings sind ein äußerst wirksamer Weg zur Neuprogrammierung unseres Unterbewusstseins. Die von uns praktizierte Methode ist über 7000 Jahre alt. Vielleicht haben Sie schon einmal etwas gehört vom Tempelschlaf der Ägypter. Der einzige Unterschied ist: Was früher der Hohe Priester selbst praktizierte, macht jetzt der CD-Player. Der Weg zum Unterbewusstsein ist immer der gleiche. Über die Stimme ins Ohr, ins Langzeitgedächtnis. Darum empfehlen wir: Schlafen Sie jede Nacht mit einer CD ein – so haben Sie die Möglichkeit, sich von negativen Einflüssen der Vergangenheit zu befreien. Eine ideale Methode, die Ihnen hilft, sehr schnell gewünschte Ziele und Erfolge zu erreichen.

Der zweite Weg zur erfolgreichen Neuprogrammierung unseres Unterbewusstseins führt über die bewusste positive Autosuggestion. Der Vorteil dieser Technik: Wir selbst bestimmen, in welche Richtung sich unser Denken und Handeln verändert, wir selbst übernehmen die Verantwortung sowie die bewusste Planung und Organisation unserer Zukunft.

Da Konzentration das Gegenteil von Zerstreuung und Nervosität und damit eine wichtige Voraussetzung für Zielklarheit und Erfolg ist, können Sie die tiefenpsychologische Wirksamkeit der bewussten Autosuggestion an der hier folgenden Übung zur Steigerung der Konzentrationsfähigkeit selbst testen:

Autosuggestion zur Steigerung der Konzentrationsfähigkeit

Mit dieser Autosuggestion können Sie Ihre Konzentrationsfähigkeit steigern und Nervosität abbauen. Sie werden von Tag zu Tag ruhiger und ausgeglichener, Stress und Hektik perlen an Ihnen ab.

Unser Tipp: Lernen Sie die Autosuggestion auswendig und sprechen Sie sie viermal täglich mit fester Stimme vor dem Spiegel – mindestens vier Wochen lang:

Meine Konzentrationsfähigkeit steigert sich von Tag zu Tag, weil ich immer gründlicher und zugleich immer entspannter arbeite!
Gründlich arbeiten und doch entspannt dabei sein, das ist der Weg zur Steigerung der Konzentrationsfähigkeit!
In aller Ruhe die Dinge erledigen, ganz genau, ohne Hast, ohne Sorgen um das Nächste, im festen Glauben, dass alles gut und bestens erledigt wird!

Sammlung aus der Entspannung, aus der inneren Ruhe, aus dem Wissen und der Überzeugung, dass alles gut wird!

Durch dieses Training aktivieren Sie die positiven Seiten Ihrer Persönlichkeit. Sie empfangen vor dem Spiegel Informationen über sich selbst in Bild und Ton. Automatisch beginnt eine positive Entwicklung. Sie aktivieren Ihre charismatische Begabung. Der Blick Ihrer Augen wird ruhig, Ihr Mienenspiel wird harmonisch und ausgeglichen, Ihre Füße, Ihr Standpunkt werden fest, Ihre Körpersprache wird eindeutig und suggestiv und Ihre Stimme wird dunkel, suggestiv und überzeugend.

Begegnen Sie dem Stress aktiv

Hier noch ein paar Tipps, wie Sie mit Stressfaktoren positiv umgehen und dem Stress keine Chance geben, Ihnen gesundheitlich und psychisch Schaden zuzufügen:

Praktizieren Sie das mentale Training
Beginnen Sie mit der „Treppenübung" (siehe Kapitel 8). Oder versetzen Sie sich mit der Atemübung in Alpha. Finden Sie Ihren persönlichen Weg zur Entspannung, um Körper, Geist und Seele wieder in Balance zu bringen. Schöne Musik und Yoga sind weitere Möglichkeiten, eine Auszeit vom Alltag zu nehmen.

Praktizieren Sie die bewusste Autosuggestion
Damit steigern Sie Ihre Konzentrationsfähigkeit. Denn „Konzentration ist Verdichtung von Lebensenergie".

Sorgen Sie für Work-Life-Balance
Stecken Sie Ihre persönlichen Lebensziele ab und räumen Sie dabei bisher vernachlässigten Lebensbereichen (zum Beispiel: Partner/in, Familie, Freunde) mehr Raum ein. Die Balance zwischen Beruf und Privatleben sollte so ausgeglichen wie möglich sein. Ihr Privatleben ist eine wichtige „Energiequelle" und damit die beste Vorbeugung gegen Nervosität, Burnout oder Angstzustände.

Ersetzen Sie schlechte Gewohnheiten durch positive neue

Übernehmen Sie bewusst die Verantwortung für sich selbst. Beginnen Sie bei Ihrer Gesundheit: Ernähren Sie sich bewusst und ausgewogen, bewegen Sie sich regelmäßig, verzichten Sie auf zu viel Alkohol, hören Sie mit dem Rauchen auf, sorgen Sie für genügend Schlaf, gönnen Sie sich einen erholsamen Urlaub ...

Sorgen Sie für körperliche Aktivität

Bremsen Sie den Stress mit körperlichen Aktivitäten aus. Es gibt kein besseres Mittel gegen Stress als leichte körperliche Aktivität. In der Bewegung kann der Körper die aufgestaute Energie und die stressbedingten Spannungen abarbeiten.

Navigations-Tipp

30 Minuten schnelles Gehen, langsames Joggen, Radfahren oder Schwimmen pro Tag reichen in der Regel aus, um Stress zu reduzieren. So geben Sie Ihrem Körper die Chance, die Stresshormone Adrenalin, Noradrenalin und Kortisol abzubauen.

Lachen Sie

Lachen aktiviert die körpereigenen „Glückshormone", die Endorphine. Die Bildung von Stresshormonen wird reduziert, die der immunsystemstärkenden B- und T-Zellen angeregt. Eine kostenlose Krebsvorbeugung, die zudem noch harmonisierend wirkt und glücklich macht.

Seien Sie optimistisch

Versuchen Sie, in allem etwas Positives zu sehen, auch in Misserfolgen. Optimisten leben länger, gesünder und glücklicher. Eine positive Lebenseinstellung kann sogar die Produktion des Neurotransmitters Serotonim ankurbeln, der die Fähigkeit besitzt, Krebszellen zu zerstören.

Sorgen Sie für Pausen

Pausen sind wichtig, um den „Dampf" rauszunehmen. Wer ständig unter Hochdruck steht, merkt oft nicht, dass auch der Blutdruck steigt, dass die Organe auf „Volldampf" arbeiten, dass die stressbedingte Krankheit nur eine Frage der Zeit ist.

Planen Sie deshalb Pausen ein – und halten Sie Ihre Pausenzeiten ein. Nutzen Sie die Pause auch für eine kurze Entspannungsübung (zum Beispiel „Treppenübung"). Schon kleine Unterbrechungen des Alltags von zehn Minuten bauen Stress ab und helfen gegen Hektik, nervöse Unruhe und Leistungsblockaden.

Streifen Sie künstliche Zwänge ab

Selbst auferlegte Regeln wie „Ich muss immer über das Handy erreichbar sein" oder „Ich muss jeden Tag alles E-Mails beantworten" sind solche Zwänge. Das lässt sich auch anders regeln.

Werden Sie ein „weiser Egoist"

Nehmen Sie sich ab und zu ein paar Stunden ganz für sich, einfach nur für Muße oder etwas, das Ihnen riesig Spaß macht. Lernen Sie, auch mal „Nein" zu sagen, und nehmen Sie sich eine Auszeit für Ihre eigenen Wünsche und Bedürfnisse. Egoisten leiden niemals unter Stress – weise Egoisten sorgen rechtzeitig dafür, dass es nicht so weit kommt.

12. Ängste, Enttäuschungen und Fehler: Weitere Erfolgshindernisse und wie Sie diese überwinden

Intelligente Menschen versuchen im eigenen Interesse alles, um die Probleme und Schwierigkeiten im Alltag möglichst gering zu halten. Trotzdem sind Enttäuschungen und Widerstände normal und natürlich, beides gehört zum Leben. Steuern und der Tod seien die einzigen Dinge, die man nicht umgehen könne, hat einmal jemand gesagt. Aber die Erfahrung beweist, dass auch Enttäuschungen unvermeidlich sind.

Sie können sich noch so gut organisieren, Sie werden zahlreiche Enttäuschungen, Rückschläge, Hindernisse und Probleme im Lauf Ihres Lebens erfahren. Je höhere, je anspruchsvollere Ziele Sie sich setzen, desto größer werden auch die Enttäuschungen und Schwierigkeiten.

Das ist paradox: Sie können sich nur dann entwickeln und wachsen und Ihr ganzes Potenzial entfalten, wenn Sie auf Widerstände treffen. Sie müssen effektiv damit umgehen und daraus lernen. Die größten Lektionen erteilt Ihnen das Leben über Rückschläge und zeitweilige Niederlagen, die zu vermeiden Sie alles getan haben, was in Ihrer Macht stand. Widrigkeiten kommen ungebeten, unerwartet und ungewollt – trotz aller Bemühungen. Sie werden große Ziele nicht erreichen, ohne dass Sie mit Schwierigkeiten konfrontiert werden.

Schwierigkeiten sind eine Prüfung

Die großen Denker haben über dieses Paradoxon nachgedacht und sind zu dem Schluss gekommen, dass Schwierigkeiten und Probleme Prüfungen sind, die wir bestehen müssen, um etwas von Bestand zu schaffen. Herodot, der griechische Philosoph, hat Widrigkeiten als Mittel bezeichnet, die Stärken und Eigenschaften zum Vorschein bringen, die in uns schlummern. Die besten Eigenschaften – Stärke,

Mut, Charakter und Durchhaltevermögen – kommen zum Vorschein, wenn wir den größten Herausforderungen gegenüberstehen und positiv und konstruktiv darauf reagieren.

Wir alle kämpfen auf Schritt und Tritt mit Problemen. Der Unterschied ist, dass erfolgreiche Menschen die Probleme nutzen, um daran zu wachsen, während sich weniger erfolgreiche Menschen davon entmutigen lassen.

Navigations-Tipp

Gehen Sie davon aus, dass Sie Schwierigkeiten haben werden, und halten Sie den Kopf hoch, wenn es so weit ist. Sehen Sie dem Problem ins Auge und sagen Sie sich: „Ich bin dir gewachsen, von dir lasse ich mich nicht unterkriegen." Das ist die Einstellung, die zum Sieg führt.

Der Harvard-Wissenschaftler Abraham Zaleznik kam zu dem Schluss, dass die Art, wie wir auf Enttäuschungen reagieren, recht zuverlässige Vorhersagen über den Lebenserfolg zulässt. Wer aus Rückschlägen viel lernt, sie dann aber hinter sich lässt und weitergeht, der wird mit hoher Wahrscheinlichkeit viel im Leben erreichen, nicht jedoch, wer sich von einem Rückschlag überwältigen lässt.

Befassen wir uns mit einigen möglichen Hindernissen, mit denen Sie es auf Ihrem Erfolgsweg zu tun haben könnten.

Mit Mut gegen Ängste und Zweifel

Angst ist wohl das größte Tabuthema, nicht nur im Berufs-, sondern auch im Privatleben. Dabei ist sie allgegenwärtig: Wir haben Angst vor dem Versagen und Angst, zurückgewiesen zu werden. Wir haben Angst davor, Entscheidungen zu treffen, Fehler zu machen, und trauen uns daher vieles nicht zu. Doch gesprochen wird über die Angst nicht.

Heute leiden viele Menschen unter Angst am Arbeitsplatz. Dazu zählt die Angst vor Jobverlust, Angst vor dem Chef sowie Angst vor der täglichen Konkurrenz unter Kollegen. Die volkswirtschaftlichen Folgen dieses täglichen Job-Horrors sind gewaltig: Mindestens 100 Milliarden Euro kosten die Auswirkungen beruflicher Ängste jährlich, haben die Kölner Wirtschaftsforscher Winfried Panse und Wolfgang Stegmann in einer Langzeitstudie ermittelt.

Die Ursache für Angst- und Panikzustände kann auch rein körperlich bedingt sein, besonders Herzkrankheiten sind mit Angstsymptomen verbunden. Selbst wenn die Ursache für die Angst „nur" psychisch" bedingt ist, sollten Sie schnellstmöglich zur Problembewältigung schreiten, denn kontinuierliche Angstzustände sind schädlich für die körperliche, geistige und seelische Verfassung.

Navigations-Tipp

Nobody's perfect! Egal ob Mitarbeiter oder Führungskraft, jeder kann von Angstgefühlen geplagt sein. Kurzfristig mag es einfacher erscheinen, Angst zu verdrängen und Fehler zu kaschieren. Doch auf lange Sicht wird das Dilemma dadurch noch größer. Nur wenn Sie Ihre Gefühle akzeptieren, können Sie sich auch selbst respektieren. Versuchen Sie, so ehrlich wie möglich mit Ihren Gefühlen umzugehen.

Die größte Herausforderung im Leben ist wohl, Angst zu besiegen und Mut zu entwickeln. Winston Churchill hat geschrieben, Mut gälte als höchste Tugend, weil auf ihr alle anderen aufbauten. Angst war und ist der größte Feind der Menschheit.

Franklin D. Roosevelt sagte zu Recht: „Das Einzige, was wir zu fürchten haben, sind wir selbst." Es ist mehr das Gefühl der Angst als die Realität dessen, vor dem wir uns fürchten, das uns Angespanntheit, Stress und Unglück bringt. Wenn Sie ein unerschütterliches Selbstvertrauen und Mut aufbauen, wird sich Ihnen eine neue Welt erschließen. Stellen Sie sich nur vor: Wovon würden Sie zu träumen wagen, was würden Sie gern sein oder tun, wenn Sie vor nichts mehr Angst hätten?

Zum Glück lässt sich Mut lernen, einfach durch Wiederholung. Wir müssen uns permanent mit unseren Ängsten konfrontieren, um die Art von Mut aufzubauen, mit der wir ohne Furcht den unvermeidlichen Höhen und Tiefen des Lebens begegnen können.

Woher kommt die Angst?

Erster Schritt zur Verarbeitung von Angst ist, diese anzunehmen, zu akzeptieren und nach den Ursachen dafür zu forschen. Angst ist keine Schande, sondern ein Warnzeichen des Körpers.

Schauen wir zunächst einmal auf die Faktoren, die uns für Angst anfällig machen. Die Wurzel der meisten Ängste liegt in unserer Kindheit, in unserer Erziehung, die meistens mit destruktiver Kritik einherging. Dadurch haben wir zwei Haupttypen von Angst entwickelt, und zwar erstens die Angst vor dem Versagen und zweitens die Angst, zurückgewiesen zu werden. Die erste flüstert uns zu: „Das kann ich nicht, das schaffe ich niemals." Und die zweite: „Ich müsste, ich sollte, ich müsste."

Diese Ängste führen dazu, dass wir besessen sind von der Vorstellung, wir könnten Geld verlieren, Zeit verschwenden oder Emotionen in die falsche Beziehung investieren. Wir achten allzu sehr auf das, was andere meinen oder sagen. Manchmal geht das so weit, dass wir uns nichts mehr zu tun trauen, was andere kritisieren könnten.

Ängste können uns paralysieren, uns von den Schritten abhalten, die uns unseren Träumen und Zielen näher bringen. Im Würgegriff der Angst werden wir zögerlich und schrecken vor allem zurück. Wir sind unfähig, Entscheidungen zu treffen. Wir schieben alles vor uns her. Wir finden Ausreden und Gründe, warum es sowieso nicht geht. Wir sind frustriert, gefangen in der frühkindlichen Konditionierung: „Ich muss, kann aber nicht." Oder: „Ich kann nicht, müsste aber."

Angst entsteht auch aus Unwissenheit. Mit unvollständigen Informationen beherrschen uns die Zweifel. Wir sind angespannt und unsicher, wie unsere Handlungen wirken werden. Unwissenheit lässt uns den Wandel fürchten, wir fürchten uns vor dem Unbekannten und meiden alles, was zu etwas Neuem und zu Veränderungen führen könnte.

Aber es gilt auch der Umkehrschluss. Je mehr und je bessere Informationen wir zu einem bestimmten Thema sammeln, desto mehr Mut und Zutrauen entwickeln wir. In den Bereichen unseres Lebens, in denen wir uns gut auskennen, empfinden wir keine Furcht. Wir fühlen uns kompetent und haben alles unter Kontrolle.

Zwei weitere Faktoren – Krankheit und Erschöpfung – fördern Ängstlichkeit. Wenn Sie müde sind oder sich nicht wohlfühlen, wenn Sie schlecht beieinander sind, entwickeln Sie mehr Angst und Zweifel, als wenn Sie energiegeladen und gesund sind. Aber das brauchen Sie nicht akzeptieren. Lernen Sie, mit den destruktiven Gefühlen umzugehen, dann können sie Ihnen nichts anhaben.

„Wovor habe ich Angst?"

Wenn Sie die wichtigsten Ursachen Ihrer Ängste herausgefunden haben, müssen Sie Ihre persönlichen Ängste im nächsten Schritt objektiv definieren und analysieren.

Jeder intelligente Mensch hat Angst. Es ist normal und natürlich, sich um sein physisches, emotionales und finanzielles Überleben zu sorgen und um das Wohl der Menschen, die einem nahestehen. Mut hat nicht der, der keine Angst hat. Das hat schon Mark Twain ganz richtig gesehen, ihm zufolge bedeutet Mut, der Angst zu widerstehen, sie zu beherrschen, aber nicht, keine Angst zu haben.

Es geht nicht darum, die Angst zu leugnen. Wir alle haben Angst. Es geht nur darum, wie wir mit der Angst umgehen. Mutige Menschen gehen weiter – trotz ihrer Angst. Und jetzt kommt etwas sehr Wichtiges: Wenn wir unserer Angst ins Auge sehen, wenn wir uns genau dem aussetzen, wovor wir Angst haben, dann schwinden unsere Ängste und unsere Selbstachtung wächst. Der amerikanische Philosoph Ralph Waldo Emerson schrieb: „Mach, wovor du Angst hast, und der Tod der Angst ist gewiss."

Auch hier gilt der Umkehrschluss. Wenn Sie meiden, wovor Sie Angst haben, werden Ihre Ängste so lange wachsen, bis sie Ihr Leben beherrschen. Und je mehr Ihre Ängste wachsen, desto schwächer werden Ihr Selbstwertgefühl, Ihr Selbstvertrauen und Ihre Selbstachtung. Das dürfen Sie keinesfalls zulassen.

Hilfreich ist in jedem Fall, ganz cool den Kopf einzuschalten. Versuchen Sie einmal, wie ein Detektiv zu arbeiten, und beobachten Sie genau, wann Ihre Angst anfängt, wie sie sich entwickelt und welche Form sie annimmt. Sehen Sie sich in der Rolle eines Außenstehenden. Wichtig ist hierbei, dass Sie erkennen, wovor Sie wirklich Angst haben. Angst ist ein Meister der Verschleierung.

Manche Menschen investieren ungeheure Energien, um Fehler zu vertuschen oder sich zu rechtfertigen. Die Angst vor dem Versagen sitzt ihnen im Nacken. Andere fürchten sich so sehr vor einer Zurückweisung, dass sie ihre Fähigkeit zu unabhängigem Handeln fast verloren haben. Erst wenn sie ganz sicher sind, Zustimmung zu finden, unternehmen sie etwas.

Übung

Schreiben Sie Ihre Ängste auf, schreiben Sie kleine und große Ängste auf, schreiben Sie alles auf, was Ihnen Sorgen macht, Sie in Stress versetzt oder Angespanntheit auslöst. Denken Sie an die Arbeitsbereiche und privaten Probleme, in denen Sie sich von Ängsten leiten lassen und Dinge nicht tun, die Sie eigentlich gern tun würden. Halten Sie aus Angst an Ihrem Arbeitsplatz oder einer Beziehung fest, obwohl Sie damit unglücklich sind? Die häufigsten Ängste sind, wie gesagt, die Angst zu versagen und die Angst vor Zurückweisung.

Meine Ängste:

____

____

____

____

____

____

____

Ängste und Zweifel überwinden

Wenn Sie Ihre Liste geschrieben und alle Ängste beisammen haben, die Ihr Denken und Verhalten beeinflussen, sollten Sie die einzelnen Stichpunkte nach Wichtigkeit ordnen. Welche Ängste beeinflussen Ihr Verhalten am meisten? Welche halten Sie stärker zurück als alle anderen Ängste? Welche Angst steht an zweiter Stelle? Welche an dritter? Dann beantworten Sie zu Ihrer größten Angst folgende Fragen:

1. Wie gelingt es der Angst, mich auszubremsen?
2. Wovor bewahrt mich diese Angst, wovor hat sie mich in der Vergangenheit bewahrt?
3. Was würde ich gewinnen, wenn ich diese Angst überwinde?

Für den Anfang müssen Sie bewusst einüben, wie Sie künftig als mutiger, selbstsicherer Mensch handeln wollen. Tun Sie, was Sie tun würden, wenn Sie keine Angst hätten. Alles, was wir immer wieder tun, wird schließlich zur Gewohnheit. So beginnt der Weg zu einem Leben ohne Angst.

Die erste und vermutlich wichtigste Art von Mut besteht darin, anzufangen, voll Vertrauen den ersten Schritt in Richtung Ziel zu gehen. Es ist der Mut, etwas Neues zu wagen, etwas ganz anderes anzufangen, das bequeme Leben hinter sich zu lassen – mit ungewissem Ausgang. Je mehr Sie von Ihrem großen Ziel überzeugt sind, desto weniger Chancen haben die Angstgefühle.

Robert Ronstadt, zwölf Jahre lang am Babson College Professor für Unternehmertum, hat unter seinen ehemaligen Studenten Umfragen durchgeführt. Er wollte wissen, was aus ihnen geworden war. Zu seiner Überraschung gelang es weniger als 10 Prozent seiner Absolventen, ein eigenes Unternehmen aufzubauen. Alle anderen arbeiteten für Unternehmen und träumten immer noch davon, eines Tages ihre eigene Firma zu gründen. Was erklärte die Unterschiede zwischen beiden Gruppen?

Ronstadt fand nur eine Eigenschaft, die allen Unternehmern unter seinen Ex-Studenten gemein war: die Bereitschaft, ins kalte Wasser zu springen. Ronstadt taufte es das „Korridor-Prinzip", weil diese Männer und Frauen ihre Firmen gegründet hatten, wie man einen Flur entlanggeht: Dabei entdeckt man offene Türen, die man vom Ende des Korridors aus nicht sehen konnte.

Umgekehrt warteten die anderen Absolventen seiner Kurse immer noch auf eine Gelegenheit, das anzuwenden, was sie bei ihm gelernt hatten. Sie wagten den Schritt ins Ungewisse nicht, sondern hofften auf eine gewisse Erfolgsgarantie. Und die bekommen sie natürlich niemals.

Die Zukunft gehört denen, die Risiken auf sich nehmen. Das Leben ist insofern pervers, als Sie umso weniger Sicherheit haben, je mehr Sie diese suchen. Je eher Sie die Chancen suchen, desto wahrscheinlicher werden Sie Sicherheit in dem gewinnen, was Sie anstreben.

Als Anti-Angst-Methode eignet sich die Autosuggestion (siehe Kapitel 11, Abschnitt „Autosuggestion – dem Stress keine Chance"). Mit gezielten Sätzen attackieren Sie Ihre Angst und verweisen sie in ihre Schranken. Durch suggestive Worte können Sie Ihr Unterbewusstsein beeinflussen. Achten Sie darauf, dass Sie die

Worte tatsächlich laut aussprechen, denn Gedanken allein haben eine wesentlich geringere Wirkung. Stellen Sie sich Ihre ganz persönlichen Suggestionen zusammen oder arbeiten Sie mit Kassetten beziehungsweise CDs.

Wenn Sie Ihren Text selbst auswählen, dann achten Sie unbedingt auf eine positive Formulierung. Sagen Sie also nicht „Ich habe keine Angst vor ...", sondern „Ich gehe ruhig und sicher in die Konferenz ...". Wählen Sie kurze und prägnante Sätze. Sprechen Sie Ihren Text immer laut.

Was wir Ihnen raten, wenn Sie einen plötzlichen Angstanfall bekommen? Hier hilft es nicht, mit Autosuggestionen zu versuchen, wieder Herr der Lage zu werden. Diese könnten Ihre Situation sogar verschlechtern. Autosuggestionen sind Langzeitmittel, die eine Weile „eingenommen" werden müssen, bevor ihre Wirkung eintritt. Einer plötzlichen Angstattacke gebieten Sie mit der folgenden Übung Einhalt, die Sie schon aus Kapitel 8 kennen:

Übung

Atmen Sie tief und ruhig ein und dann wieder aus. Halten Sie jetzt den Atem vier Sekunden an. Jetzt atmen Sie wieder tief ein und aus. Halten Sie nun den Atem wieder vier Sekunden an. Machen Sie dies ein paar Mal und Sie werden ruhig.

Nicht ganz so schwerwiegend sind Zweifel, doch wirken sie sich auch gewaltig auf Ihre Zielerreichung auf. Zweifel rauben Ihnen Energie, weil Sie nicht mehr sicher sind, ob Sie auf dem richtigen Weg sind, ob Sie das richtige Ziel ausgewählt haben etc.

Immer wenn Zweifel aufkommen, Sie sich ängstlich und angespannt fühlen und Ihr Mut sinkt, dann richten Sie Ihre Aufmerksamkeit auf Ihre Ziele. Stellen Sie sich vor, Sie hätten diese schon erreicht, malen Sie sich aus, wie das sein wird. Visualisieren Sie sich als die Person, die Sie sein wollen, leben Sie in Ihrer Fantasie das Leben, das Sie leben wollen.

Ihr bewusstes Denken kann zu einem Zeitpunkt nur einen Gedanken, nur einen Wunsch oder eine Angst denken. Wenn Sie sich dazu zwingen, immer nur an Ihre Ziele zu denken, minieren Sie Ihre Ängste und schalten sie schließlich ganz aus.

Wenn Sie sich darauf konzentrieren, Ihre Ziele zu erreichen, wachsen Ihr Selbstvertrauen und Ihr Mut. Sie erlangen die vollständige Kontrolle über Ihre Gefühle und Ihre Zukunft.

Das Gesetz der Konzentration sagt, dass exakt das in Ihrem Leben wächst und gedeiht, woran Sie meistens denken. Je mehr Sie an Ihre Ziele denken, desto schneller werden Sie diese erreichen. Und dann können Sie sich neue Ziele setzen.

Navigations-Tipp

Wenn Sie von Zweifeln und Angstgefühlen geplagt werden, dann wenden Sie die Autosuggestion zur Steigerung der Konzentrationsfähigkeit von S. 164 an. Damit können Sie Ihre Ängste abbauen, Sie werden von Tag zu Tag ruhiger und ausgeglichener, Stress und Hektik perlen an Ihnen ab.

Die Überwindung von Angst und das Entwickeln von Mut sind unentbehrliche Voraussetzungen für ein glückliches, erfolgreiches Leben. Wenn Sie sich mutiges Verhalten zur Gewohnheit machen, werden Sie den Punkt erreichen, an dem die Angst keine Macht mehr über Ihr Leben hat. Dann werden Ängste und Befürchtungen nicht länger Ihre Entscheidungen beeinflussen. Sie nehmen sich große Dinge vor, nehmen aufregende Herausforderungen an – und Sie werden genug Zutrauen in sich haben, weil Sie wissen, dass Sie mit allem fertig werden, was auf Sie zukommt. Jede Situation werden Sie ruhig und gelassen meistern. Nichts kann Sie aufhalten.

In alten Gewohnheiten stecken neue Chancen!

Gewohnheiten sind für viele Menschen ein Hemmschuh, der Veränderungen im Weg steht. „Wenn ich in einem anderen Unternehmen arbeiten würde, dann ...“ „Wenn ich Zeit hätte, noch eine Schulung zu machen, dann ...“ Diese Sätze bekommen Sie sicherlich auch gelegentlich zu hören. In jedem von uns steckt der Wunsch, etwas Besseres zu sein. Allerdings hapert es meist bei der Umsetzung. Zwar ist man nicht zufrieden mit seinem Status quo, doch der Antrieb für Veränderungen fehlt. Der erste Schritt fällt unheimlich schwer. Da bleibt man lieber im bekannten und vertrauten Trott.

Doch jeden Tag der gleiche Trott – das frustriert erst recht! Bedenken Sie, dass es im Leben immer wieder Phasen gibt, die von Routine und Alltagstrott gekennzeichnet sind. Diese Phasen haben auch eine positive Seite: Staut sich mal wieder besonders viel Frust an, so ist dies der Auslöser, sich endlich zusammenzunehmen und den „Sprung" zu wagen: Hin zu neuen Zielen und zur Exzellenz, weg von der Langeweile und Mittelmäßigkeit!

Sie sollten es sich wert sein, das Beste aus Ihrem Leben zu machen. Voraussetzung dazu ist, dass Sie sich selbst gut leiden können. Nur dann werden Sie genug Antrieb aufbringen, etwas in Ihrem Leben zu verändern.

Hier noch ein paar weitere Tipps, wie Sie Gewohnheiten ändern können, ohne allzu schnell wieder in alte Muster zu verfallen:

- Führen Sie sich immer wieder das Ziel Ihrer Veränderung vor Augen. Formulieren Sie ein Commitment, das Sie sich an einer Stelle notieren, wo Sie es mehrmals täglich lesen können. Es könnte lauten „Ich ernähre mich gesund und ausgewogen" oder „Ich melde mich für den Kurs ... an und lerne jeden Abend eine Stunde".
- Wer sich gleich zu Beginn sehr viel vornimmt, wird schnell überfordert sein. Wer sich hingegen jeweils auf ein oder zwei Aufgaben konzentriert, kann seinen Erfolg in kleinen Schritten sicherstellen.
- Um im stressigen Alltag nicht rückfällig zu werden, sollten Sie sich täglich an die gesteckten Ziele erinnern und Ihre Verhaltensweisen kontrollieren. Sie können Ihrem Partner oder einem guten Freund von Ihrem Vorsatz berichten. Bitten Sie ihn, Ihnen regelmäßig eine ehrliche Rückmeldung zu geben, ob Sie wieder in alte Gewohnheiten gefallen sind.

Wenn Stagnation eintritt

Sie haben sich für Ihr Ziel entschieden und sich mit Schwung an die Arbeit gemacht. Der Einsatz hat sich gelohnt. Sie sehen, dass Sie vorankommen und bereits kleine Erfolge verzeichnen konnten. Der wichtige erste Schritt ist also getan. Nun gilt es jedoch, den eingeschlagenen Weg kontinuierlich weiterzugehen und ein bestimmtes Tempo aufrechtzuerhalten. Dies ist mitunter mühselig – schnell gerät der erste Elan ins Stocken. Oder die kleinen Erfolge bleiben plötzlich aus.

Ihre Enttäuschung ist groß, wenn Sie auf der Stelle stehen bleiben. Zweifel kommen auf: Habe ich mir womöglich zu viel vorgenommen? Habe ich mich überschätzt und mir zu viel zugetraut?

So sollten Sie nicht denken! Niemand schafft es ohne Training, bei einem Marathon mitzulaufen. Man muss ausreichend trainieren und stets ein Stückchen länger laufen. Hindernisse tauchen sicherlich auch auf, das ist ganz normal: Mal ist die Kondition schlecht, mal ist das Wetter miserabel. Genauso üblich ist es, dass Ihnen auf dem Weg zu Ihrem Ziel Hindernisse begegnen.

Navigations-Tipp

Seien Sie darauf gefasst und lassen Sie sich nicht von Hindernissen oder Schwierigkeiten aus der Bahn werfen! Machen Sie vielmehr aus der Phase der Stagnation etwas Positives! Nutzen Sie sie, um Ihre Strategie noch einmal zu überdenken. Möglicherweise haben Sie etwas übersehen? Oder Sie haben einen kleinen Fehler gemacht, der sich nun in Form von Stagnation bemerkbar macht?

Versuchen Sie, mit klarem Kopf die Situation zu analysieren. Finden Sie nichts, was Ihren Erfolg offensichtlich gebremst hat, so verlieren Sie nicht die Geduld: Alles hat seine Zeit. Mal läuft es besser, mal weniger gut. Das ist in der Natur so und auch unser Leben verläuft nach diesem Prinzip. Behalten Sie Ihr Ziel fest in den Augen und denken Sie positiv. So werden Sie jede Durststrecke überstehen.

Fehler und Misserfolge

Unser Ziel ist nicht der vollkommene Mensch, sondern der erfolgreiche Mensch. Da wir Menschen immer Menschen bleiben, werden wir auch immer Fehler machen. Fehler und Probleme sind kein Zeichen von Minderwertigkeit, sondern etwas ganz Normales. Wenn der Mensch also Fehler hat, besitzt er auch Stärken.

Navigations-Tipp

Bemühen Sie sich, sich auf Ihre Stärken zu konzentrieren und diese zu betonen. Dann spielen die Fehler eine immer geringere Rolle.

Auch Genies der Vergangenheit hatten ihre Fehler – doch wer spricht heute noch davon? Da stets ihre Stärken dominant waren, reden wir heute immer nur von ihren Spitzenleistungen. Oder haben Sie schon einmal gehört, dass sich jemand über Herbert von Karajans Fehler und Schwächen geäußert hat?

Als Konsequenz daraus sollten wir die Angst vor Fehlern ablegen. In diesem Zusammenhang möchten wir Ihnen das Gesetz der großen Zahl (10/4/6) vorstellen:

Von zehn Dingen, die Sie unternehmen, schlagen vier fehl – ganz gleich, wie fleißig Sie sind. Wenn sechs erfolgreich werden, reicht das für ein großartiges Leben. Erlauben Sie sich also immer wieder einen Fehler und erkennen Sie: Fehler sind nur dann Fehler, wenn man sie nicht korrigieren will. Ist man bereit, einen Fehler zu korrigieren, wird daraus ein neuer Erfolg. Fehler sind also kein Zeichen von Minderwertigkeit, sondern dass wir Menschen sind.

Niemand ist glücklich, wenn ihm ein Projekt misslingt. Doch Fehler sind menschlich. Wenn einmal etwas schiefgeht, dann versuchen Sie, dem Scheitern positive Seiten abzugewinnen, und lernen Sie daraus! Gestehen Sie sich also ein, dass auch Ihnen Fehler passieren können! Sie geben Ihnen die Möglichkeit, zu lernen und sich weiterzuentwickeln, Ihren Kurs zu überprüfen und eventuell abzuändern.

Wie gehen Sie nun konkret mit Fehlern und Misserfolgen um? Unterläuft Ihnen ein Fehler, dann geben Sie ihn lieber gleich zu. Es wäre schwach von Ihnen, wenn Sie jetzt versuchten, den Fehler zu schmälern, zu vertuschen und gar anderen in die Schuhe zu schieben. Der Fehler ist passiert – ja und? Beschäftigen Sie sich nicht dauernd mit dem Makel, sondern werden Sie aktiv, indem Sie Ihren Fehler wieder ausbügeln. Haben Sie der anderen Abteilung falsche Zahlen geliefert, so reichen Sie schnellstens die korrekten Zahlen nach. Und dann machen Sie sich Gedanken, wie Sie einen solchen Fehler in Zukunft vermeiden können! Fehlt es Ihnen an fachlichem Know-how? Das lässt sich durch Lektüre und Training ausmerzen. Persönliche Schwächen wie mangelnde Konzentrationsfähigkeit lassen sich zum Beispiel durch mentales Training beseitigen.

Navigations-Tipp

Ein Irrtum wird erst dann zum Fehler, wenn man ihn nicht korrigieren will. Wenn Sie einen Irrtum korrigieren, wird er sofort zu einem Sieg.

Nehmen Sie sich zu große Ziele in zu kurzer Zeit vor, tun sich etliche Fehlerquellen auf. Diese können Sie umgehen, indem Sie Ihr Hauptziel in mehrere kleine Etappenziele unterteilen. Diese zu erreichen ist realistischer und gelingt sicherlich mit weniger Fehlern.

Teil IV

Wie Sie sich auf Erfolgskurs halten

13. Erfolg oder Misserfolg? Nehmen Sie Ihr Schicksal in die Hand

Haben Sie je darüber nachgedacht, dass es an Ihnen liegt, was Sie sind und was aus Ihnen wird? Ein entscheidender Teil Ihres Lebens hängt von Ihrem Verhalten, Ihren Worten und Taten ab. Sie können wählen, Sie entscheiden über die Umstände Ihres Lebens, Sie sind für Ihr Leben ganz allein verantwortlich, jetzt und in Zukunft.

Dieser Gedanke ist wie Fallschirmspringen: furchterregend und aufregend zugleich. Es ist die vielleicht wichtigste Idee, die Sie verfolgen können. Persönliche Verantwortung unterscheidet den Erwachsenen vom Kind, den Führer vom Geführten, den Sieger vom Verlierer. Es ist ein Sprung vorwärts zur Reife.

Übernehmen Sie Verantwortung

Verantwortung geht mit Erfolgen, Errungenschaften, Glück und Selbstverwirklichung Hand in Hand. Sie ist die Minimalanforderung für jedweden Fortschritt, den Sie sich für Ihr Leben wünschen.

Erst wenn Sie die Verantwortung für Ihr Leben übernehmen, nehmen Sie das Steuer in die Hand. Niemand wird mich retten – diese Einsicht ist der Anfang jeder Spitzenleistung. Wenig ist unerreichbar, wenn Ihnen einmal klar ist: „Wenn ich etwas haben will, muss ich etwas dafür tun!"

Wenn wir die Verantwortung nicht übernehmen, beklagen wir uns über andere Menschen und schimpfen über die Umstände, durch die ein besseres Leben für uns in unerreichbare Ferne rückt. Und das wird zur Gewohnheit, es wird zur zweiten Natur, sich immerzu herauszureden und zu entschuldigen und jeder Verantwortung auszuweichen. Es wird so sehr zur Gewohnheit, dass wir nicht einmal mehr merken, wie wir uns aus der Pflicht entlassen.

Navigations-Tipp

Wenn Sie sich auf Erfolgskurs halten wollen, müssen Sie die Verantwortung für Ihr Handeln übernehmen. Wer sich ständig beklagt und über missliche Umstände schimpft, gibt das Steuer aus der Hand.

Ursache und Wirkung

Aristoteles hat 350 vor Christi Geburt ein Grundgesetz entdeckt: die Kausalität. Alles, was geschieht, hat eine Ursache. Jede Wirkung hat eine Ursache. Wenn Sie also wollen, dass etwas Bestimmtes passiert, müssen Sie die Ursache dafür herausfinden und diese Ursache herbeiführen.

Wenn Sie tun, was erfolgreiche Menschen tun, kann nichts Sie aufhalten, dieselben Ergebnisse zu erzielen. Aber wenn Sie nicht tun, was andere erfolgreiche Menschen tun, kann Ihnen nichts und niemand helfen.

Sagen wir, Sie wollen gesund sein. Sie nehmen sich vor, energiegeladen und topfit zu sein. Sie können schnell herausfinden, wie Sie gesund leben. Sie müssen nur andere gesunde Menschen beobachten, deren Ernährungsgewohnheiten und Verhaltensweisen, und es ihnen nachtun. Das ist keine Zauberei. Es ist ein gesetzmäßiger Zusammenhang.

Wenn Sie glücklich sein wollen, müssen Sie wissen, was Sie wirklich glücklich machen würde. Wann haben Sie sich richtig wohl in Ihrer Haut gefühlt? Was für eine Situation war das, was haben Sie getan, wer war bei Ihnen? Beschreiben Sie detailliert das ideale Leben, das Sie führen möchten, als sei es schon real.

Und wie leben Sie im Moment? Was passt nicht zu dem idealen Leben, das Sie gern führen würden? Wo liegen die Ursachen dafür? Beschließen Sie, nacheinander diese Ursachen zu beseitigen, und ruhen Sie nicht, bis Sie Ihre ideale Lebensweise verwirklicht haben.

Gedanken und Worte haben eine enorme Macht

Gedanken haben unglaubliche Macht. Sie können Blutdruck, Puls und Atemfrequenz heben oder senken. Gedanken beeinflussen die Verdauung und den Schlaf. Wenn Gedanken stark genug sind, machen sie krank oder gesund. Gedanken rufen Bilder herbei und erzeugen Gefühle. Wenn Sie gesunde, glückliche Gedanken denken, erzeugen Sie glückliche, gesunde mentale Bilder und werden glückliche, gesunde Gefühle erleben. Dem aus Indien stammenden Autor Deepak Chopra zufolge ist unser Geist über ein komplexes Netz von Botschaften und Impulsen mit unserem Körper verbunden und der Körper beeinflusst auch umgekehrt unser Denken und Fühlen.

Der Sufi-Meister Hazrat Inayat Kahn weist darauf hin, dass unsere Wortwahl und Stimmlage überraschend große Wirkung auf uns und auf unsere Beziehungen zu anderen haben. Deswegen müssen wir aufpassen, was wir sagen und wie wir es sagen. Gleichgültig, mit welchen Gefühlen Sie an etwas herangehen; wenn Sie Ihre Worte sorgfältig wählen und Ihre Gedanken und Gefühle überlegt ausdrücken, können Sie über Ihre Selbstbeherrschung Ihre Gedanken kontrollieren und lenken. Wenn Sie – obwohl Sie wütend, zornig oder verängstigt sind – langsam, besonnen und ruhig sprechen, bringen Sie Ihren Geist unter Kontrolle und sind in der Lage, vernünftig zu handeln.

Sie sind für Ihr Leben verantwortlich, ob Sie diese Verantwortung nun übernehmen oder nicht. Nur Sie können Ihre Gedanken denken, und da Ihre Gedanken über alles bestimmen, was Sie sagen und tun, haben Sie die Verantwortung. Nur Sie können entscheiden, was Sie lesen, wem Sie zuhören, mit wem Sie sich treffen und was Sie in einem Gespräch sagen. Sie sind daher auch für alle Folgen verantwortlich, die aus Ihren Gedanken und Handlungen erwachsen.

Selbstverantwortung und Glück

Der vielleicht wichtigste Teil im Themenkomplex „Verantwortung übernehmen" betrifft Ihr Glück und Ihren Seelenfrieden. Offenbar besteht eine direkte Verbindung zwischen Selbstverantwortung und Glück.

Glück beruht auf dem Gefühl, sein Leben unter Kontrolle zu haben. Männer und Frauen, die an die Spitze einer Organisation vorgestoßen sind, haben weniger Stress und sind glücklicher als die Menschen weiter unten in der Hierarchie. Denn sie haben das Gefühl, ihr Schicksal selbst zu bestimmen. Sie können Entscheidungen treffen und Dinge anstoßen. Sie tragen die Verantwortung.

Je mehr Verantwortung Sie in einem Unternehmen übernehmen, desto mehr Macht haben Sie, desto mehr Autorität und Respekt wird man Ihnen entgegenbringen. Wenn Sie Verantwortung für Ihre Arbeitsergebnisse übernehmen, werden Sie besser bezahlt und schneller befördert.

Navigations-Tipp

Es ist ausgesprochen klug, die Verantwortung für alles zu übernehmen, was Ihrem Chef den Schlaf raubt. Je achtsamer Sie die Gebiete betreuen, die Ihrem Chef wichtig sind, desto wertvoller und unentbehrlicher werden Sie innerhalb Ihrer Organisation.

Menschen, die mehr Geld und mehr Ansehen haben wollen, meinen oft, es ginge bloß um Vitamin B. Aber in Wirklichkeit erwirbt derjenige Geld und Ansehen, der Verantwortung übernimmt. Das höchste Ansehen genießen die Mitarbeiter, welche die wichtigsten Aufgaben im vorgesehenen Zeitrahmen erledigen.

Es gibt eine direkte Beziehung zwischen der Verantwortung, die Sie übernehmen, und dem Gefühl, Ihr Leben im Griff zu haben. Das Maß, in dem Sie die Verantwortung akzeptieren, verhält sich proportional zu dem Maß, in dem Sie sich frei fühlen. Je mehr Verantwortung Sie übernehmen, desto freier sind Sie, vor allem vor sich selbst. Sie treffen die Entscheidungen und tun, was Sie wollen. Und schließlich besteht eine direkte Beziehung zwischen dem Maß, in dem Sie sich frei fühlen, und Ihrem Gefühl, glücklich zu sein.

Alles in allem bestehen also Wechselbezüge zwischen Verantwortung, Kontrolle, Freiheit und Glück. Glücklich sind die Menschen, die ihr Leben selbst bestimmen und persönliche Freiheit genießen. Sie sind ganz und gar mit sich einverstanden, weil sie die Verantwortung für ihr Leben übernommen haben.

Am anderen Ende der Skala steht Unzurechnungsfähigkeit, die Weigerung oder Unfähigkeit, Verantwortung für das eigene Leben und die eigene Arbeit zu übernehmen. Wir alle stehen irgendwo zwischen diesen beiden Polen. Jeder von uns ist entweder auf dem Weg zu mehr Verantwortlichkeit oder zur Unzurechnungsfähigkeit. Unzurechnungsfähigkeit ist ein Merkmal bestimmter psychischer Erkrankungen. Sie dient als Rechtfertigung, wenn ein Patient zum Beispiel fixiert werden muss.

Unverantwortliche Menschen sind Ärger, Ängsten, Neid, Zweifeln, Widerwillen, Feindseligkeit und der ganzen Palette negativer Gefühle ausgeliefert. Dabei gehen negative Gefühle aller Art praktisch ausschließlich auf die Tatsache zurück, dass sie andere dafür verantwortlich machen.

Navigations-Tipp

99 Prozent aller negativen Gefühle könnten wir vermeiden, wenn wir die Schuld nicht auf andere schieben würden. Wie wir das erreichen können? Ganz einfach. Da Ihr Kopf nur einen Gedanken auf einmal bewusst denken kann, können Sie die Tendenz, anderen die Schuld zuzuschieben, überlisten, indem Sie sich selbst sehr bestimmt sagen: „Ich trage die Verantwortung!" Sie können nicht gleichzeitig Verantwortung übernehmen und sich ärgern. Sie können nicht gleichzeitig Verantwortung übernehmen und unglücklich oder wütend sein. Verantwortung übernehmen heißt negative Emotionen neutralisieren und der Neigung zum Unglücklichsein den Weg abschneiden.

Der bloße Akt, die Verantwortung zu übernehmen, beruhigt Ihren Geist. Ihre Gefühle werden besänftigt und Sie können wieder positiv und konstruktiv denken. Die bloße Akzeptanz von Verantwortung zeigt Ihnen Möglichkeiten, wie Sie die Situation lösen könnten. Dazu eine Übung:

Übung

Denken Sie an Ihr größtes Problem oder Ihre größte Sorge und sagen Sie sich: Das habe ich zu verantworten. Und dann schauen Sie genauer hin und überlegen, was Sie dazu beigetragen haben. Suchen Sie die „Schuld" bei sich, auch wenn Sie nichts dafür können. Am besten führen Sie diese Übung mit einem Gesprächspartner durch. Sie werden überrascht sein, welche Gefühle in Ihnen entstehen und mit welcher Geschwindigkeit diese Verwandlung vonstatten geht.

Und noch eine Übung:

Übung

Überlegen Sie, welche Probleme Ihnen bei der Arbeit, in der Familie und in Ihren Beziehungen zu anderen Menschen immer wieder begegnen. Wenden Sie erneut das „Patentrezept" an, die Ursache für diese Probleme bei sich zu suchen. Beobachten Sie, was geschieht.

____

____

____

____

____

____

Wer ist an Ihren Beziehungsproblemen schuld?

Menschen haben Probleme mit anderen Menschen. Beziehungsprobleme sind extrem weit verbreitet und manchmal könnte man denken, alle Probleme kämen auf zwei Beinen daher. Gehen Sie gedanklich all die Menschen durch, die Ihnen zu schaffen machen, vor denen Sie Angst haben oder die Sie regelmäßig auf die Palme bringen, und fragen Sie sich, von wem die Spannungen ausgehen. Ist der andere dafür verantwortlich, dass er in Ihr Leben eindringt, oder sind Sie dafür verantwortlich, dass Sie das zulassen?

Nach dem Gesetz der Anziehungskraft sind Sie ein lebender Magnet. Sie ziehen die Menschen an, die zu Ihren Gedanken- und Gefühlsmustern passen. Die Menschen, mit denen Sie Ihre Zeit verbringen, wurden von Ihrer Persönlichkeit angezogen. Sie haben sie mit Ihren Gedanken und Gefühlen an sich gebunden. Wenn Sie mit den Menschen in Ihrem Leben nicht zufrieden sind, tragen Sie selbst die Verantwortung dafür. Denn Sie haben sie angezogen und Sie dulden sie weiterhin in Ihrer Nähe.

Das Gesetz der Korrespondenz besagt: Alles, was Ihnen von außen widerfährt, geschieht, weil es etwas in Ihrem Inneren zum Klingen bringt. Dort, in Ihrem Inneren, sollten Sie also zuerst suchen. Und sobald Sie das tun, werden Sie Dinge entdecken, die Ihrer Aufmerksamkeit vollständig entgangen sind, weil Sie sofort anderen die Schuld zugeschoben und sich selbst freigesprochen haben. Sie sehen auf einmal, dass Sie großen Anteil haben an dem, was Ihnen geschieht.

Wenn Ihre Beziehung nicht stimmt, wer hat Sie dahin gebracht? Solange man Sie nicht mit vorgehaltener Waffe dazu gezwungen hat, ist es weitgehend Ihr freier Wille, Ihre Wahl. Wenn Sie nicht glücklich sind, liegt es an Ihnen, etwas dagegen zu tun. Henry Ford II wird der Spruch zugeschrieben: „Beschwer dich nie und versuch schon gar nicht, irgendwas zu erklären." Wenn Sie unzufrieden sind, dann ändern Sie etwas. Wenn Sie nichts tun wollen, dürfen Sie sich auch nicht beklagen.

Akzeptieren Sie Ihre Verantwortung

Es gibt die Geschichte vom Bauarbeiter, der Morgen für Morgen ein Sandwich auspackt und sich lauthals beschwert, weil Sardinen darauf sind. Irgendwann sagt einer seiner Kollegen entnervt: „Mann, wenn du keine Sardinen magst, dann steck das doch mal deiner Frau." Darauf der Sardinen-Sandwich-Mann: „Ich bin nicht verheiratet, ich mach mir meine Brote selbst."

So absurd es anmutet, so verbreitet ist ein solches Verhalten. Wir beschweren uns immerzu über Dinge, die wir selbst so gewollt und herbeigeführt haben. Trifft das auch auf Sie zu? Gehen Sie in sich. Denken Sie darüber nach, welcher Teil Ihres Lebens Ihnen nicht schmeckt und woran das liegt.

Mögen Sie Ihren Job? Sind Sie mit Ihrem Verdienst zufrieden? Hätten Sie gern mehr oder lieber weniger Verantwortung? Finden Sie Ihren Alltag angenehm? Wenn nicht, dann sollten Sie sich nichts vormachen: Sie ganz allein sind dafür verantwortlich. Warum? Weil Sie es sich selbst ausgesucht haben. Sie haben den Arbeitsvertrag unterschrieben, Sie haben das Gehalt akzeptiert, Sie haben „Ja" zu der Verantwortung gesagt. Wenn es Ihnen nicht recht ist, aus welchem Grund auch immer, dann sollten Sie sich verändern.

Sie verdienen exakt so viel, wie Sie wert sind, keinen Cent mehr, keinen weniger. Wenn Sie damit nicht zufrieden sind, sehen Sie sich um, sehen Sie den Menschen zu, die das machen, was Sie gern tun würden, und das verdienen, was Sie gern in der Lohntüte hätten. Was machen die anderen anders? Welche Ursachen führen zu welchen Ergebnissen? Wenn Sie das herausgefunden haben, akzeptieren Sie die ganze Verantwortung, nehmen sich neue Dinge vor, entwickeln neue Pläne und legen los. Nutzen Sie Ihren einmaligen Verstand, Ihre einmaligen Fähigkeiten, aktivieren Sie Willensstärke und Selbstdisziplin und ändern Ihr Leben so, dass daraus ein Leben wird, das Ihnen gefällt.

Ihre persönliche Firma

Sie haben den Vorsitz in Ihrer ganz persönlichen Firma. Sie sind Ihr eigener CEO, sind für Ihr Leben zuständig und für alles verantwortlich, was Ihnen widerfährt.

Ihnen unterstehen Produktion, Distribution, Marketing, Qualitätskontrolle, Finanzen, Ausbildung und Entwicklung. Sie bestimmen Ihr Gehalt selbst. Was Sie waren, sind und sein werden, hängt einzig und allein von Ihnen ab. Auf lange Sicht weisen Sie sich Ihr Gehalt selbst an. Wenn Sie Ihr Einkommen zu mager finden, stellen Sie sich vor den nächstbesten Spiegel und diskutieren die Sache mit Ihrem Boss aus.

Als Inhaber Ihrer eigenen Firma sind Sie den Unbilden der Wirtschaftszyklen ebenso ausgesetzt wie jedes andere Unternehmen. Den Luxus, auf die Konjunktur oder den Wechselkurs mit dem Hintergedanken zu schimpfen, es beträfe nur andere, können Sie sich nicht mehr leisten. Sie sind der oder die Vorsitzende.

Jede Neuerung, jede Entdeckung, jeder Paradigmenwechsel betrifft Sie nicht anders als die Multis, sämtliche Informationsfetzen von den Vordenkern der Ökonomie sind für Sie relevant.

Männer und Frauen, die in nächster Zukunft überleben wollen, müssen ohne Unterlass nach Ideen und Einsichten Ausschau halten, wie man den Arbeitsalltag schneller, flexibler und effektiver bewältigt.

Nehmen Sie sich vor, der Beste zu sein, zum Marktführer aufzusteigen. Wer nicht nach absoluten Spitzenleistungen strebt, ist der Mittelmäßigkeit bereits anheimgefallen. Wer sich nicht alles abverlangt, fällt zurück. Wer nicht zur Elite gehören will, endet abgeschlagen im unteren Mittelfeld.

Zum „Marktführer" aufsteigen

Nehmen Sie jetzt die Aufgabe in Angriff, zum Marktführer aufzusteigen. Nutzen Sie dafür die sieben Regeln des modernen Managements: analysieren, restrukturieren, reorganisieren, sich neu erfinden, neu bewerten, neu denken und sich neu ausrichten.

Wenn Sie Ihre Firma *analysieren*, betrachten Sie alle Teile Ihres Arbeitsablaufs, vom allerersten Handgriff bis zum definitiven Endergebnis, das Sie für Ihr Unternehmen und Ihre Kunden produzieren. Suchen Sie nach Möglichkeiten, den Ablauf zu vereinfachen, einzelne Zwischenschritte zu eliminieren, Teile zu delegieren oder sogar einzelne Bereiche vollkommen umzubauen, sodass Sie dieselben Ergebnisse mit weniger Zeit und Ressourcen erreichen. Dieser auch Reengineering genannte Prozess sollte Sie Ihr ganzes Arbeitsleben lang begleiten.

Restrukturieren bedeutet, die Elemente in Ihrem spezifischen Beitrag für Ihre Kunden zu identifizieren, die den größten Wertbeitrag liefern. Sie konzentrieren Ihre Zeit und Ihre Begabungen immer stärker auf diese wenigen Dinge, die sich für alle Beteiligten am meisten auszahlen.

Reorganisieren heißt, Menschen und Ressourcen so lange umzugruppieren, bis sie ihre Aufgaben effizienter erledigen können. Sie sollten ständig nach Möglichkeiten suchen, Ihren Output relativ zum Input zu steigern.

Sich neu erfinden läuft auf einen kompletten Neustart hinaus. Halten Sie inne, stellen Sie sich vor, Sie wandern aus und fangen irgendwo ganz neu an. Was würden Sie anders machen? Was hätten Sie gern in drei bis fünf Jahren erreicht? Welche Veränderungen müssten Sie vornehmen, um Ihr Business neu zu erfinden und die Zukunft zu schaffen, die Sie sich wünschen?

Wenn Sie sich und Ihre Tätigkeit *neu bewerten*, dann betrachten Sie sich und Ihre Leistungen aus der Sicht des Marktes.

Navigations-Tipp

Wenn Sie Stress haben, frustriert sind oder sich dauernd blockiert und ausgebremst fühlen, dann sollten Sie sich die Zeit nehmen und Ihre Situation neu bewerten, damit Sie wieder auf den richtigen Weg kommen.

Zu den Grundregeln des Geschäftslebens gehört, dass nur besteht, wer einen Wettbewerbsvorteil entwickelt. Ihre Probleme könnten darauf beruhen, dass Sie in Ihrem Gebiet nicht besonders gut sind. Vielleicht fehlt Ihnen der Antrieb, auf diesem Gebiet Herausragendes zu leisten. Manchmal ist es das Beste, man ändert das Produkt, die Dienstleistung oder den Markt und sucht sich einen Wettbewerbsvorteil, der besser im Einklang mit den eigenen Talenten, Fähigkeiten und Wünschen steht.

Neu denken heißt, in regelmäßigen Abständen über sich selbst und den eigenen Weg nachzudenken. Da sich alles um Sie herum rasch verändert, haben Sie heute mehr Möglichkeiten als je zuvor. Und da es ziemlich wahrscheinlich ist, dass Sie in einigen Jahren ohnehin etwas völlig anderes als heute machen, können Sie heute schon Ihre gesamte Karriere überdenken und umplanen.

Die letzte Regel lautet: *sich neu ausrichten*. Das ist der Schlüssel zur Zukunft. Sie müssen alle Energie auf die wenigen Dinge konzentrieren, die Sie auf Ihrem Weg voranbringen, persönlich wie beruflich.

Die meisten Menschen bleiben hinter ihren Möglichkeiten zurück, weil sie in ihrem Leben zu viel Dinge tun, aus denen sie zu wenig Befriedigung ziehen. Und deswegen bleiben ihre Ergebnisse immer mittelmäßig oder gar schlecht. Sehr erfolgreiche Menschen machen nicht viel, aber was sie tun, machen sie sehr gut. Darin scheint das Erfolgsgeheimnis zu liegen – in allen Lebensbereichen.

Die sieben Regeln und die Konzentration auf die Tätigkeiten, die Ihnen zur Marktführerschaft verhelfen und ermöglichen, die Kräfte des Wandels zu beherrschen, geben Ihnen die Kontrolle über Ihr Leben zurück. Mit dem Gefühl, Herr der eigenen Gegenwart und Zukunft zu sein, wachsen Zutrauen in die eigenen Kräfte und Selbstvertrauen. Wenn Sie Ihr Leben selbst bestimmen und sich nicht wie ein Blatt im Wind Veränderungen ausgeliefert sehen, geht es Ihnen besser und Sie gehen positiver an alles heran.

14. Blick nach vorn: Damit die Zukunft Sie nicht kalt erwischt

Willkommen in der Revolution. Die längste Zeit der Menschheitsgeschichte gehörte der Evolution, den graduellen Veränderungen und Fortschritten und geradlinigen Entwicklungen. Manchmal änderten sich die Dinge schneller und manchmal langsamer, aber immer lief es darauf hinaus, dass ein Fuß vor den anderen gesetzt wurde und genug Zeit für Planen, Vorhersagen und Veränderung blieb.

Aber heute haben die Veränderungen einen anderen Charakter. Sie sind nicht nur viel schneller geworden, sondern auch unberechenbarer, sie finden unabhängig voneinander in unterschiedlichen Bereichen statt und beeinflussen alle Menschen in völlig unvorhersehbarer Weise. Die Veränderungen im IT-Bereich stehen in keiner Beziehung zu denen in der Medizin, Veränderungen im Transportwesen haben nichts mit jenen im Bildungswesen zu tun und Veränderungen auf der politischen Bühne hängen nicht im Mindesten mit Verschiebungen im globalen Wettbewerb zusammen. Aber alles zusammen beeinflusst unser Leben.

Die Veränderungen der Familienstrukturen und ganz allgemein der Art, wie Beziehungen gelebt und gepflegt werden, ergeben sich unabhängig vom Aufstieg und Fall neuer Geschäftszweige und Branchen in verschiedenen Teilen der Erde. Und die Geschwindigkeit, mit der diese diskontinuierlichen Veränderungen stattfinden, steigert sich kontinuierlich. Der US-amerikanische Schriftsteller Alvin Toffler spricht vom Zukunftsschock – und der dürfte den meisten Menschen der westlichen Welt, wenn nicht der ganzen Erde, heftig zusetzen.

Bereiten Sie sich auf morgen vor

Gegen diese massiven Veränderungen können Sie wenig unternehmen, aber eins steht doch in Ihrer Macht: Sie können ernsthaft über sich selbst nachdenken und in dem Rahmen Vorsorge betreiben, den Ihr persönliches Stabilitäts- und Sicherheitsbedürfnis vorgibt. Das ist nirgendwo wichtiger als im Bereich Arbeitsplatz- und Finanzsicherheit. Sie müssen Ihrem Lebensstandard besondere Aufmerksamkeit widmen und für die kommenden Monate und Jahre vorsorgen. Sie müssen über Ihre Fähigkeit nachdenken, sich – heute und morgen – Einkommen zu verschaffen. Sie müssen sich unbedingt und unabhängig von allem anderen finanzielle Ziele setzen und Ihre Absicherung planen.

Navigations-Tipp

Sie müssen sich auf morgen vorbereiten, selbst wenn die Zukunft immer unvorhersagbarer wird. Sie müssen immerfort über Ihre aktuelle Tätigkeit nachdenken und über die Veränderungen in Ihrem Arbeitsbereich, die in den nächsten drei bis fünf Jahren anstehen könnten.

Der englische Ökonom John Maynard Keynes hat das Bonmot geprägt, man müsse viel über die Zukunft nachdenken, denn in ihr werde man den Rest des Lebens verbringen. Zu den größten und folgenreichsten Fehlern der meisten Menschen gehört, kaum einen Gedanken an die Zukunft zu verschwenden.

Was Ihr Glück, Ihre Sicherheit, Zufriedenheit und Freude sowie die persönliche Selbstverwirklichung betrifft, ist nichts wichtiger als die Frage, wie Sie mittel- und langfristig Ihr Geld verdienen werden.

Hunderttausende von Menschen werden jedes Jahr arbeitslos. Und längst sind es nicht mehr nur die Geringqualifizierten, die entlassen werden. Es sind Absolventen der besten Universitäten darunter, solche mit guten Abschlüssen, die anschließend zwei bis fünf Jahre im Unternehmen geschult wurden. In den USA hat diese Gruppe der Erwerbslosen abgesehen von einer fundierten Ausbildung im Schnitt elf Jahre Berufserfahrung. Und trotzdem werden sie scharenweise gekündigt. Es sind sehr intelligente, hoch qualifizierte und erfahrene Männer und Frauen, für die Unternehmen keine Verwendung mehr haben. Und ihre Jobs sind ein für allemal Makulatur. Die Tätigkeit, für die sie so lange gelernt und sich fortgebildet haben, hat sich überlebt. Die mühsam erworbenen Kenntnisse sind obsolet geworden und die Betroffenen müssen umsatteln, die Branche und das Aufgabenfeld wechseln. Und diese Tendenz wird anhalten und sich noch weiter beschleunigen.

Als unsere Großväter anfingen zu arbeiten, konnten sie noch damit rechnen, nach der Ausbildung ihr gesamtes Erwerbsleben in einer Firma zu verbringen. Als unsere Eltern anfingen zu arbeiten, wechselten sie bis zur Rente im Schnitt drei bis vier Mal die Arbeit und das wurde bereits als schwieriger Bruch empfunden.

Die geburtenstarken Jahrgänge, die in den 60er und 70er Jahren ins Berufsleben eintraten, wurden mit einer turbulenten Welt konfrontiert, in der sich der Arbeitsmarkt rasend schnell veränderte. Auch sie strebten noch in die großen, vermeintlich sicheren Unternehmen, wechselten die Stelle aber oft genug ein halbes Dutzend Mal und fingen nicht selten mit 30 oder 40 noch einmal etwas ganz Neues an.

Heute ist die Weltwirtschaft noch größeren Turbulenzen ausgesetzt. Wer jetzt ins Berufsleben eintritt, kann damit rechnen, dass er zwischen 21 und 65 fünf verschiedene Karrieren und 14 Vollzeitstellen ausfüllen wird: Alle zwei Jahre ist ein Wechsel des Arbeitsplatzes angesagt. Nach einem Bericht im Fortune Magazine sind 40 Prozent der US-Angestellten „contingency workers", also Menschen ohne feste Anstellung, die zu schlechteren Bedingungen und niedrigeren Löhnen als Festangestellte immer nur so lange beschäftigt werden, wie Arbeit für sie da ist. Sie können von einem Tag zum anderen auf der Straße stehen – eine Art freiberufliche Mitarbeiter, aber ohne die Vorteile der Freiberuflichkeit.

Wird Ihre Arbeitskraft auch in den kommenden Jahren gefragt sein?

40 Prozent der Amerikaner arbeiten an ihrem aktuellen Arbeitsplatz weniger als ein Jahr. Auch das ist eine Folge von vier berühmt-berüchtigten Disziplinen: Restrukturierung, Neupositionierung, Reorganisation, Neuerfinden. Um im künftigen ökonomischen Umfeld zu überleben, sollten Sie diese vier Vokabeln auswendig lernen und in ihren Implikationen vollständig verstanden haben. Alle vier Wörter reagieren auf Veränderungen im Wettbewerb.

- *Restrukturierung* heißt, die Ressourcen eines Unternehmens so zu nutzen, dass möglichst nur noch die Produkte und Dienstleistungen hergestellt werden, für die der Kunde den höchsten Preis bezahlt.
- *Neupositionierung* heißt, Bereiche komplett umzubauen, weil viele Funktionen durch neues Wissen, neue Technik oder Wettbewerber überflüssig geworden sind.

- *Reorganisation* bezieht sich auf den Vorgang, jeden einzelnen Arbeitsplatz und jede einzelne Tätigkeit an diesem Arbeitsplatz zu analysieren, um Redundanzen zu eliminieren und den gesamten Ablauf reibungsloser und effizienter zu gestalten.
- *Neuerfinden* ist das Phönix-aus-der-Asche-Spiel: Man stelle sich vor, das ganze Unternehmen wäre bis auf die Grundmauern abgebrannt und man müsste von vorn anfangen. Welches Unternehmen wäre heute zu gründen? Welche Geschäftsbereiche sollte man erneut aufbauen, welche besser aufgeben? Soll man überhaupt in der Branche bleiben oder komplett wechseln?

Es gibt die Geschichte von Ole und Sven, die auf einem Frachter nach Amerika auswandern wollen und mitten auf dem Atlantik in einen großen Sturm geraten. Das Schiff hat schon Schlagseite, da läuft Ole zu Sven und sagt: „Der Dampfer ist leck, wir sinken!" Darauf Sven: „Was soll's, ist doch nicht unser Schiff."

Viele Menschen denken, die ökonomischen Turbulenzen unserer Zeit beträfen sie nicht. „Nicht unser Problem", sagen sie sich. Aber wir sitzen wirtschaftlich gesehen alle in einem Boot und alles, was dessen Sicherheit gefährdet, zieht jeden von uns in Mitleidenschaft.

Und deswegen müssen Sie Ihre Arbeit und Ihr Tun so umstrukturieren, dass Sie den größtmöglichen Wertbeitrag für Ihren Auftraggeber leisten – ob das nun ein Kunde oder der Arbeitgeber ist. Sie müssen Ihre Ressourcen so umgruppieren, dass Sie immer effizienter arbeiten. Sie müssen Ihre Arbeit so reorganisieren, dass Sie immer schneller in besserer Qualität mehr Output produzieren. Und schließlich müssen Sie sich neu erfinden, damit Sie der Zukunft standhalten.

Navigations-Tipp

Wie ein Schachspieler müssen Sie das ganze Spielbrett im Blick haben. Behalten Sie den Horizont im Auge, überlegen Sie, wie Sie sich weiterentwickeln wollen, damit Ihre Arbeitskraft auch in den kommenden Jahren noch gefragt ist.

Wie wird Ihr Spezialgebiet, Ihre Branche in fünf Jahren aussehen? Das Fachwissen verdoppelt sich ungefähr alle fünf Jahre, Sie können also davon ausgehen, dass

Jahr für Jahr rund 20 Prozent Ihres Wissens veralten. In fünf Jahren ist demnach alles anders und Sie arbeiten in einem neuen Beruf mit neuen Anforderungen.

Welche Teile Ihres Wissens, Ihrer Fähigkeiten, Ihrer Kenntnisse sind in fünf Jahren nicht mehr gefragt? Was müssen Sie schon in zwei, drei Jahren anders machen? Was müssen Sie sich aneignen, wenn Sie auf dem Laufenden bleiben wollen? Wenn Sie noch einsetzbar sein wollen? Haben Sie einen Plan für Ihre wirtschaftliche und finanzielle Zukunft?

Wertschöpfung durch Wissen

Ein Plan für die berufliche Zukunft setzt oft genug einen Einstellungswandel voraus. 95 Prozent der Menschen und mehr haben bis zum 18. Jahrhundert noch als Bauern gelebt. Mit der Erfindung der Dampfmaschine 1776 strömten immer mehr Menschen in die Städte und arbeiteten in Fabriken. Mit der Zeit stieg ihr Lebensstandard. Nach dem Zweiten Weltkrieg begann das Dienstleistungszeitalter, die Industriejobs nahmen ab und immer mehr Menschen lebten von den unterschiedlichsten Services. Ab den 60er Jahren begann der Umschwung ins Informationszeitalter und immer mehr Jobs entstanden in der Datenverarbeitung und Informationsaufbereitung.

Und heute sind wir im Wissenszeitalter. Heute ist der wichtigste Produktionsfaktor das Wissen, die Fähigkeit, dieses Wissen so einzusetzen, dass für andere Menschen Ergebnisse erzielt werden. Und genau davon hängt ab, ob Sie auch morgen noch in der Lage sein werden, Ihr Geld zu verdienen: Sie müssen in der Lage sein, Wissen und Kenntnisse so zu kombinieren, dass Sie eine Wertschöpfung zustande bringen, für die Ihre Kunden bezahlen wollen.

Das Gesetz der Drei besagt, dass Sie drei Cent Gewinn erwirtschaften müssen, um einen Cent zu verdienen. Dem Unternehmen entsteht ungefähr das Doppelte des Gehalts pro Arbeitsplatz an Kosten: für Nebenleistungen, die Büroausstattung, Instandhaltungsmaßnahmen und so weiter. Um das Beschäftigungsverhältnis zu erhalten, müssen die Arbeitnehmer wesentlich mehr Wert schöpfen, als an Gehalt auf ihrem Konto landet.

Navigations-Tipp

Im Wissenszeitalter spielt der Faktor Wissen eine zentrale Rolle. Konzentrieren Sie sich daher darauf, Ihr Wissen und Ihre Kenntnisse so zu kombinieren, dass für andere Menschen ein Nutzen geschaffen wird.

Die Zeitungen sind voll mit Berichten über Männer und Frauen, die – einst hoch bezahlt – sich mit wesentlich schlechter dotierten Stellen begnügen müssen. Sie verdienten zu viel im Verhältnis zu dem, was sie erwirtschafteten, und erst jetzt steht ihr Gehalt in einem sinnvollen Verhältnis zu ihrem Wertbeitrag. Gehaltskürzungen sind weder zufällig noch willkürlich und schon gar nicht persönlich zu nehmen. Sie gehören zu den Tatsachen des Lebens. So funktioniert unsere Wirtschaft. Menschen werden nach ihrem Wertbeitrag bezahlt und bekommen einen Anteil an dem Betrag, den sie erwirtschaften, nicht mehr und nicht weniger.

Zeigen Sie Exzellenz und machen Sie auf sich aufmerksam

Wenn Sie sich auf morgen vorbereiten wollen, sollten Sie diese Regel beherzigen: „Die Zukunft gehört den Fähigen." Der amerikanische Basketballtrainier Pat Riley schrieb in *The Winner Within:* Wer sich nicht fortlaufend zu steigern versucht, wird zwangsläufig schlechter. Wer sich nicht mit Herz und Verstand um herausragende Leistungen bemüht, akzeptiert unwissentlich die Mittelmäßigkeit. Früher musste man exzellent sein, um sich an die Spitze vorzukämpfen. Heute müssen Sie exzellent sein, um nicht auf der Straße zu stehen.

Der Markt greift hart durch. Exzellenz, Qualität und Wert sind Essentials, die Conditio sine qua non jeder Dienstleistung, jedes Produkts, jeder abgelieferten Arbeit. Wer Geld verdienen will, muss in den Augen der anderen bestimmten Maßstäben genügen. Nur für herausragende Leistungen werden herausragende Preise gezahlt. Durchschnitt wird durchschnittlich bezahlt, und wer noch weniger leistet, wird arbeitslos oder schuftet für Hungerlöhne.

Alle Streiks, Proteste, Sternmärsche und Demonstrationen können nichts daran ändern, dass der Kunde heute für möglichst wenig Geld nur das Beste haben will. Nur Unternehmen und Personen, die herausragende Produkte und Dienstleistungen zu wettbewerbsfähigen Preisen anbieten, werden überleben. Das ist nicht persönlich gemeint. Es ist nur die Art, wie die Wirtschaft funktioniert.

Viele Menschen scheinen schneller voranzukommen, obwohl sie weniger kompetent und fähig wirken als andere. Warum fallen manche die Karriereleiter hinauf, während andere viel härter arbeiten?

Tatsache ist, dass es nicht reicht, gut zu sein. Die anderen müssen Ihre Qualitäten auch wahrnehmen. Wir Menschen sind Wahrnehmungstiere. Es kommt nicht so sehr darauf an, was wir sehen, eher darauf, was wir zu sehen meinen. Das bestimmt unser Denken und Handeln.

Wenn Kollegen eher befördert werden als Sie, werden sie zusätzliche Verantwortungsbereiche erhalten und höhere Gehälter beziehen – da können Sie noch so sehr davon überzeugt sein, Sie hätten es besser gemacht, wenn man Sie nur gelassen hätte.

Zum Glück können Sie einiges unternehmen, damit Ihr Licht nicht unterm Scheffel verborgen bleibt und Sie schneller befördert werden.

Demonstrieren Sie Kompetenz in Ihrem Aufgabenbereich

Ausgangspunkt ist Ihre Kompetenz. Überlegen Sie, welche Aspekte Ihrer Arbeit für Ihre Vorgesetzten und das Unternehmen am wichtigsten sind, und sorgen Sie dafür, dass Sie in diesen Bereichen besonders kompetent sind. Lesen Sie, erkundigen Sie sich, besuchen Sie Schulungen, holen Sie den Ratschlag anderer ein. Der Schlüssel zu Ihrer Zukunft liegt darin, von anderen in Ihrem Tun als besonders kompetent wahrgenommen zu werden.

Das wird die Aufmerksamkeit weiterer Menschen auf Sie lenken. Damit eröffnen sich neue Chancen und bessere Aussichten auf mehr Verantwortung, höhere Bezahlung, eine bessere Position. Hervorragend zu sein im eigenen Bereich ist die Basis jeder Strategie für schnelleres berufliches Vorankommen.

Navigations-Tipp

Arbeitgeber suchen immer nach Männern und Frauen, die selbstständig denken und handeln. Sie suchen nach Menschen, die ihre Aufgaben gut, zeitnah und zuverlässig erledigen. Wenn Sie sich den Ruf erwerben, kompetent und schnell zu sein, werden Sie den entscheidenden Personen schnell auffallen. Sie wechseln auf die Überholspur.

Auch Ihr Erscheinungsbild entscheidet

Herausragende Leistungen sind die Voraussetzung, aber nicht genug. Weitere Dinge müssen hinzukommen, damit Sie anderen auffallen. Dazu gehört vor allem Ihr Erscheinungsbild.

Bei einem Einstellungsgespräch fällt die Entscheidung für oder gegen einen Kandidaten binnen 30 Sekunden: Die allererste persönliche Begegnung gibt den Ausschlag. Das haben neuere Umfragen bei Personalverantwortlichen herausgefunden. Vielleicht fällt die eigentliche Entscheidung sogar schon unbewusst innerhalb von vier Sekunden, das legen andere Untersuchungen nahe. Viele fähige Männer und Frauen erhalten keine Chance, weil sie nicht so aussehen, dass man ihnen den Job zutraut.

Wer langhaarig und ungepflegt auftritt, kann sich bitter beschweren, dass die Menschen so auf das Äußere fixiert sind, statt ihre Mitmenschen nach deren Charakter und ihren Fähigkeiten zu beurteilen. Die Argumentation geht an der menschlichen Natur vorbei. Wir urteilen nach Äußerlichkeiten, das ist eine Tatsache. Und das gilt auch für die, die in ausgebeulten Hosen und abgetretenen Schuhen zu einem Vorstellungsgespräch erscheinen.

Zum äußeren Erscheinungsbild gibt es aber noch mehr zu sagen. Vieles haben wir nicht der Hand; wie wir uns anziehen, ist jedoch in unser persönliches Belieben gestellt. Wir können uns die Kleidung kaufen, die wir mögen, die Frisur wählen, von der wir annehmen, dass sie uns steht. Wir sagen mit unserem Auftreten etwas darüber aus, wie wir uns selbst sehen. Mit unserem Äußeren drücken wir einen Teil unseres Inneren aus. Wenn Sie ein positives, professionelles Selbstbild haben, werden Sie dafür sorgen, dass Sie geschmackvoll und professionell angezogen sind.

Navigations-Tipp

Kleiden Sie sich so wie Ihre Vorgesetzten. Ziehen Sie sich so an, wie es für eine oder zwei Hierarchieebenen über Ihnen angemessen wäre. Das wird Ihre Karriere unterstützen, eben weil Menschen nach Äußerlichkeiten urteilen. Türen werden sich öffnen, die Ihnen bisher verschlossen blieben.

Knüpfen Sie Kontakte

Eine hervorragende Möglichkeit, auf sich aufmerksam zu machen, ist die Mitgliedschaft in beruflichen Vereinigungen. Treten Sie Organisationen bei, in denen Menschen sind, die Sie gern kennenlernen würden und die Ihnen beruflich weiterhelfen können.

Schauen Sie sich diese Organisationen vorher genau an. Lohnt sich der Aufwand? Und wenn ja, wenn dort also wichtige Männer und Frauen sind, die Ihre Karriere fördern können, dann werden Sie Mitglied und beteiligen sich aktiv.

Viele schließen sich einer Berufsvereinigung an und gehen dann höchstens zu den Monatstreffen, weil sie sich für zu überlastet halten, um noch freiwillige Jobs in einer berufsständischen Organisation zu übernehmen. Seien Sie anders! Arbeiten Sie mit, in wichtigen Ausschüssen etwa. Dafür müssen Sie die Arbeit der Organisation natürlich erst einmal beobachten und herausfinden, welcher Einsatz sich wirklich in Einfluss ummünzt.

Besuchen Sie alle Sitzungen. Schreiben Sie genau mit. Übernehmen Sie Aufgaben. Erledigen Sie diese zeitnah und mit größter Sorgfalt. So können Sie sich in einer nicht angstbesetzten Umgebung beweisen und wichtigen Personen auffallen. Sie geben Schlüsselpersonen die Chance, Sie und Ihre Qualifikation wahrzunehmen.

Navigations-Tipp

Durch die Mitgliedschaft in beruflichen Vereinigungen erweitern Sie Ihre beruflichen Kontakte in der bestmöglichen Weise. Diese Kontakte können Ihre Karriere sehr fördern.

Sie können auch einer Hilfsorganisation oder einer karitativen Einrichtung beitreten und für diese spenden oder Spenden einsammeln. Wenn Sie nicht reich genug sind, um selbst Geld zu geben, sollten Sie Ihre Zeit investieren. Solche Großzügigkeit wird Höhergestellten auffallen. Gerade in Amerika sind viele Männer und Frauen aus beschränkten Verhältnissen in höchste Positionen aufgestiegen, weil sie über gemeinnützige Arbeit gute Kontakte aufgebaut haben.

Sie werden erstaunt sein, wie weit Sie es in kurzer Zeit bringen, wenn Sie Ihre Zeit und Ihre Energie freiwillig für andere „opfern".

Was sonst noch karriereförderlich ist

Viele weitere Möglichkeiten, an die wenige denken, fördern Ihre „Sichtbarkeit“. Eine Umfrage unter 105 CEOs ergab, dass zwei Eigenschaften die Karriere wie wenige andere Charakterzüge fördern: Prioritäten setzen können, also das Wichtige vom Unwichtigen unterscheiden, und die Schnelligkeit, mit der Aufgaben erledigt werden. Schieben Sie nichts Wichtiges auf die lange Bank!

Prioritäten setzen

Viele Manager legen sehr großen Wert auf Mitarbeiter, die Prioritäten richtig setzen und Aufgaben prompt erledigen. Schnelligkeit und Zuverlässigkeit gehören zu den Charakterzügen, die Arbeitgeber an Arbeitnehmern am meisten schätzen. Wenn Ihnen Ihr Arbeitgeber eine Aufgabe anvertraut und weiß, dass diese bei Ihnen in guten Händen ist und er sich um nichts mehr kümmern muss, dann haben Sie es geschafft. Ihre nächste Beförderung ist praktisch garantiert.

Positive Einstellung entwickeln

Entwickeln Sie eine positive Einstellung! Menschen sind gern mit angenehmen Menschen zusammen und angenehm ist, wer sich nicht launisch gebärdet, sondern auf natürliche Art fröhlich und optimistisch ist. Wenn Sie sich bemühen, anderen Menschen stets mit Freundlichkeit zu begegnen, werden sich diese gern für Sie einsetzen.

An Schulungen teilnehmen

Dienlich sind außerdem fortlaufende Schulungen in berufsbezogenen Fähigkeiten. Stellen Sie sicher, dass Ihre Vorgesetzten davon erfahren. Suchen Sie sich Kurse und Seminare heraus und sprechen Sie mit Ihrem Chef darüber. Bitten Sie um Kostenübernahme, falls Sie die Prüfungen bestehen, stellen Sie aber auch klar, dass Sie die Schulung unabhängig davon auf jeden Fall besuchen werden.

Eine junge Frau, die für mich (Brian Tracy) gearbeitet hat, konnte ihr Gehalt innerhalb von sechs Monaten verdoppeln, weil sie ihre Computerkenntnisse sowie ihr Wissen in Buchhaltung und Rechnungswesen sehr engagiert und im Einklang mit den Bedürfnissen unserer wachsenden Firma verbessert hat. Sie war jeden Penny wert.

Fragen Sie Ihren Chef, welche Bücher Sie lesen sollten. Halten Sie sich daran! Sprechen Sie anschließend mit ihm darüber und bitten Sie um weitere Tipps. Diese Strategie garantiert Ihnen positive Aufmerksamkeit, und zwar von einer Person, die viel für Ihr Fortkommen tun kann.

Wissen und Fähigkeiten fortlaufend ausbauen, Lernen als Lebensprogramm: Das hilft Ihrer Karriere garantiert auf die Sprünge.

Freundlich, hilfsbereit und positiv: Das kommt gut an

Vielleicht 85 Prozent der beruflichen Erfolge werden Sie letztlich Ihrer Persönlichkeit verdanken. Sie müssen effektiv mit anderen kommunizieren. Die anderen müssen Sie mögen und achten. Sie können das Bild, das man von Ihnen hat, aber auch positiv beeinflussen, wenn Sie die Selbstachtung Ihrer Mitmenschen und Kollegen im Arbeitsalltag unauffällig unterstützen.

Ken Blanchard riet im „Minuten-Manager", man solle andere dabei ertappen, wie sie etwas richtig machen. Lob und Anerkennung, regelmäßig fein dosiert, verschafft ihnen Freunde. Dann können Sie sich auch mal Fehler erlauben, so wie sie jedem Menschen unterlaufen. Sympathischen Menschen verzeiht man sie eher, sie gelten als kompetenter als Menschen mit gleicher Leistung, aber unsympathischerem Auftreten.

Wenn Sie mit Vorgesetzten zusammen sind, machen Sie es sich zur Gewohnheit, respektvoll, interessiert und aufmerksam zuzuhören. Je aufrichtiger und ernsthafter Sie dem anderen zuhören, desto eher wird er Ihnen vertrauen und eben auch mehr zu- und anvertrauen.

Führungskräfte sind immer auch gute Zuhörer. Zuhören ist der Schlüssel, um Einfluss zu bekommen.

Navigations-Tipp

Wenn Sie Menschen auf Ihre Seite ziehen wollen, dann stellen Sie interessierte, ehrliche Fragen und hören Sie aufmerksam zu.

Fassen wir die wichtigsten Ideen dieses Kapitels zusammen. Fünf Maßnahmen steigern Ihre Sichtbarkeit, damit Ihre Karriere erfolgreicher und schneller verläuft:

- Beweisen Sie in den wichtigen Teilen Ihres Aufgabenbereichs Exzellenz. Das ist der erste Schritt zur Beförderung.
- Achten Sie auf Ihre äußere Erscheinung. Informieren Sie sich über Schnitte, Farben und Stoffe. Kleiden Sie sich wie Ihre Vorgesetzten. Nehmen Sie nichts als selbstverständlich hin: Kümmern Sie sich um Ihr Äußeres.
- Knüpfen und pflegen Sie Kontakte innerhalb wie außerhalb des Unternehmens. Nutzen Sie das Gesetz der Reziprozität: Eine Hand wäscht die andere. Helfen Sie anderen, dann helfen Ihnen die anderen. Wirklich erfolgreiche Menschen kennen sehr viele andere erfolgreiche Menschen. Suchen Sie sich eine berufsständische Vereinigung oder einen Club, eine lokale Wohltätigkeitsorganisation mit einem prestigeträchtig besetzten Vorstand oder dergleichen.
- Besuchen Sie Schulungen, um Ihre Fähigkeiten und Kenntnisse auszubauen. Bitten Sie Ihren Chef um Lektüretipps, lesen und verarbeiten Sie die Information und diskutieren Sie diese mit Ihrem Chef. Fragen Sie nach weiteren Empfehlungen. Wenn Ihr Chef das Gefühl hat, dass Ihre Wissbegier kaum zu bremsen ist, übernimmt er gern die Rolle des Mentors und hilft Ihnen bei Ihrem Aufstieg. Mentoring ist der Steigbügel, über den viele Spitzenkräfte in ihre Ämter gekommen sind.
- Seien Sie freundlich, hilfsbereit und positiv. Seien Sie ein angenehmer Zeitgenosse. Behandeln Sie Ihre Mitmenschen mit Freundlichkeit und Respekt, sagen Sie jedem ein gutes Wort.

15. Lernen und Lesen: Wachsen Sie ständig weiter

Wir leben im Wissenszeitalter. Unsere Wirtschaft lebt von Ideen und Wissen und der Fähigkeit, beides schnell und effektiv umzusetzen. Der Übergang vom Industriezeitalter zur Informationsgesellschaft ging so schnell, dass viele Menschen nicht mithalten konnten. Unser Schulsystem entlässt immer noch Schüler, die nicht fit sind für die neue Arbeitswelt. Dabei gibt es kaum noch Jobs für gering qualifizierte Menschen.

Je mehr man gelernt hat, desto besser wird man bezahlt. Das ist heute die Regel. Die Zukunft gehört jenen, die sich laufend fortbilden und neue Fähigkeiten aneignen. Die sich laufend auf die Chancen vorbereiten, die jeden Tag entstehen.

In diesem Kapitel geht es um mentales Cross-Training. Cross-Training ist ein Begriff aus der Leichtathletik. Spitzensportler trainieren seit Jahren ihren ganzen Körper, nicht nur die für ihren jeweiligen Sport relevanten Partien. Sie trainieren Ausdauer, Stärke und Beweglichkeit. Mental gilt dasselbe. Sie müssen Ihr Wissen und Ihre Fähigkeiten laufend verbessern, Sie müssen Ihre Stärken genauso trainieren wie die Bereiche, in denen Sie nicht so talentiert sind. Sie müssen die Balance halten.

Werden Sie zum lebenslangen Studenten

Es gibt zwei Typen von Bildung: formale Bildung und informelle Bildung. Formale Bildung erhalten Sie an Schulen, der Universität, in Kursen und Seminaren, die von einer offiziellen Institution veranstaltet werden und mit einem Abschlusszertifikat enden. Viele Menschen haben versäumt, sich in jungen Jahren eine gute formale Ausbildung zu sichern. Für die meisten wird es später schwierig, dies nachzuholen, denn finanzielle und sonstige Verpflichtungen lassen wenig Spielraum.

Die informelle Bildung steht auf einem anderen Blatt. Was man sich selbst beibringt oder an Erfahrungen nach der Schule sammelt, ist meist viel wertvoller als jegliche formale Bildung, es sind die entscheidenden Kenntnisse und Fertigkeiten, ohne die man im Beruf nicht bestehen kann.

Informelle Bildung erwirbt, wer sich privat wie beruflich sein ganzes Erwachsenenleben lang weiterentwickelt, wer interessiert und engagiert am Geschehen ringsum teilnimmt.

Navigations-Tipp

Wer täglich eine Stunde liest, schafft pro Jahr rund 50 Bücher. Wer seine Doktorarbeit schreibt, verarbeitet im Schnitt 30 bis 50 Bücher. Wenn Sie also 50 Fachbücher gründlich studieren, haben Sie das Äquivalent zu einer Dissertation.

Beschränken Sie sich aber nicht auf Ihr Fachgebiet. Lesen Sie breit gestreut, lesen Sie historische, philosophische, psychologische, literarische Texte und solche über Kunst und andere Gebiete. So erwerben Sie ein breites Allgemeinwissen, einfach indem Sie regelmäßig lesen, auch wenn Sie keinerlei Vorbildung in einem dieser Gebiete mitbringen, auch wenn Sie nur kursorisch lesen. Besuchen Sie Seminare und Vorlesungen zu Themen, die Sie interessieren. Treffen Sie Menschen aus unterschiedlichen Fachrichtungen, unterhalten Sie sich mit diesen über deren Interessengebiete. Bitten Sie um Empfehlungen, welche Bücher man lesen, welche Orte man besichtigen sollte, welche Ausstellungen sehenswert sind. Widerstehen Sie dem natürlichen Hang, sich mit dem Erreichten zufrieden zu geben. Zwingen Sie sich, Ihren Horizont zu erweitern, indem Sie sich in ganz neue Gebiete einarbeiten. Werden Sie zum lebenslangen Studenten.

Ihre drei Performance-Bereiche

Welches auch immer Ihr Fachgebiet ist, Ihr Wissen und Ihre speziellen Fähigkeiten verlieren mit manchmal atemberaubender Geschwindigkeit an Wert. Das Wissen verdoppelt sich in fast allen Gebieten binnen drei bis fünf Jahren. Also muss sich auch Ihr Wissen alle drei bis fünf Jahre verdoppeln, nur damit Sie Ihren Stand halten. Wenn Sie Fortschritte machen wollen, müssen Sie noch mehr lernen. Und Sie müssen in Ihrem Gebiet mit den Jahren ständig besser werden, sonst werden Sie von anderen überholt.

Mentales Cross-Training ist dann am effektivsten, wenn Sie die Themen ermitteln, in denen Sie zur Elite gehören wollen. Sie müssen den Beschluss fassen, an die Spitze vorzustoßen und dort zu bleiben, und sich die Fähigkeiten und Kenntnisse aneignen, die Sie dahin bringen. Andere haben es geschafft, also können Sie es auch schaffen – Sie müssen nur in deren Fußstapfen treten.

In jedem Fachgebiet existieren Kernkompetenzen, Schlüsselergebnisbereiche und entscheidende Erfolgsfaktoren. Ihre Performance in diesen Bereichen entscheidet über Ihr Einkommen, Ihren Erfolg und Ihre Karriere und ob Sie Ihre Ziele erreichen.

Kernkompetenzen

Kernkompetenzen sind für Individuen wie für Organisationen die Achse, um die sich alles dreht. Es sind die Grundfähigkeiten, auf denen jede Karriere, jeder Geschäftszweig aufbaut. Je mehr Kernkompetenzen Sie haben, desto erfolgreicher werden Sie sein, unabhängig von der allgemeinen Tendenz.

Eine persönliche Kernkompetenz könnte etwa die Fähigkeit sein, zu verkaufen oder zu verhandeln. Es ist die zentrale Fähigkeit, um in Ihrem Beruf erfolgreich zu sein.

Schlüsselergebnisbereich

Ein Schlüsselergebnisbereich verlangt eine Fähigkeit, ohne die Sie Ihre Aufgabe nicht bewältigen. Wer verkaufen will, muss beispielsweise ein Auge für potenzielle Kunden haben. Der Bereich ist ein Schlüsselbereich, weil eine Schwäche hier alle anderen Bemühungen obsolet werden lässt und verhindert, dass Sie die Sollzahlen erreichen. Ein Schlüsselergebnis ist ein Ergebnis, ohne das Sie in Ihrem Bereich nicht bestehen können.

Das ist ein wichtiger Punkt. Ihr Einkommen bemisst sich in der Regel nach Ihrem schwächsten Ergebnis in den Schlüsselbereichen. Stärken bringen Sie voran, aber Schwächen sind der Klotz am Bein: Sie können noch so gut sein – wenn Sie in einem Schlüsselergebnisbereich versagen, werden Sie frustriert hinter den Erwartungen zurückbleiben.

In den meisten Berufsfeldern werden nicht mehr als fünf bis sieben Fähigkeiten verlangt. Auch wenn viele andere Aufgaben zu Ihrer Stelle gehören, gewöhnlich kommt es auf fünf bis sieben Dinge an, die Sie wirklich beherrschen müssen. Für Ihren persönlichen Erfolg müssen Sie Ihre Schlüsselergebnisbereiche kennen und Ihre diesbezüglichen Fähigkeiten planmäßig ausbauen.

Wenn Sie im Vertrieb tätig sind, heißen die sieben Schlüsselergebnisbereiche Ansprache, Beziehung aufbauen, Kundenproblem erkennen, Produkt als Lösung präsentieren, Einwände entkräften, Abschluss tätigen sowie Empfehlungen erhalten und Folgeabschlüsse tätigen. Wenn Sie in allen sieben Bereichen hervorragend sind, werden Sie mit großem Erfolg Ihr Produkt oder Ihre Dienstleistung verkaufen.

Übung

Ermitteln Sie also zunächst die Schlüsselergebnisbereiche Ihres Fachgebiets. Bewerten Sie Ihre Leistungen in diesen Bereichen auf einer Skala von 1 (schlecht) bis 10 (sehr gut). Sie sollten jeweils mindestens eine 7 erreichen. In Bereichen mit niedrigeren Punktzahlen haben Sie bestimmt auch die meisten Probleme.

Seien Sie ehrlich mit Ihrer Selbstbewertung. Verbessern können Sie sich nur, wenn Sie nicht so tun, als wären Sie schon perfekt. Bitten Sie Ihre Vorgesetzten sowie Kollegen und Kunden ebenfalls um eine Einschätzung. Öffnen Sie sich für ein Feedback zu Ihren Leistungen. Ermitteln Sie sorgfältig Ihre Schwachstellen, damit Sie daran arbeiten können.

Für Manager heißen die sieben Schlüsselergebnisbereiche Planung, Organisation, Mitarbeiter, Delegieren, Kontrollieren, Bewerten und Berichtswesen. Schwächen in einem dieser Bereiche verhindern gute Ergebnisse und erlauben Ihnen nicht, Ihr ganzes Talent zu entfalten. Sind Sie beispielsweise in fast allen Bereichen gut, können aber nicht delegieren, dann haben Sie ein Problem. Ihre Mitarbeiter und Sie werden gleichermaßen frustriert sein und unterhalb der Leistungsmöglichkeiten bleiben.

Selbst wenn Sie nur im Delegieren Schwächen haben: Sie werden nicht Ihr ganzes Führungspotenzial ausleben können. Sie delegieren immer zu spät oder gar nicht oder an die falschen Leute oder zur falschen Zeit oder packen es so ungeschickt an, dass es schiefgeht. Sie delegieren eine Aufgabe und keiner weiß, was er eigentlich machen soll, was quantitativ und qualitativ von ihm erwartet wird. Schlechtes Delegieren ist eines der größten Führungsprobleme und nicht selten für massive Fehlschläge verantwortlich.

Aber Delegieren ist wie alle anderen beruflichen Fähigkeiten mit Übung und Anleitung lernbar. Wenn andere diese Fähigkeit beherrschen, dann ist das der Beweis, dass Sie das auch können. Exzellenz liegt in Ihrer Reichweite. Sie müssen nur die erforderliche Fähigkeit ermitteln, ein Ziel setzen, einen Plan aufsetzen und täglich daran arbeiten. Es gibt keine Obergrenze.

Jeder Schlüsselergebnisbereich geht mit einem Leistungsstandard einher. Das ist eine Kennziffer, anhand deren Sie Ihre aktuelle Performance und Ihre Fortschritte messen können. So wie es in jedem Sport eine Messlatte gibt – die Zeit, die Entfernung, das Gewicht –, so können Sie Ihre Resultate auf Ihrem Gebiet festhalten.

Wenn Sie Ihre Kernkompetenzen, Ihre Schlüsselergebnisbereiche und Ihre Leistungsstandards ermittelt haben, dann starten Sie Ihr ganz persönliches Do-it-yourself-Projekt. Sie wissen jetzt, auf welchem Gebiet Ihnen Verbesserungen den größten Erfolg bescheren würden. Sie können loslegen und in diesem Bereich an sich arbeiten. Sie werden sehen, dass Sie dadurch ständig wachsen, dass auf einen Erfolg der nächste folgt. Ihre Selbstachtung und Ihr Selbstvertrauen bekommen einen Schub. Sie haben das Gefühl, dass es permanent vorwärts geht, sind optimistischer und besser gelaunt.

Entscheidende Erfolgsfaktoren

Der dritte Performance-Bereich sind die sogenannten entscheidenden Erfolgsfaktoren, also Kennziffern oder lebenswichtige Funktionen wie Blutdruck oder Temperatur, Indikatoren für die Gesundheit und das Wohlergehen von Organisationen oder Individuen. Diese Kennziffern markieren Erfolg oder Misserfolg und deswegen nennen wir sie entscheidende Erfolgsfaktoren.

Der Cashflow zum Beispiel ist ein entscheidender Erfolgsfaktor für ein Unternehmen. Sinkt er für längere Zeit unter einen bestimmten Wert, dann stirbt das Unternehmen – wie ein Mensch, dessen Gehirn minutenlang nicht mit frischem Blut versorgt wird. Tages-, Wochen- und Monatsumsätze sind entscheidende Erfolgsfaktoren. Entwickeln sie sich gut, geht es auch dem Unternehmen gut. Fallen oder versiegen sie, ist sein Überleben bedroht.

In der Regel gibt es nur fünf bis sieben Erfolgsfaktoren, die über ein Unternehmen oder eine Karriere entscheiden. Manchmal sind es sogar nur einer oder zwei. Sie müssen unbedingt die ein bis sieben relevanten Kennziffern herausfinden und alles daransetzen, sie zu verbessern. Schon die bloße Aufmerksamkeit in Bezug auf die entscheidenden Erfolgsfaktoren sorgt meistens für Verbesserungen.

Wenn Sie es beispielsweise schaffen, dass sich alle Mitarbeiter Ihres Unternehmens auf den Absatz pro Stunde oder Tag konzentrieren, wird der Absatz wahrscheinlich steigen. Wenn alle darauf achten, Kosten einzusparen, werden die Kosten sinken.

Navigations-Tipp

Welche entscheidenden Erfolgsfaktoren gelten in Ihrem Bereich? Diese Frage ist lebenswichtig und muss immer wieder gestellt und beantwortet werden.

Wo liegen Ihre blinden Flecke?

Es ist nicht schwer, die Bereiche zu ermitteln, in denen Sie mit mentalem Cross-Training an sich arbeiten müssen. Es sind die Bereiche, in denen Sie die größten Probleme haben, wo Sie sich die meisten Frustrationen und Rückschläge einhandeln. Es sind damit zugleich die Bereiche, in denen Verbesserungen die schnellsten und erfreulichsten Ergebnisse zeitigen.

Derzeit ist in den Unternehmen die 360-Grad-Analyse sehr beliebt. Gemeint ist die Beurteilung eines Managers von allen Menschen, die mit ihm zu tun haben. Fragebögen werden an alle innerhalb der Abteilung oder Arbeitsgruppe ausgeteilt. Jeder Mitarbeiter soll den Vorgesetzten hinsichtlich Charakter, Kompetenz und Verhalten beurteilen. Diese Fragebögen werden ausgewertet und das Ergebnis wird bei einer speziellen Besprechung vorgestellt. Jeder bekommt seine Ergebnisse und sitzt auf dem heißen Stuhl, während er von den anderen Führungskräften kritisiert oder gelobt wird.

Wird diese Übung richtig durchgeführt, kann sie sehr hilfreich sein. Die Führungskräfte erfahren, wie ihre Untergebenen und Kollegen über sie denken. Nicht selten sind sie überrascht, wo ihnen die anderen Schwächen zuschreiben – sie selbst hätten sich in dem Bereich für ziemlich gut gehalten.

In der Psychologie gibt es den Begriff des blinden Flecks und wir alle haben unsere blinden Flecke. Wir haben blinde Flecke im Charakter, in unserer Persönlichkeit, in bestimmten Lebensbereichen. Wir haben blinde Flecke bei bestimmten Eigenschaften. Und wir sind oft genug blind für unsere größten Schwächen.

Ein Manager hielt sich für einen großartigen Personalchef, er glaubte, er hätte beim Einstellen neuer Leute ein richtig gutes Händchen. Er fegte alle Einwände vom Tisch, traf seine Entscheidungen aus dem Bauch und achtete weder auf das Aussehen noch auf die Herkunft der Bewerber. Und alle, die er eingestellt hatte, waren für das Unternehmen ein Desaster.
Er musste schließlich von dieser Aufgabe entbunden werden. Er durfte keine Einstellungsgespräche mehr führen. Seine Unfähigkeit, Kandidaten auszuwählen, erwies sich als Stolperstein in seiner Karriere. Er musste zurück in den Vertrieb und machte sich in diesem Bereich selbstständig – ohne Mitarbeiter. Es war ihm einfach nicht möglich, die richtigen Leute zu finden. Am frustrierendsten aber war, dass seine Selbsteinschätzung so total von der Realität abwich. Es war sein blinder Fleck.

Wo liegen Ihre blinden Flecke? In welchen Bereichen sind Sie völlig unterbelichtet? Wo lässt Ihre Kompetenz sehr zu wünschen übrig? Welche Fähigkeiten müssten Sie trainieren, damit Sie ein höheres Niveau erreichen?

Navigations-Tipp

Fragen Sie andere, bitten Sie um Feedback, das ist in diesem Fall sicherer als Ihre Selbsteinschätzung. Feedback ist die Basis, von der aus Champions starten. Sie können erst dann durchstarten, wenn Ihnen andere ehrliches Feedback geben und Ihnen zeigen, wie Sie wirklich sind. Das schaffen Sie allein nicht.

Wenn Sie im Vertrieb arbeiten, müssen Sie Ihren Chef oder einen anderen, der Sie einschätzen kann, bitten, mit Ihnen einmal pro Monat Ihre Performance zu bewerten. Diese Person sollte Sie beim Verkaufsgespräch beobachten, nichts sagen, während Sie mit dem Kunden reden, und Ihnen hinterher alles erzählen, was ihr aufgefallen ist, ob das nun positiv oder negativ ist. Ohne ein solches offenes Feedback kommen Sie nicht weiter. Erst danach können Sie beurteilen, in welchen Bereichen Sie an sich arbeiten müssen, um Leistungsdefizite auszuschalten.

Wie wir bereits eingangs sagten, werden Ihr Wissen, Ihre Fähigkeiten heute nicht reichen, um die Zukunft zu bewältigen. Das gilt für uns alle. 99 Prozent dessen, was wir heute für unsere Tätigkeiten beherrschen müssen, sind in spätestens zehn Jahren hinfällig.

Der Hockeyspieler Wayne Gretsky hat seinen Erfolg damit begründet, dass er immer dorthin ging, wo der Puck hinflog, statt wie die meisten dorthin zu gehen, wo er war. Das ist eine wunderbare Metapher für Ihre Karriere.

Wo fliegt der Puck hin? Wo liegt er in fünf Jahren? Welche Kenntnisse und Fähigkeiten müssen Sie sich bis dahin erworben haben, um gut zu leben? Welche dieser Fähigkeiten wäre am hilfreichsten?

Drei Regeln für das mentale Cross-Training

Drei Regeln wollen wir Ihnen für das mentale Cross-Training mitgeben:

1. Es kommt nicht darauf an, woher Sie kommen, nur darauf, wohin Sie gehen. Die Zukunft ist wichtiger als die Vergangenheit. Die Vergangenheit können Sie nicht ändern, aber Ihre Zukunft.
2. Sie müssen besser werden, wenn Ihr Leben besser werden soll. Wenn Sie mehr verdienen wollen, müssen Sie mehr lernen. Wissen ist die wichtigste Ressource unserer Zeit. Wenn Sie Ihre Lebensqualität verbessern wollen, müssen Sie die Qualität Ihrer Kenntnisse und Fähigkeiten ausbauen.
3. Sie können alles Notwendige lernen, um jedes beliebige Ziel zu erreichen, das Sie sich setzen. Es gibt keine Grenzen außer denen, die Sie sich selbst setzen.

Mentales Cross-Training ist eine Disziplin, mit der Sie täglich arbeiten können. Entscheiden Sie sich jetzt, Ihre Fähigkeiten in den Schlüsselergebnisbereichen Ihres Berufs zu verbessern. Schwören Sie sich, einer der Besten Ihres Fachs zu werden. Verschreiben Sie sich dem lebenslangen Lernen.

Navigations-Tipp

Das Gehirn ist wie ein Muskel, es baut ab, wenn es nicht genutzt wird. Aber wenn Sie lesen, Kurse besuchen und sich auf jede erdenkliche Weise fortbilden, dann kennt Ihr Erfolg keine Grenzen.

Wenn Sie regelmäßig mental trainieren, können Sie zu den besten, kompetentesten, fähigsten Menschen Ihres Gebietes gehören. Sie können Ihre Träume realisieren und Ihren ganzen Ehrgeiz ausleben. Sie können sich an die Spitze vorarbeiten und auf Ihrem Gebiet führend werden und bleiben. Mentales Cross-Training ist der Schlüssel, um die eigene Zukunft auch im Wissenszeitalter selbst zu bestimmen.

Ohne permanentes Lesen geht nichts

Manches im Leben muss sein, anderes ist optional. Ob Sie Ihren nächsten Urlaub in der Karibik verbringen, bleibt Ihnen überlassen. Aber der Aufbau Ihrer persönlichen Bibliothek und permanentes Lesen, das ist Pflicht. Wenn Sie Erfolg haben wollen, können Sie nicht nur dann lesen, wenn Ihnen gerade danach ist. Es ist unentbehrlich, wenn Sie Ihre Ziele erreichen wollen. Aber die meisten Menschen lesen nicht besonders viel oder jedenfalls nicht so viel, wie sie sollten. Und dafür gibt es viele Gründe.

Sie lesen nicht, weil sie nicht wissen, wie wichtig das für ihr Leben ist. Niemand hat es ihnen gesagt. Lernen ist heute die absolute Basisanforderung für alles, was man im Leben erreicht. Nicht einmal Fabrikarbeiter kommen ohne verständiges Lesen von detaillierten Vorschriften und Betriebsanleitungen aus. Wer im Vertrieb, im Management, im Kundendienst oder in der Verwaltung oder sonst einem Gebiet arbeitet, in dem Informationen und Daten anfallen, ist ohne Lesefähigkeit völlig verloren.

Manche Leute sind zu faul zum Lesen. Es gibt so viel Zerstreuung, Fernsehen, Radio, Kneipen und Kegeln und so weiter, dass sie einfach nicht dazu kommen, sich ernsthaft in ein Buch zu vertiefen. Sie sind so beschäftigt und in ihrem Alltag gefangen und wollen sich amüsieren: Sie haben das Lesen endgültig aufgegeben. Das kann sich tragisch auswirken.

Andere lesen nicht, weil sie sich für den falschen Beruf entschieden haben. Nur wer den richtigen Beruf ergreift, hat den Wunsch, sich in diesem Bereich noch besser zu informieren und in seiner Freizeit etwas darüber zu lesen. Wer in einem Beruf arbeitet, der ihm entspricht, der ist neugierig und interessiert sich für neue Entwicklungen, der will immer besser werden und hungert förmlich nach neuen Informationen. Der will zur Spitze seines Fachs gehören. Jede Information motiviert ihn und führt zu neuen Erkenntnissen.

Aber wenn Sie sich für ein Gebiet entschieden haben, das nicht zu Ihnen passt, dann empfinden Sie Ihren Beruf als Plackerei, als notwendiges Übel, um zu überleben, und dafür werden Sie in Ihrer Freizeit natürlich nur das Nötigste lesen. Sie werden das schnell abhaken wollen, so wie Sie den Zahnarztbesuch als notwendiges Übel betrachten. Wenn Sie keine Lust haben, sich in Ihrem Gebiet fortzubilden, dann verschwenden Sie Lebenszeit mit etwas, das Ihnen keinen Spaß macht.

Zumindest in den USA gehört zu den gemeinsamen Merkmalen von Millionären (denen, die sich von null hochgearbeitet haben, nicht denen, welche die Millionen geerbt haben) die Faszination an ihrer Arbeit. Sie haben nicht unbedingt an das Geld gedacht, das Geldverdienen war ihnen nicht so wichtig. Die Arbeit hat sie gefangen genommen und interessiert.

Sie haben gelesen und sich weitergebildet, sich gefordert und entwickelt, sind immer besser geworden und wurden irgendwann sehr gut bezahlt. Und auch als sie viel verdienten, faszinierte sie ihre Arbeit immer noch. Sie hörten nicht auf, sie zogen das Geld nicht aus dem Geschäft und wurden Privatier, nein, sie investierten weiter in sich und ihre Karriere und verdienten dadurch noch mehr. Und irgendwann fiel ihnen auf, dass sie ein paar Millionen verdient hatten – durch fortgesetztes Lernen, ununterbrochenes Lesen, das ist der Schlüssel dazu.

Vor einigen Jahren bat mich (Brian Tracy) ein junger Mann um Rat. Er hatte die Highschool abgeschlossen – ohne lesen zu können. Er war insofern Analphabet, als ihn einige Zeilen bereits völlig ermüdeten. Seit zwei Jahren hatte er einen todlangweiligen Job, der miserabel bezahlt wurde, lebte in einer winzigen Wohnung und von der Hand in den Mund. Seine Freunde konnten auch alle nicht lesen und hatten mit denselben Schwierigkeiten zu kämpfen. Keine Zukunft, kein Spaß an der Arbeit, Leben am unteren Limit. Seit zwei Jahren trat er auf der Stelle – was ich ihm raten könne?

Ich sagte ihm, er solle lesen lernen, gut lesen lernen. Er sagte, das wolle er nicht, das mache ihm keinen Spaß, er wolle in einem Bereich erfolgreich sein, in dem man nicht lesen können müsse. Gibt's nicht, sagte ich ihm. Jobs, für die man nicht lesen können muss, sind alle am unteren Level.

Er dachte eine Weile nach und dann sah er es ein. Es spricht sehr für ihn, dass er Kurse besuchte, richtig lesen lernte und sich die Hochschulreife auf dem zweiten Bildungsweg erwarb. Das war noch lange nicht das Ende. Er meldete sich zur Aufnahmeprüfung für ein biotechnisches College an und schaffte sie mit Hängen und Würgen. Wegen seiner schlechten Vorbildung brauchte er drei Jahre, um den eigentlich auf zwei Jahre angelegten Studiengang abzuschließen, aber er schaffte es, weil er dranblieb und sich richtig ins Zeug legte.

Eine kleine Firma stellte ihn ein, er sollte in einem ländlichen Gebiet an Krankenhäuser und Kliniken Geräte verkaufen. Kein toller Job, aber eine Gelegenheit, seine Fähigkeiten auszubauen. Er las viel über Vertrieb und Marketing. Mit 22.000 Dollar hatte er angefangen und war binnen zwei Jahren bei 30.000 Dollar Jahresgehalt. Im dritten Jahr warb ihn eine Konkurrenzfirma ab und zahlte 40.000 Dollar. Wieder zwei Jahre später trat ein internationales Unternehmen auf den Plan, hörte von seinen Erfolgen und stellte ihn für 50.000 Dollar Festgehalt plus Firmenwagen, Spesenkonto und erklecklichen Nebenleistungen ein.

Binnen sieben Jahren stieg er von einem schlecht bezahlten Analphabeten zum Biomedizin-Vertreter mit Spitzenverdienst auf. Er lebte wieder in der Großstadt, hatte Frau, Kinder und ein hübsches Haus, ein Auto und ein gutes Leben. Er hielt interessanterweise seinen alten Freunden die Treue, aber die meisten von ihnen krebsten immer noch mit miserabel bezahlten Jobs herum. Sieben Jahre klingen nach viel Zeit, aber sie vergehen im Nu, wenn man sich für etwas engagiert, das einem Spaß macht.

Wer mehr verdienen will, muss mehr lernen. Die Zukunft gehört den Wissenden. Der wichtigste Produktionsfaktor in der westlichen Welt ist nicht Land, Arbeit, Kapital oder Besitz, sondern Wissen.

Damit mehr Menschen ganz selbstverständlich viel lesen würden, wäre zudem ein Paradigmenwechsel notwendig. Zu viele glauben noch, Bildung bekäme man durch andere Leute, durch Lehrer und Professoren, aber nicht durch eigene Lektüre. Jahrelang haben wir den Unterricht passiv über uns ergehen lassen, in der Schule wurde uns Bildung eingetrichtert. Selbst in College und Hochschule haben wir gelernt, was verlangt wurde, und die geforderten Examina abgelegt. Bildung ist uns widerfahren, wir haben sie eher nicht aus eigenem Antrieb erworben.

Nach der Schule dreht sich das Blatt, da kommt es nur noch auf die Eigeninitiative an. Von diesem Moment an sind wir selbst für unsere Bildung verantwortlich. Wir müssen uns geeignete Bücher kaufen, relevante Kurse belegen und uns Fertigkeiten aneignen. Niemand ist dafür zuständig außer uns selbst.

Viele Menschen sehen ihren Arbeitgeber in der Verantwortung, dass sie die nötigen Qualifikationen für veränderte Berufsbilder erwerben.

Navigations-Tipp

Wenn Ihnen Ihr Unternehmen Schulungen anbietet, sollten Sie zugreifen, keine Frage. Aber wenn nicht, dann sollten Sie sich selbst darum kümmern, die notwendigen Neuerungen zu lernen und sich lesend fortzubilden. Das ist der einzig gangbare Weg.

Ich selbst (Brian Tracy) habe mich vom Tellerwäscher zum Chief Operating Officer einer Firma mit 265 Millionen Dollar Umsatz hochgearbeitet und die Ideen, die ich jetzt mit Ihnen teilen möchte, werden von den meisten erfolgreichen Amerikanern und Amerikanerinnen beherzigt. Kumulativ können sie erstaunliche Auswirkungen auf Ihr Leben haben.

So bauen Sie Ihre persönliche Bibliothek auf

Sollten Sie erstens kein guter Leser sein, dann beschließen Sie jetzt, dass Sie jedes Hindernis überwinden, jeden Preis bezahlen und unter allen Umständen dahin gelangen wollen, leicht und schnell zu lesen. Wenn Sie nicht sonderlich gut lesen können, lassen Sie alles andere jenseits Ihrer Arbeit stehen und liegen und widmen sich dem Lesen. Verbringen Sie jede freie Minute mit Lesen, als hinge Ihr Leben davon ab – denn das tut es.

Es kann eine Woche dauern, einen Monat, ein Jahr, es kann sogar länger dauern, aber darauf kommt es nicht an. Nur wenn Sie richtig gut lesen können, öffnen sich Ihnen die Türen, von denen Sie heute nur träumen können.

Buchen Sie zweitens einen Kurs im Schnelllesen. Es gibt verschiedene Anbieter.

Schnelllesen ist wie Zehn-Finger-Schreiben: Man kann ewig den Adler spielen, mit zwei Fingern über der Tastatur kreisen und beim richtigen Buchstaben zuschlagen – oder man nimmt sich einmal die Zeit, es richtig zu lernen, bis man 50 bis 60 Wörter pro Minute schreiben kann. Beim Lesen können Sie sich von 50 bis 60 Wörtern pro Minute auf 300, 400, 500 oder gar 1000 steigern, ohne deswegen weniger zu verstehen oder zu behalten. Schnelllesen ist essenziell für jeden, der heute Erfolg haben möchte.

Bauen Sie drittens eine Privatbibliothek auf. Öffentliche Bibliotheken sind eine wunderbare Einrichtung zum Nachschlagen, aber Bücher, die Sie gründlich lesen wollen, sollten Sie selbst besitzen, damit Sie hineinschreiben und darin etwas anstreichen können und sie im Bedarfsfall zur Hand haben.

Wir werden oft gefragt, welche Bücher man kaufen solle. Sie müssen sich die Frage selbst beantworten nach dem Gesetz der relativen Wichtigkeit. Kaufen Sie die Bücher, die für Ihr derzeitiges Leben am wichtigsten sind. Zentraler Begriff ist die Relevanz. Erwachsene lernen am besten, wenn der Lernstoff für ihre aktuellen Bedürfnisse, für ihre Arbeit, ihr Leben und ihre aktuelle Situation relevant ist. Wenn Sie etwas lesen, das Ihnen im Moment nicht weiterhilft, wird Sie das nicht interessieren und Sie vergessen das meiste sofort wieder.

Aber wenn Sie relevante, anwendbare Dinge lesen, entsteht ein Feuerwerk von Ideen und Einfällen in Ihrem Kopf und Sie sehen, wie Sie die neuen Informationen sinnvoll anwenden können. Es ist aufregend und anregend, neue Methoden und Techniken zu lernen, die das eigene Leben unmittelbar verbessern.

Navigations-Tipp

Fragen Sie die Erfolgreichen Ihres Fachgebiets, welche Bücher relevant sind, und beschaffen Sie sich diese für Ihre Privatbibliothek. Das kann unzählige Stunden sparen, Sie vor Monaten und Jahren harter Arbeit bewahren.

Profis haben Fachbibliotheken. Wer im Vertrieb arbeitet, hat Bücher über den Vertrieb und sollte täglich mindestens eine Stunde darin lesen, ein Buch pro Woche, 50 pro Jahr. Auch Sie sollten der ewige Student Ihres Fachs sein.

Sie sollten mehr vom Vertrieb verstehen wollen als jeder andere im Umkreis von 500 Kilometern. Sie sollten sich vornehmen, Ihr Gebiet so gut zu beherrschen, dass Sie in ein paar Jahren Kurse geben könnten. Dann erst lernen Sie den Stoff richtig: Wer etwas weitergeben will, muss das viel stärker verinnerlichen, als wenn er es nur für sich liest. Ob Sie Hardcover kaufen sollen oder Taschenbücher? Das ist gleich, Hauptsache der Inhalt ist relevant. Auch wenn ein Buch teuer erscheint: Die Information, die Sie daraus ziehen, sollte Ihnen jeden Cent wert sein. Schließlich könnte es Ihnen zwei Jahre Arbeit ersparen!

Ein Autor braucht 10 oder 20 Jahre, bevor er ein Buch schreibt. Das dauert dann noch einmal zwei bis drei Jahre, und bis das Werk auf dem Markt ist, vergehen weitere zwei Jahre. Für 20 oder 30 Dollar bekommen Sie die Frucht jahrelanger Arbeit von den klügsten Köpfen Ihres Gebietes.

Kaufen Sie sich Regale und ordnen Sie die Bücher nach Themen. Ein Brett für den Vertrieb, eins fürs Management, eins für Familie und Kindererziehung, eins für Motivation und Erfolg, eins für Romane, wenn Sie die mögen, eines für Geschichte und so weiter.

Innerhalb der Abteilungen können Sie nach Alphabet ordnen, nach Titel oder Autor, es muss nicht allzu strukturiert sein. Sie müssen nur wissen, wo Sie was finden, wo ein Buch zu einem bestimmten Thema steht. Informationen nützen nur dann, wenn man Zugriff auf sie hat.

Schreiben Sie mit, während Sie lesen, notieren Sie den Gedankengang, die Argumente des Autors. Wenn Sie es zum zweiten Mal lesen, nutzen Sie am besten einen andersfarbigen Stift und unterstreichen damit alles Wichtige, was Ihnen beim ersten Lesen entgangen ist. Ich habe viele Bücher mehrfach gelesen und sie sehen aus wie mit Regenbögen überzogen, sie sind übersät mit Notizen und Unterstreichungen. Die Informationen und Ideen aus diesen Büchern haben sich mir tief eingeprägt und ich kann vieles auswendig zitieren, ich träume sogar davon.

Mit einer eigenen Bibliothek wird man zum ewigen Studenten. Sie können sich einen Tagesabschnitt fürs Lesen reservieren. Sie schalten den Fernseher erst gar nicht ein und investieren Ihren Geist lieber in Ihre Zukunft.

Navigations-Tipp

Allein um fachlich auf dem Laufenden zu bleiben, benötigen Sie ein bis zwei Stunden pro Tag. Sie müssen Zeitungen, Zeitschriften, Newsletter und sonstige Infos lesen, aber damit halten Sie sich wie gesagt nur auf dem Laufenden.

Wenn Sie tiefer einsteigen wollen, müssen Sie weit mehr lesen. Sie müssen Bücher und Hintergrundartikel lesen, um neue Einsichten und Vorstellungen zu gewinnen, um neue Aspekte kennenzulernen und andere Herangehensweisen zu verstehen. Sonst bauen Sie immer nur das aus, was Sie schon wissen und kennen.

Lebenslanges Lesen ist der Schlüssel zur Zukunft. Sie werden umso schneller lesen, je öfter Sie es praktizieren, nicht anders als beim Vokabellernen. Die Zukunft gehört den Wissenden, den Kompetenten. Wer mehr weiß, wird immer die Nase vorn haben. Wahrhaft überlegene Menschen sind besser ausgebildet und gebildeter als der Durchschnitt. Je mehr Sie lesen, desto besser werden Sie. Je mehr Sie lernen, desto leichter fällt Ihnen das Lernen.

Je mehr Sie Ihren Kopf fordern, desto klüger werden Sie. Nicht jeder Leser ist ein Leader, aber alle Leader sind Leser. Lesen bildet den Geist wie Sport den Körper. Lesen Sie Ihr Leben lang. Mit Bildung und der Fähigkeit, dieses Wissen anzuwenden, kommen Sie überall hin.

16. Ausdauer, Wiederholung und Konzentration: So bleiben Sie erfolgreich

Nun haben Sie sehr viele Informationen erhalten, wie unser Leitsystem Sie zu Ihren Zielen bringen kann. Jetzt geht es ans Trainieren – es liegt an Ihnen, etwas daraus zu machen. Wer schwimmen lernt, kann sich über Wasser halten und von einem Beckenrand (oder Ufer) zum anderen schwimmen. Mehr aber auch nicht. Will er weiterkommen, vielleicht an Schwimmmeisterschaften teilnehmen und eine Medaille mit nach Hause bringen, muss er trainieren. Jeder Spitzensportler weiß, dass er keinen Tag rasten darf, sondern dass ihn nur andauerndes Training besser werden lässt. Genauso ist das mit unserem Leitsystem: Sie wissen, wie es funktioniert. Nun müssen Sie trainieren.

Sie haben festgestellt: Damit in Ihrem Leben gewünschte Veränderungen eintreten, sind viele Gewohnheiten und Muster abzulegen und eventuell per Autosuggestion zu „überspielen". Was Sie sich über viele Jahre hinweg angewöhnt haben, lässt sich nicht von heute auf morgen abstreifen, sondern braucht seine Zeit. Lassen Sie sich davon aber nicht abschrecken. Wenn Sie permanent trainieren, werden Sie auf jeden Fall positive Veränderungen bemerken und Ihren Zielen in kleinen Schritten näher kommen.

Zur Bereitschaft zu trainieren gehört eine große Portion Selbstdisziplin und Durchhaltevermögen. Wie viele Menschen haben ganz kurz vor ihrem Ziel aufgegeben! Mobilisieren Sie die größtmögliche Energie, damit Sie nicht die Geduld verlieren, wenn der Weg zu Ihrem Ziel endlos erscheint. Indem Sie Ihr großes Ziel in viele kleine Teilziele aufteilen, wird Ihr Vorhaben greifbarer.

Viele Zusammenhänge und Möglichkeiten haben wir Ihnen in diesem Buch aufgezeigt. Die Arbeit können wir Ihnen jedoch nicht abnehmen, die müssen Sie selbst machen, liebe Leserin, lieber Leser. Wiederholen Sie die Inhalte und Ihre Suggestionen so oft, bis Sie merken, dass sie greifen, dass sie etwas ändern in Ihnen und damit in Ihrem Leben.

Selbstdisziplin und Durchhaltevermögen

Dürfen wir Ihnen eine Frage stellen? Wenn Sie einen der erfolgreichsten Männer oder eine der erfolgreichsten Frauen Ihres Landes treffen könnten, was würden Sie von dieser Person wissen wollen? Würden Sie nach der Lektion fragen, die sie gelernt hat und durch die sie so erfolgreich wurde? Glauben Sie, das könnte Ihnen bei Ihrem eigenen Erfolg weiterhelfen?

Und noch eine Frage: Wenn Sie mit den 100 erfolgreichsten Menschen reden dürften, die je gelebt haben, würden Sie von diesen Menschen deren Erfolgsgeheimnisse erfahren wollen? Würde Ihnen das zu eigenen Erfolgen verhelfen?

Und wenn Sie mit 1000, 2000 oder 3000 der erfolgreichsten Menschen reden könnten? Wenn Sie von solchen Menschen lernen könnten, was diese gelernt haben, um ihre Ziele zu erreichen, würden Sie vermutlich viel erfahren.

Aber all das würde rein gar nichts helfen, wenn Sie untätig blieben. Sie müssen anwenden, was Sie gelernt haben. Wenn es genügen würde, alles über Erfolge zu wissen, dann wäre Ihnen Erfolg garantiert. Die Buchläden sind voller Bücher mit Hilfen zur Selbsthilfe und alle diese Bücher handeln im Grunde vom Erfolg. Aber der beste Rat der Welt kann Ihnen nur dann helfen, wenn Sie sich selbst dazu motivieren können, kontinuierlich etwas für Ihre Lebensziele zu tun.

Wenn Sie dieses Buch gelesen haben, haben Sie hoffentlich die Entscheidung getroffen, für Ihre Ziele zu handeln. Sie haben sich vermutlich bereits überlegt, was Sie für diese Ziele tun müssen. Sie haben Pläne für die verschiedenen Lebensbereiche entwickelt und sind entschlossen, Ihre Pläne zu verfolgen, komme, was da wolle. Die wichtigste Frage, die sich nun stellt, lautet: „Werden Sie tun, was Sie sich vorgenommen haben?"

Selbstdisziplin ist der Schlüssel

Der eigentliche Schlüssel zum Erfolg ist die Selbstdisziplin, also die Fähigkeit, sich selbst mit Charakter- und Willensstärke dahin zu bringen, zu tun, was zu tun ist, unabhängig davon, ob Sie gerade Lust dazu haben oder nicht.

Charakter ist die Fähigkeit, einem Entschluss treu zu bleiben, auch wenn die erste Begeisterung verflogen ist. Nicht was Sie gelernt haben, entscheidet über Ihren Erfolg, sondern ob Sie hartnäckig genug Ihr Ziel verfolgen, ob Sie mit Herz und Verstand dabei bleiben und bereit sind, den Preis dafür zu bezahlen. Selbstdisziplin ist in jedem Teil der Reise unentbehrlich.

Ohne Selbstdisziplin können Sie sich keine Ziele setzen. Ohne Selbstdisziplin können Sie keine Pläne entwerfen, wie diese Ziele erreicht werden sollen. Ohne Selbstdisziplin würden Sie Ihre Pläne nicht laufend anpassen und um neue Informationen ergänzen. Ohne Selbstdisziplin würden Sie nicht täglich Ihre Pläne konsultieren, Prioritäten setzen und darauf achten, womit Sie Ihre Zeit verbringen. Ohne Selbstdisziplin würden Sie sich nicht auf das konzentrieren, was wirklich wichtig ist.

Sie benötigen Selbstdisziplin, um jeden Tag in sich selbst zu investieren, sich beruflich wie privat weiterzuentwickeln, zu lernen, was Sie lernen müssen, um Ihre Ziele zu erreichen. Sie müssen sich Dinge versagen, Belohnungen aufschieben können, Geld nicht ausgeben, sondern sparen und investieren, damit Sie im Lauf Ihres Arbeitslebens finanziell unabhängig werden. Sie benötigen Selbstdisziplin, um Ihre Gedanken auf Ihre Ziele und Träume zu konzentrieren und von Ängsten und Sorgen fernzuhalten. Sie benötigen Selbstdisziplin, um positiv und konstruktiv auf Rückschläge zu reagieren und sich davon nicht in Depressionen stürzen zu lassen – um an Problemen zu wachsen, statt daran zu zerbrechen.

Beharrlichkeit ist gelebte Selbstdisziplin

Der vielleicht größte Beweis von Selbstdisziplin ist: durchzuhalten, wenn es schwierig wird. Beharrlichkeit ist gelebte Selbstdisziplin. Durchhaltevermögen ist der größte Charakterbeweis, den ein Mensch ablegen kann. Ihre Beharrlichkeit ist der eigentliche Maßstab, inwieweit Sie an sich glauben und inwieweit Sie erfolgreich sein können.

Wenn Sie im Angesicht größter Schwierigkeiten und Widrigkeiten und trotz größter Enttäuschungen durchhalten wollen, dann machen Sie sich Hartnäckigkeit zur Gewohnheit. Sie gewinnen an Stolz, Leistungsstärke und Selbstachtung, Sie glauben an Ihre Charakterstärke und Persönlichkeit. Sie werden stärker und entschlossener. Mit wachsender Beharrlichkeit wächst auch Ihre Selbstdisziplin, die für den Erfolg unverzichtbar ist und Sie voranbringt.

Viele halten Winston Churchill für einen der größten Politiker des 20. Jahrhunderts. Sein Leben lang war er für seinen Mut und seinen Durchhaltewillen berühmt und geachtet. In den dunkelsten Stunden des Zweiten Weltkriegs, als die deutsche Luftwaffe britische Städte bombardierte, stand England allein gegen die Nazis. Churchills Entschlossenheit und Hartnäckigkeit stärkte die ganze Nation in ihrem Kampf, den viele von vornherein für verloren hielten. John F. Kennedy sagte, Churchill habe die englische Sprache in die Schlacht geschickt.

Zu den größten Reden in den Annalen des Durchhaltewillens gehört Churchills Ansprache an die Nation am 4. Juni 1940, die mit den Sätzen endete: „Wir werden nicht wanken und nicht weichen. Wir kämpfen in Frankreich, wir kämpfen auf dem Meer und den Ozeanen, wir werden mit wachsendem Vertrauen und wachsender Stärke in der Luft kämpfen, wir werden unsere Inseln verteidigen, was immer es uns kostet. Wir kämpfen auf den Stränden, wir kämpfen an den Landeplätzen, wir kämpfen in den Feldern und Straßen, wir kämpfen in den Bergen, wir lassen uns nicht besiegen."

Später wurde Churchill gebeten, an seiner früheren Schule eine Rede zu halten. Er wurde gefragt, was das Erfolgsgeheimnis seines Lebens sei. Da stand er vor den versammelten Schülern, stützte sich leicht schwankend auf seinen Stock und sagte mit lauter Stimme: „Ich kann die Lektion, die ich in meinem Leben gelernt habe, in einem Satz zusammenfassen: Gib nie, nie, niemals auf!"

Churchill hat es also gewusst. Und Sie werden es ebenfalls feststellen, wenn Sie sich auf den Weg zu Ihren großen Erfolgen machen: Hartnäckigkeit allein garantiert, dass Sie am Ende den Sieg davontragen.

Durchhaltevermögen ist Ihr größtes Asset

Konfuzius sagte vor über 4000 Jahren: „Unser größter Ruhm heißt nicht, nie hinzufallen, sondern jedes Mal wieder aufzustehen, wenn wir gefallen sind."

Erfolgreiche Geschäftsleute und Unternehmer zeichnen sich durch ihren unbeugsamen Willen und ihre unerschütterliche Hartnäckigkeit aus. Alle Menschen, die in einem Bereich Erfolg haben wollen, müssen oft über Jahre massive Widerstände überwinden, bevor ihnen dieser Erfolg beschieden ist.

Ihr vielleicht wichtigstes Asset ist die Fähigkeit, länger als alle anderen durchzuhalten. B. C. Forbes, Gründer des *Forbes Magazine*, der die Zeitschrift in den finstersten Jahren der Depression zu einem der größten Blätter aufgebaut hat, schrieb: „Die Geschichte hat bewiesen, dass die bemerkenswertesten Gewinner mit herzerweichenden Problemen kämpfen mussten, bevor sie triumphierten. Sie haben gewonnen, weil sie sich weigerten, sich von einer Niederlage entmutigen zu lassen."

John D. Rockefeller, einst einer der reichsten Selfmade-Men der Welt, schrieb: „Ich glaube nicht, dass es eine andere ähnlich wesentliche Eigenschaft gibt, die so wichtig für den Erfolg ist wie das Durchhaltevermögen. Es überwindet fast alles, sogar die Natur."

Thomas Edison, der erfolgreichste aller Erfinder, hat mehr gescheiterte Experimente hinnehmen müssen als jeder andere Erfinder des 20. Jahrhunderts. Er hat auch mehr Patente für kommerzielle Geräte angemeldet als jeder andere Erfinder seiner Zeit. Er beschrieb seine Philosophie so: „Wenn ich mich dazu durchgerungen habe, dass ein Ergebnis den Aufwand wert ist, dann mache ich mich an die Arbeit und einen Versuch nach dem anderen, bis ich es habe. Fast jedermann, der eine Idee entwickelt und sie bis zu dem Punkt ausarbeitet, an dem sie als nicht machbar erscheint, gibt auf. Aber das ist nicht der Punkt, an dem man aufgeben sollte."

Rene McPhearson, der Dana Corporation zu einer der großen amerikanischen Erfolgsgeschichten ausgebaut hat, fasste seine Philosophie in den Worten zusammen: „Du bleibst einfach dran. Du bleibst einfach dran. Ich habe jeden Fehler gemacht, den man machen kann, aber ich bin drangeblieben."

Setzen Sie sich Etappenziele

Jetzt wird es also ernst. Sehen Sie sich noch einmal in Ruhe Ihre Ziele an, die Sie sich vorgenommen haben, an (siehe Kapitel 2 „Die Königsdisziplin des Erfolgs: So setzen Sie sich Ziele"). Falls Sie es noch nicht gemacht haben, dann erarbeiten Sie für jedes Ziel mehrere Etappenziele. Kleine Ziele lassen sich leicht bewältigen und schaffen Befriedigung. Untrainiert kann man ja auch keine hohen Berggipfel erklimmen! Muskulatur, Herz, Lunge, Psyche – sie wären nicht vorbereitet. Zuerst müssen Sie an kleineren Bergen üben, um allmählich Ihre Höchstform zu erreichen. Mit Ihren Zielen verhält es sich genauso.

Navigations-Tipp

Was Sie brauchen, ist der Mut, sich ein großes Ziel zu setzen. Dieses große Ziel können Sie dann in Etappenziele unterteilen. Wie viel ist 385 mal 672? Niemand kann diese Aufgabe schnell im Kopf lösen. Teilen Sie die Aufgabe in drei Einzelaufgaben, ist sie leicht lösbar. Man muss also große Ziele in kleine Einheiten aufteilen, dann werden sie erreichbar.

Ihr Leben lässt sich nicht in kurzer Zeit ändern. Alle Gewohnheiten, Denkmuster und Erfahrungen sind über viele Jahre entstanden. Nun braucht es Zeit, um den

Kurs zu ändern. Der Navigator in Ihrem Wagen ist zwar in der Lage, ein neues Ziel blitzschnell zu berechnen, die Wegstrecke zum neuen Ziel müssen Sie aber trotzdem zurücklegen – mit allen Stationen, Zwischenstopps und Tankpausen.

Es ist wichtig, dass Sie Geduld mit sich selbst haben. Nichts bringt Sie besser voran als konsequentes, ständiges Training und ständige Wiederholung.

Sie werden bemerken, wie Sie sich von Tag zu Tag besser fühlen. Ängste, Zweifel und Hemmungen werden weniger werden. Ihr Vertrauen in sich selbst wird zunehmen und Sie werden sich freier fühlen.

Nehmen Sie Erfolge wahr

Die Menschen haben die Neigung, Gutes als normal zu betrachten und gar nicht sonderlich zu beachten. Deswegen sind viele oft unzufrieden und frustriert, weil es wenig gibt, was sie glücklich macht und positiv stimmt.

Während sie Negatives schnell bemerken, übersehen sie oft konsequent Positives. Ihr Blick für das Negative scheint besonders geschärft zu sein. Kleinste Fehler entgehen ihnen nie, jeder Misserfolg wird registriert.

Ändern Sie Ihre Blickrichtung! Schärfen Sie Ihre Wahrnehmung für Erfolgserlebnisse – auch wenn sie noch so klein sind. Sie wissen ja: Beachtung bringt Verstärkung.

Navigations-Tipp

Legen Sie einen Erfolgskalender an: Tragen Sie jeden Tag ein, was Sie gut gemacht haben und welche Erfolge Sie erzielt haben. Tragen Sie unbedingt auch scheinbare Kleinigkeiten ein! Dies beflügelt enorm.

„Aber ich verhandle doch nicht jeden Tag erfolgreich eine Gehaltserhöhung oder erziele eine Umsatzsteigerung, die ich dann in meinen Erfolgskalender schreiben kann“, werden Sie möglicherweise einwenden. Brauchen Sie auch nicht! Schließlich sollen Sie auch kleine positive Gegebenheiten eintragen, die nicht den großen Karrieresprung darstellen. Bedenken Sie: Erfolg ist nicht nur, steile Karriere zu machen. Erfolg bedeutet auch, seine Kinder zu selbstständigen, glücklichen Menschen zu erziehen, einen mürrischen Menschen zum Lächeln zu bringen, seine

Hemmungen abzulegen, zum ersten Mal eine Angst überwunden zu haben oder eine positive Denkstruktur zu erarbeiten. Schreiben Sie einfach alles auf und feiern Sie Ihre Erfolge.

Konzentration führt zum Erfolg

Erst in der Ruhe kommt der Mensch zu sich und kann sich sammeln. Alle großen Leistungen setzen Konzentration voraus! Alle Genies und großen Führungspersönlichkeiten, alle großartigen Künstler und erfolgreichen Sportler haben eine Gemeinsamkeit: Sie beherrschen die Kunst der Konzentration. Konzentration kommt aus der Entspannung. Nur der ruhige, entspannte und harmonische Mensch ist auch ein konzentrierter Mensch. Seine Konzentrationskraft und Belastbarkeit machen ihn immun gegen den Stress mit all seinen Folgen.

Stellen Sie sich einen Bogenschützen vor, der ins Schwarze treffen soll und dessen Gedanken wild umherhüpfen. Oder einen Dolmetscher, der nicht ruhig und gefasst ist. Er kann sich nicht auf die Worte konzentrieren und verpasst schon nach den ersten paar Sätzen den Anschluss und Zusammenhang. Selbst bei scheinbar banalen Dingen wie Autofahren oder Lesen passieren uns Fehler, wenn wir unkonzentriert sind.

In Alpha können Sie sich am besten konzentrieren. Das tägliche Training mit der bewussten Autosuggestion aktiviert die inneren Kräfte. So können Sie Ihre Konzentrationsfähigkeit verstärken. Ruhe ist konzentrierte Energie, in der Ruhe können Sie Ihre Aufmerksamkeit „verdichten", sie wie einen Laserstrahl auf einen Punkt richten, ohne sich ablenken zu lassen.

Sorgen Sie dafür, dass Sie sich so oft wie möglich in Alpha befinden, also nicht nur dann, wenn Sie bewusst Ihre Autosuggestion sprechen. In Alpha lebt es sich ganz allgemein besser und leichter.

Was wachsen will, braucht Nahrung – die Nahrung der Gedanken ist die Konzentration

Das bedeutet: Ohne Konzentration gibt es keine Weiterentwicklung, kein Wachstum. Am Anfang jedes Erfolgs steht die Konzentration auf das Ziel, das man erreichen möchte, sei es im Sport, im Beruf, im Unternehmen, im Privatleben. Nervosität bedeutet Ablenkung vom Ziel. Nur wer sich konzentrieren kann, gelangt an die Spitze. Wer Angst hat, kann sich nicht konzentrieren.

Bewusste oder unbewusste Konzentration ist die Verdichtung von Lebensenergie

Ohne Energie kein Leben. Konzentration verdichtet die Lebensenergie unseres Geistes, bündelt sie und lenkt sie in die richtige Richtung, ohne dabei große Energieverluste in Kauf nehmen zu müssen. Das heißt: Ein konzentrierter Mensch vergeudet keine Energie, er verdichtet und bündelt sie und lebt dadurch ständig im Energieüberschuss. Mehr Energie zur Verfügung zu haben, als man gerade benötigt, bedeutet eine höhere Belastbarkeit und Stressresistenz. Der Besitzer eines „vollen Tanks" kann im wahrsten Sinne des Wortes „aus dem Vollen schöpfen". Er hat immer genügend Reserven zur Verfügung.

Navigations-Tipp

Sportler wissen: Nur wer sich konzentrieren kann, hat eine Chance auf einen Sieg. In Ihrem Berufs- und Privatleben verhält es sich genauso. Legen Sie jeden Tag ein paar Mal eine kleine Alpha-Pause ein. Schon ein paar Minuten, in denen Sie ganz abschalten, nur Ihrer Lieblingsmusik lauschen, den Blick auf eine Blume oder Kerzenflamme konzentrieren oder meditieren sowie dabei tief und ruhig atmen, wirken Wunder. Diese Minuten der Entspannung zahlen sich aus. Sie können danach entscheidend besser, schneller und effektiver arbeiten, weil Ihre Konzentrationskraft gesteigert ist.

Konzentrieren Sie sich auf das Wesentliche

Es gibt Menschen, die in vielen Bereichen eine hohe Begabung mitbringen, aber beim ersten Schritt zu ihrem eigenen Lebenserfolg scheitern. Warum? Ganz einfach deshalb, weil sie sich nicht entscheiden können, welche ihrer vielfältigen Begabungen sie wirklich als die anerkennen, die sie auf ihrem Weg am weitesten nach vorn bringt.

Die wirklich Erfolgreichen konzentrieren sich immer nur auf eine Sache. Die echte Meisterschaft erreicht der, der sich auf ganz bestimmte Problemlösungen spezialisiert hat, die seinen Fähigkeiten und seinen Zielen am meisten entsprechen, und der darin seine Lebensaufgabe gefunden hat. Das heißt für vielfach Begabte, auf andere Dinge, die sie auch können, sogar besser können als der Durchschnitt, zu verzichten. Das ist schmerzlich. Aber schließlich wollen Sie – wenn Sie viele unterschiedliche Begabungen haben – nicht in vielen Dingen nur etwas besser sein als der Durchschnitt, sondern in einem Gebiet die Nummer eins!

Gib mir festen Punkt und ich werde die Erde bewegen.

Nach Archimedes 287–212 v.Chr.

Tragen Sie also in Ihren Erfolgskalender Ihr Ziel ein und überprüfen Sie regelmäßig, wie Sie vorankommen. Stellen Sie sich jeden Monat die Frage: Wo liegt meine Priorität? Achten Sie darauf, dass Sie sich nicht verzetteln. Konzentration bedeutet nicht nur geistiges Gesammeltsein und Aufmerksamkeit, sondern auch, den Fokus auf das Wesentliche zu richten! Wie schnell ist Zeit für Aufgaben und Dinge vergeudet, die nicht wirklich wichtig sind und nichts dazu beitragen, dass Sie Ihr großes Ziel erreichen?! Hier ist Loslassen und Delegieren gefragt. Trauen Sie Ihren Mitmenschen und Mitarbeitern zu, gute Arbeit zu leisten.

Zu wenig Zeit für die Aufgaben, die zu Ihrem Ziel führen? Wer klagt heute nicht über zu wenig Zeit und zu viele Aufgaben, Hektik, Stress, Überarbeitung? Die Menschen sind aber nicht Opfer der Zeit. Über die 24 Stunden am Tag, die jedem zur Verfügung stehen, bestimmt jeder selbst. Allerdings muss alles schnell gehen. Während der einen Tätigkeit denkt man schon über die nächste nach: Beim Geschäftsessen denkt man schon an die Besprechung am Nachmittag. Anstatt sich auf das zu konzentrieren, was man gerade macht, ist man bereits mit seinen Gedanken woanders. Die Folge: Man macht nichts richtig und ist unkonzentriert. Damit entsteht ein Zeitdefizit. Denn nichts gelingt ganz, wenn man unkonzentriert arbeitet. Die Hetze von Termin zu Termin ist typisch für das Berufs- und Privatleben vieler Menschen.

Lassen Sie es nicht so weit kommen! Weniger ist mehr. Entscheiden Sie bewusst, was Sie tun, und tun Sie es dann ganz bewusst und voll konzentriert.

Navigations-Tipp

Haben Sie Ihr Ziel stets vor Augen und konzentrieren Sie sich darauf, anstatt sich auf Nebenschauplätzen zu verzetteln. Sie sparen damit viel Zeit und erzielen Spitzenleistungen.

„Das Schicksal liegt in deiner Hand"

Zum Abschluss möchten wir Ihnen eine Geschichte zum Nachdenken mit auf den Weg geben:

Als Laotse alt geworden war, zog er sich in das Dorf zurück, in dem er geboren war. Mittags, wenn die Sonne am höchsten stand, lehnte er sich an die Dorfmauer, um die warme Mittagssonne zu genießen.

In den Semesterferien kamen die Studenten von der nahe gelegenen Universität, sie wollten ihr neues Wissen an seiner alten Weisheit erproben.

Doch der alte Laotse blieb immer der Sieger. Eines Tages sagte der Anführer einer Studentengruppe voller Stolz: „Heute werde ich den alten Laotse hereinlegen." „Wie willst du das machen?", fragten seine Freunde. Er antwortete: „Ich habe einen Vogel in meiner Hand und werde den alten Loatse fragen, ob der Vogel hier in meiner Hand lebt oder ob er tot ist.

Ganz gleich, wie er sich entscheidet, heute werde ich ihn ins Unrecht setzen. Sagt er, er ist tot, werde ich ihn fliegen lassen. Sagt er, er lebt, werde ich ihn vor seine Füße werfen und sagen, er ist tot. Er kann sich also entscheiden, wie er will, heute setze ich ihn ins Unrecht."

Sie gingen auf den Dorfplatz und sahen, wie der alte Laotse an der Mauer lehnte, um die warme Mittagssonne zu genießen. Der Anführer trat auf ihn zu, streckte ihm die Faust entgegen und fragte: „Ehrwürdiger Meister, der Vogel hier in meiner Hand, lebt er oder ist er tot?" Der alte Laotse blinzelte in die Sonne, schaute den Studenten an und sagte: „Das Schicksal liegt in deiner Hand."

Literatur

Basile, Joseph: Der neue Führungsstil. Herder 1967

Bokun, Branko: Die Kunst, den Tiger zu reiten – der gebändigte Stress. Ariston Verlag 1991

Enkelmann, Claudia: Die Venusstrategie. Ueberreuter Wirtschaft 2007

Enkelmann, Claudia: Mit Liebe, Lust und Leidenschaft zum Erfolg. Metropolitan Verlag 2007

Enkelmann, Claudia: Warum Frauen wirklich besser sind, als sie selber glauben. Redline Wirtschaft 2002

Enkelmann, Nikolaus B.: Charisma. mvg Verlag 1999

Enkelmann, Nikolaus B.: Erfolgsprinzipien der Optimisten. Gabal 2002

Enkelmann, Nikolaus B.: Mentaltraining. Gabal 2001

Enkelmann, Nikolaus B.: Power der Verkaufs-Rhetorik. Gabler 1996

Enkelmann, Nikolaus B.: Rhetorik Klassik. Gabal 1999

Enkelmann, Nikolaus B.: Das Glückstraining. mvg 2003

Enkelmann, Nikolaus B.: Mit Freude leben. mvg 1998

Enkelmann, Nikolaus B.: Die Macht der Motivation. mvg 1999

Enkelmann, Nikolaus B.: Die Sprache des Erfolges. Gabal 2001

Enkelmann Nikolaus B. & Rückerl, Thomas: Die Macht des Vertrauens. Junfermann 2004

Frankl, Viktor E.: ... trotzdem Ja zum Leben sagen. Deutscher Taschenbuch Verlag 1977

Frankl, Viktor E.: Der Mensch vor der Frage nach dem Sinn. Piper Verlag 1984

Frankl, Viktor E.: Zeiten der Entscheidung. Herder Verlag 1998

Gabriel, H. W.: Macht und Einfluss über andere. Ramòn F. Keller 1966

Gloger, Axel: Auf der Jagd nach Spitzenkräften. Ueberreuter Wirtschaftsverlag 2001

Grimm, Bernhard A.: Ethik des Führens. Wirtschaftsverlag Langen Müller 1998

Lasko, Wolf W.: Personal Power – Mut zum Handeln. Goldmann 1998

Lukas, Elisabeth: Psychotherapie in Würde. Quintessenz-Verlag 1994
Machiavelli, Niccolo: Der Fürst. Kröner 1972
Montgomery, Marschall: Menschenführung. List 1961
Peter, Burkhard & Gerl, Wilhelm: Entspannung. Mosaik Verlag 1988
Roberts, Monty: Das Wissen der Pferde. Lübbe Verlag 2000
Rosenberg, M.B.: Gewaltfreie Kommunikation. Junfermann 2003
Scheelen, Frank M.: So gewinnen Sie jeden Kunden. Redline Wirtschaft 2005
Schellbach, Oscar: Mein Erfolgssystem. Oscar Schellbach Verlag 1952
Schuller, Robert H.: Der Weg zur inneren Ruhe. mvg-Verlag 1997
Schultz, Hans Jürgen (Hrsg.): Was der Mensch braucht. Kreuz-Verlag 1977
Seiwert, Lothar: Wenn Du es eilig hast, gehe langsam. Campus 1999
Seiwert, Lothar: Mehr Zeit für das Wesentliche. Campus 2007
Tracy, Brian & Scheelen, Frank M.: Die ewigen Gesetze des Erfolgs. verlag moderne industrie 2000
Tracy, Brian & Scheelen, Frank M.: High Performance Leadership. verlag moderne industrie 2000
Tracy, Brian: Luckfaktor. Gabal, 2000
Tracy, Brian: Thinking Big. Gabal 1998
Tracy, Brian: Maximum Prinzip. Campus-Verlag 2003

Die Autoren

Brian Tracy ist Gründer von Brian Tracy International und gehört zu den weltweit besten und gefragtesten Managementvordenkern und Erfolgstrainern. Nach umfassenden Erfahrungen in der Wirtschaft als Vertriebs- und Marketingprofi ist Tracy seit 1984 als Speaker bekannt. Seine Vorträge über persönliche und geschäftliche Effektivität erreichen jährlich mehr als 300.000 Menschen. Wie kein anderer kombiniert Brian Tracy exzellentes Führungs- und Management-Know-how mit hoher Selbstmotivation. In zahlreichen Bestsellern hat er sich dieser Thematik gewidmet. 2001 wurde er in Deutschland als Motivationstrainer des Jahres ausgezeichnet.

Brian Tracy wird in Deutschland durch Frank M. Schelen vertreten. Seit mehr als fünfzehn Jahren ist die SCHEELEN® AG Institut für Managementberatung und Diagnostik exklusiver Lizenzträger der Brian Tracy Learning Systems für den zentraleuropäischen Raum. Seinerzeit von Frank M. Scheelen, Gründer und Vorstandsvorsitzender der SCHEELEN® AG, in den deutschsprachigen Raum gebracht, setzt das Unternehmen die Trainingssysteme und das umfassende Know-how im Bereich Führung, Verkauf und Persönlichkeit erfolgreich bei namhaften Kunden ein.

Frank M. Scheelen, Betriebsökonom, ist erfolgreicher Unternehmer, Bestseller-Autor und Speaker. Im Fokus seiner Arbeit steht die personalorientierte Unternehmensberatung. Frank M. Scheelen gilt als Experte für die Themenkreise Talentmanagement und Leadership und hat sich als visionärer Vortragsredner einen Namen gemacht. Er ist Lehrbeauftragter der University of Applied Science, München.

Die SCHEELEN® AG – Ihr Partner für menschliches und unternehmerisches Wachstum

Buchtipps:
- Tracy, Brian: Personal Leadership
- Tracy, Brian: Eatthatfrog
- Tracy, Brian & Scheelen, Frank M.: Die ewigen Gesetze des Erfolgs
- Tracy, Brian / Scheelen, Frank M. (Hrsg.): High Performance Leadership
- Scheelen, Frank M.: So gewinnen Sie jeden Kunden

SCHEELEN® AG
Institut für Managementberatung und Diagnostik Klettgaustraße 21,
D-79761 Waldshut-Tiengen
Tel. +49 (0)7741/9694-0, Fax +49 (0)7741/969420
www.scheelen-institutde E-Mail: info@scheelen-institut.de

Nikolaus B. Enkelmann, 1936 in Lippstadt geboren, ist einer der renommiertesten Führungs-, Motivations- und Persönlichkeitstrainer Deutschlands. Seit mehr als 40 Jahren trainiert er Tausende von Verkäufern, Top-Managern, Spitzensportlern und Mitarbeitern großer Unternehmen.

Seine Persönlichkeit bildenden Seminare wie „Der erfolgreiche Weg", „Mentales Training" oder „Rhetorik & Körpersprache", hält Nikolaus B. Enkelmann vor allem in seinem eigenen Seminarzentrum, dem Institut für Rhetorik, Management und Zukunftsgestaltung in Königstein/Ts.

Nikolaus B. Enkelmann ist Autor und Herausgeber zahlreicher Bücher und einer eigenen Zeitschrift. Darüber hinaus lehrt er sein Know-how in einer Reihe von DVDs und CDs.

Für sein Lebenswerk wurde Nikolaus B. Enkelmann am 15. September 2006 ausgezeichnet und als erste Persönlichkeit in die German Speakers Hall of Fame® aufgenommen. Diese Auszeichnung wurde erstmals im deutschsprachigen Raum vergeben und ist die höchste Auszeichnung der GSA (German Speakers Association e.V.).

www.Enkelmann.de